RING

CARTEL DES FRAUDES

CHARLES PRATS

CARTEL DES FRAUDES

Allocs, cartes Vitale, AME :
les révélations d'un magistrat sur le scandale
des 50 milliards annuels de fraude sociale

DOCUMENT

ring.fr

ÉDITIONS RING

Collection
DOCUMENT
–
RING
www.ring.fr
–

Introduction

Jamais depuis la Seconde Guerre mondiale la France n'a traversé une telle crise politique, sociale, morale et financière. La pandémie de coronavirus a fini d'achever les finances publiques du pays, mettant en lumière les dégâts que des décennies de déficit et d'endettement ont provoqué, aboutissant à l'incapacité de l'État à réagir efficacement dès le début d'une crise majeure.

Une des explications de cette incapacité financière, je vous la révèle aujourd'hui : près de 5 millions de « fantômes » bénéficieraient de prestations sociales françaises ; plus de 3 millions de cartes Vitale[1] actives en surnombre ; outre les dizaines de milliards de TVA et de cotisations sociales fraudées chaque année dont il ne sera pas directement question dans ce livre.

En revenant sur les coulisses de la fraude sociale, je vais essayer de vous faire découvrir l'ampleur des dégâts, qui n'était aucunement ignorée des décideurs publics. Gruger les allocs. Frauder le RSA. Faire chauffer la carte Vitale… Autant de fraudes aux prestations sociales – et de fraudeurs – que les Français voient tous les jours et connaissent bien. Ou qu'ils croient connaître…

1. Tous les termes techniques employés sont expliqués dans le glossaire qui se trouve en fin de livre.

Car la vraie fraude aux prestations sociales, celle qui coûte des milliards, est peut-être plus complexe à appréhender. Et en tout cas certaines autorités ont soigneusement évité de trop en parler, bien aidées en cela par les « idiots utiles » de la fraude voire, dans certains cas, ses complices médiatiques actifs. Les #YaPasDeFraude qui pullulent un peu partout, d'infographies foireuses en articles de *fact checking* bidonnés, thuriféraires du « ne faites pas la chasse aux pauvres et aux étrangers », toujours prompts à dénoncer la fraude fiscale pour mieux exonérer la fraude sociale, les comptes Twitter anonymes ou pas, ignorants des dossiers mais gonflés de l'importance qu'ils croient tenir de leurs quelques milliers d'abonnés. Bref, tous ceux que vous verrez encore demain critiquer l'ouvrage que vous avez dans les mains et qui se dégonfleront comme à chaque fois lorsqu'il faudra venir débattre sérieusement, contradictoirement et publiquement, en direct, avec l'auteur de ces lignes...

Vous avez été des millions à regarder et écouter mes interventions à la radio et à la télévision depuis décembre 2018 quand j'ai expliqué pour la énième fois que notre système de Sécurité sociale était gangrené par la fraude documentaire et à l'époque pensais-je par 1,8 million de numéros de Sécurité sociale attribués sur la base de faux documents à des fraudeurs qui pouvaient en profiter pour voler jusqu'à 14 milliards d'euros à nos finances publiques, c'est-à-dire à vous.

Cette information est arrivée en plein début de la crise des « Gilets jaunes » et a fait sensation sur les réseaux sociaux au point qu'une vidéo Facebook d'un citoyen et contribuable criant sa colère contre la fraude a été visionnée plus d'un million de fois... jusqu'à ce que Facebook la censure.

Ceux qui ont ensuite suivi les débats, les polémiques, les enquêtes parlementaires et qui ont participé aux échanges, notamment sur le réseau social Twitter, savent déjà que j'étais malheureusement très en dessous de la vérité.

Qui suis-je pour venir vous raconter tout cela ? Je suis magistrat au tribunal de Paris, plus précisément vice-président de ce tribunal, chargé des libertés de la détention, ce que l'on appelle le JLD. C'est-à-dire que quotidiennement je m'occupe de décider si les gens doivent aller ou pas en détention provisoire. Je suis aussi chargé d'autoriser ou pas les actes d'enquête du procureur de la République de Paris, du procureur national financier et du procureur national antiterroriste. En matière d'impôts, avec mes collègues JLD, je dois décider d'autoriser ou non les perquisitions administratives de la direction nationale des Enquêtes fiscales lorsque cela se déroule à Paris. Je suis également chargé de décider du maintien ou non des immigrés clandestins en centre de rétention en vue de leur expulsion. Ainsi que du contrôle des hospitalisations psychiatriques des personnes sans leur consentement.

Dans ma carrière de magistrat, j'ai exercé toutes les fonctions de juge du siège au pénal, notamment celles de juges d'instruction durant cinq années. Des réseaux de fraudeurs, j'en ai démantelé... Des fraudeurs, j'en ai mis en examen... Des avoirs criminels issus de ces fraudes, j'en ai saisi...

J'ai surtout été affecté comme magistrat au ministère du Budget, à la Délégation nationale à la lutte contre la fraude (DNLF) dont j'étais le premier magistrat, de sa création en 2008 jusqu'en 2012. J'y ai créé les comités opérationnels départementaux antifraude (CODAF), présidés conjointement par les préfets et les procureurs de la République, comités dont j'ai coordonné le fonctionnement et l'activité pendant quatre ans en binôme avec un commissaire divisionnaire de la police nationale.

Au sein de la DNLF, j'ai été de toutes les réformes législatives et réglementaires relatives à la lutte contre la fraude, aux premières loges de l'action publique et politique en la matière, en prise directe avec les ministres du Budget et leurs cabinets.

Avant de devenir magistrat, j'étais inspecteur des douanes à la Direction nationale des renseignements et des enquêtes douanières, la DNRED. J'y dirigeais l'Excise Liaison Office français, unité de renseignement antifraude aux « accises », c'est-à-dire les impôts indirects dus sur les alcools, les tabacs et les produits pétroliers. Je m'y occupais également de renseignement antifraude sur les jeux clandestins et les métaux précieux. J'avais été précédemment enquêteur spécialisé dans les trafics d'or et autres métaux précieux et bijoux dans le service d'enquête national des douanes en charge de ces matières. J'y avais notamment démantelé un très gros réseau d'escroquerie à la TVA. Là aussi, comme enquêteur des douanes, des fraudeurs, j'en ai attrapé... Bref, la fraude, cela fait vingt-cinq ans que je lutte contre, quotidiennement.

Mais c'est donc surtout lors de mon passage à la coordination nationale de la lutte contre les fraudes fiscales, sociales, douanières et contre le travail illégal, que j'ai acquis une connaissance précise de la situation du pays... et que j'ai découvert initialement ce scandale de l'ampleur de la fraude aux prestations sociales.

Magistrat et citoyen, délégué au développement de l'Association professionnelle des magistrats qui a décidé de se saisir de cette question majeure pour la justice, j'ai donc continué à m'intéresser de très près à la fraude tant fiscale que sociale. Ancien secrétaire général d'une des fédérations syndicales de fonctionnaires de Bercy, j'ai gardé d'excellentes relations avec mes homologues des syndicats de policiers, de douaniers et d'agents des impôts notamment. Ils sont tous sur la même longueur d'onde que moi et sont scandalisés par ces fraudes qui se répercutent évidemment sur le fonctionnement quotidien des services, participant à l'entretien de la pénurie. Je les remercie pour le soutien public, maintes fois renouvelé, qu'ils ont apporté à ma démarche.

Le but de ce livre est donc de vous donner à vous aussi, citoyens, l'ensemble des clés pour découvrir cette vérité que l'on vous cache sur la fraude aux prestations sociales en France. C'est une façon d'exercer ma mission syndicale que d'alerter le public lorsque de telles questions d'intérêt général se posent. C'était également une grande partie de mon action « politique » à mon niveau de responsabilité dans un grand parti. Car aujourd'hui la politique, c'est d'abord un besoin d'action concrète pour le bien public, pas vraiment une question de « droite » ou de « gauche » ou de pseudos extrêmes des deux bords.

Je vous expliquerai comment nous avons enfin découvert, pendant l'été 2020, que ce sont près de 5 millions de fraudeurs potentiels qui gangrènent notre système de protection sociale. Vous avez bien lu. Près de *5 millions* de fraudeurs. Je vais vous raconter le scandale des *millions* de cartes Vitale « en surnombre » qui permettent aux fraudeurs de se faire soigner gratuitement à vos frais et parfois même de faire des trafics de médicaments ou de drogue qui leur rapportent des dizaines de millions d'euros !

Vous verrez comment l'aide médicale de l'État, la fameuse AME, qui permet aux immigrés clandestins d'être soignés gratuitement, peut servir à frauder.

Comment aussi, grâce à la technique de la fausse reconnaissance de paternité, une voie royale à l'immigration illégale et à la fraude massive sur plusieurs décennies s'est ouverte – l'État commence à peine à avoir les outils juridiques adéquats pour lutter contre.

Vous découvrirez les techniques utilisées par les organisations de fraude pour détourner des fonds. Vous pourrez aussi assister à des moments où vous serez sidérés par la crédulité du système et parfois par sa mauvaise foi. Et vous verrez aussi le désespoir de ceux qui luttent au quotidien pour arrêter cette gabegie.

Vous allez en effet accéder directement à des documents exclusifs dans le livre et à des vidéos d'auditions officielles devant les commissions d'enquête en scannant les QR codes au fil des pages. Je veux en effet que vous puissiez apprécier par vous-même, sur pièces. Et vous permettre d'éviter d'être manipulés par ceux qui ne veulent pas que la vérité vous soit montrée. Vous pourrez ainsi décider en toute indépendance et connaissance de cause qui dit vrai et qui ment dans cette affaire de la fraude aux prestations sociales. Pour paraphraser le titre du livre écrit par un de mes illustres collègues magistrats : « Je vous fais juge ! »

Vous verrez comment la France est systématiquement pillée par des fraudes organisées, ramifiées ou non, « codifiées », pouvant être le fait d'organisations centralisées ou au contraire très atomisées. Autant de petits « cartels des fraudes » qui, additionnés les uns aux autres, nous coûtent une fortune chaque année : 5 millions de fraudeurs sociaux cela représente un enjeu de plus de 50 milliards d'euros par an. Et certains de ces cartels ne sont pas les plus sympathiques, comme vous le verrez lorsque la fraude aux prestations sociales flirte avec le terrorisme, notamment islamiste.

Chaque année vos impôts augmentent. Pourtant, chaque année les services publics se dégradent...

On vous dit que les déficits se succèdent d'année en année. C'est vrai.

On vous dit que la dette de la France est abyssale. C'est vrai aussi.

Comment pourrait-il en être autrement ? Lorsque notre pays vote et « exécute » des budgets en déficit depuis 1974, ces déficits doivent être financés par l'emprunt. C'est assez simple à comprendre. De fait, la France est en déficit permanent depuis que Georges Pompidou a quitté l'Élysée.

Il est important que les lecteurs aient en tête les données financières et budgétaires qui vont suivre. Très simples, elles sont cependant indispensables pour se rendre compte que la France est vraiment au bord de l'abîme.

La Cour des comptes vient de nous indiquer que l'État a encaissé pour son budget général propre en 2019 des recettes pour un montant de 233,3 milliards d'euros hors comptes spéciaux et budgets annexes, tout en dépensant 330,3 milliards d'euros. Ce qui ne comprend pas les dépenses de protection sociale, on le verra. Le déficit consolidé de l'État se montait en 2019 à 92,7 milliards d'euros.

L'analyse du bilan de la France fait quant à elle apparaître un passif de 2 449,4 milliards d'euros de dettes diverses. Et un actif net – ce que possède l'État – de 1 079,5 milliards d'euros. La « situation nette » de la France était donc dans le rouge de 1 369,9 milliards d'euros en 2019... C'est en tout cas ce que nous explique la loi de finances de règlement votée cet été. Et cela ne tient pas compte de la crise du coronavirus... Ni des engagements « hors bilan »...

Le montant de ces « engagements » de l'État n'est pas bien connu du grand public. Il faut par exemple aller consulter l'important travail de la sénatrice Nathalie Goulet, rapporteur spécial de la commission des finances du Sénat sur cette question spécifique, pour se rendre compte de son ampleur : 1 000,6 milliards d'euros de dette potentielle pour les garanties apportées par l'État à certains acteurs ; 481,5 milliards d'euros d'engagements au titre de la mission de régulation économique et sociale ; 1 723 milliards d'euros au titre des engagements sur les retraites de l'État... 3 205 milliards d'euros d'engagements supplémentaires hors « dette publique » dont on parle toujours... Et c'est une estimation *a minima* car certains engagements ne sont pas chiffrés.

Pour expliquer très schématiquement aux citoyens la situation de la France, elle ressemble à celle d'une famille qui dépenserait 3 000 euros par mois tout en en gagnant 2000... Et qui aurait un crédit à rembourser de 250 000 euros sur sa maison, maison qui en vaudrait à peine 100 000 sur le marché immobilier... Et qui en plus se serait portée caution pour 320 000 euros de crédits supplémentaires ! Allô Houston ? On a un problème...

Chaque année, vos impôts augmentent donc... Et vous comprenez maintenant pourquoi ils continueront à augmenter. Même si « on » vous dit le contraire. Car il faut aller encore au-delà de la situation catastrophique du budget de l'État et se demander comment on en arrive à payer autant d'impôts et de cotisations sociales.

Regardons ensemble les dépenses de « protection sociale », qui sont la grande singularité de la France dans le monde. Le montant total des prestations de protection sociale (santé, retraite, famille, chômage) s'est établi en 2018 à... 787,1 milliards d'euros, en ajoutant les frais de gestion et les frais financiers.

787 milliards d'euros de dépenses annuelles de protection sociale en France ! Deux fois et demie les dépenses du budget de l'État...

Hors frais de gestion, l'ensemble des prestations de protection sociale de santé, retraite, logement, etc., ont totalisé 741 milliards d'euros en 2018 selon la Direction des études et statistiques du ministère de la Santé : 339 milliards de prestations de « vieillesse-survie » ; 261,2 milliards de dépenses de santé avec l'augmentation des arrêts de travail, mais aussi les bonus versés par la Sécurité sociale aux médecins libéraux ; 55,4 milliards de prestations familiales ; 44,6 milliards pour les prestations liées à l'emploi ; 23,7 milliards pour la « pauvreté-exclusion sociale » ; 17,2 milliards pour les aides au logement. Vous voulez savoir pourquoi la France a plongé depuis plus de quarante ans ? Parce qu'il fallait bien financer cette explosion des « dépenses sociales » dont la part dans le PIB français a quasiment doublé depuis 1974...

Graphique 1 **Part des prestations sociales dans la richesse nationale depuis 1959**

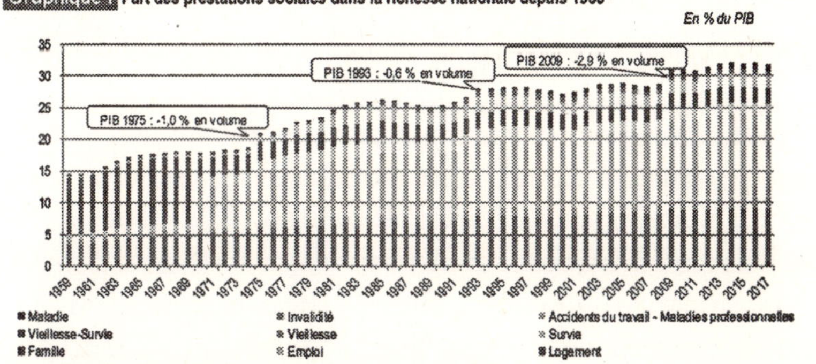

Notes > La distinction entre les risques vieillesse et survie n'est pas disponible avant 1970.
> En 1975, 1993 et 2009, le PIB a fortement baissé, entraînant mécaniquement une hausse marquée de la part des prestations sociales dans le PIB.
Sources > DREES, CPS ; Insee, CNA pour le PIB.

Aujourd'hui, un tiers de la richesse nationale de la France part donc dans le paiement des prestations sociales. Voilà pourquoi la France est la championne du monde des prélèvements obligatoires : plus de 46 % de la richesse produite y est destinée aux autorités publiques. Avec bien entendu des conséquences économiques importantes et une limitation de la croissance.

Ce très fort niveau d'imposition incite évidemment à la fraude fiscale et sociale. Reprenons ensemble une étude Harris Interactive effectuée pour l'OCDE et les autorités françaises, qu'un de mes correspondants m'a gentiment transmise.

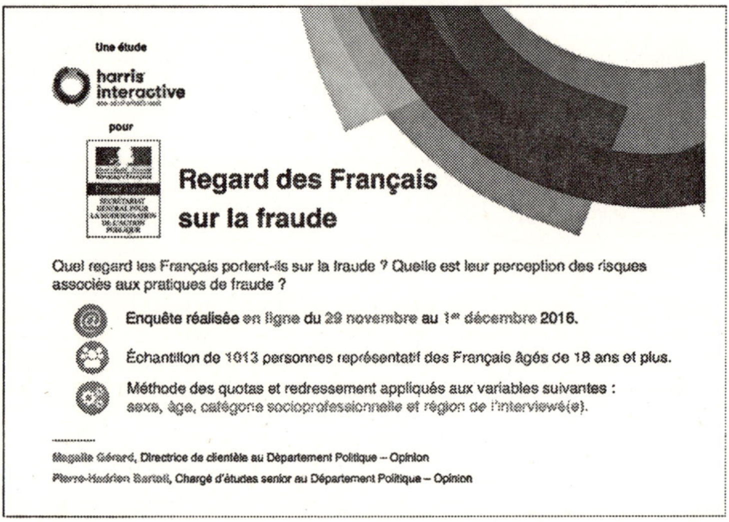

Nous y apprenons que si seulement 6 % des personnes déclarent avoir déjà minoré leurs déclarations d'impôts ou de patrimoine, 14 % d'entre elles reconnaissent avoir déjà travaillé au noir et 30 % des gens indiquent avoir déjà payé en espèces pour frauder la TVA, pratiquement autant que ceux qui avouent gruger dans les transports en commun (36 %)...

Est-ce à mettre en rapport avec le fait que 83 % des personnes considèrent que les prélèvements obligatoires, impôts et cotisations sociales, sont trop élevés en France ? En tout cas pour 81 % des gens, ce niveau trop élevé les incite à frauder.

Quelles sont les fraudes les mieux admises par la population ? C'est la fraude à la TVA qui remporte la médaille d'or de la popularité, en tout cas de l'acceptabilité sociale : 53 % ! Plus d'une personne sur deux trouve acceptable de proposer ou d'accepter une manœuvre pour éluder le paiement de la TVA… Cela monte même à 64 % pour les gens trouvant acceptable de payer au noir pour ne pas avoir à payer la TVA. Ben oui, ça fait du bien au portefeuille…

37 % ne condamnent pas le fait de minorer ses déclarations de revenus ou de patrimoine.

Suivent, dans un mouchoir de poche, le fait de ne pas déclarer une personne employée (34 %) et celui de dissimuler son activité ou de minorer son chiffre d'affaire (32 %). Bref, le bon vieux travail au noir, plébiscité des deux côtés de la barre, salariés et employeurs. Vient ensuite la non-déclaration de TVA, punie de sévères peines de prison, mais pourtant validée par 31 % des gens en France. Sidérant…

Pire encore, 25 % des gens trouvent acceptable de se faire payer pour se déclarer frauduleusement père d'un enfant né hors de l'Union européenne, fausses reconnaissances de paternité qui permettent une fraude massive à l'immigration particulièrement coûteuse car elle entraîne des attributions de nationalité, titres de séjour, allocations diverses, logements sociaux, et cela jusqu'aux vingt ans de l'enfant ainsi reconnu. Les réseaux organisés d'immigration clandestine ont de beaux jours devant eux avec la popularité de cette technique d'escroquerie…

On trouve 18 % des personnes qui estiment normal de percevoir des prestations sociales auxquelles on n'a pas droit. Une bonne indication du taux de fraudeurs sociaux, peut-être ? On a encore 13 % des gens qui acceptent l'utilisation de faux documents d'identité, d'état civil, administratifs, cartes Vitale, faux bulletins de salaire ou justificatifs et bien sûr les fausses déclarations qui vont avec pour obtenir des avantages… Heureusement les gens ont quand même un grand sens moral : ils ne sont que 8 % à admettre que l'on usurpe à son insu l'identité d'une autre personne pour frauder. Faut pas déconner quand même ! Bref, un sondage qui fait froid dans le dos quant à la « moralité sociale » des habitants de notre pays… Et il y en a qui vont s'étonner qu'on ait des millions de fraudeurs qui volent l'argent public ?

Ce livre est ma façon de lancer l'alerte. Il intervient après un signalement de mon organisation professionnelle auprès du procureur national financier, qui n'a malheureusement pas eu de suite et en parallèle de la tenue de travaux d'une commission d'enquête à l'Assemblée nationale qui, pour la première fois, a posé les bonnes questions, la grande qualité de ses travaux d'audition, comme ceux qu'avaient mené en son temps la sénatrice Goulet et la députée Grandjean, étant à mille lieues de l'indigence de ceux du sénateur Jean-Marie Vanlerenberghe.

Je rédige ce livre pour tous les Français qui en ont assez de payer toujours plus d'impôts, toujours plus de cotisations sociales et qui voient leurs services publics se dégrader année après année.

Je le rédige pour tous les Français qui ne supportent pas de devoir payer toujours plus, alors que les fraudeurs se gavent sur le dos des finances publiques, pillent la TVA et escroquent les prestations sociales…

Je le rédige pour tous les salariés qui gagnent trop selon les barèmes administratifs pour toucher des prestations sociales mais pas assez pour vivre décemment aujourd'hui, qui sont les premières victimes de ces fraudeurs.

Je le rédige pour tous les petits artisans et commerçants honnêtes qui sont en train de mourir avec le poids des charges et la crise qui perdure.

Je le rédige pour tous les fonctionnaires qui voient leur rémunération bloquée avec le gel du point d'indice et leur pouvoir d'achat se casser la figure du fait de l'inflation.

Je le rédige pour tous nos soignants qui travaillent durement dans nos hôpitaux avec des moyens plus que limités alors même qu'il existe des marges de manœuvre pour trouver de l'argent pour que notre système fonctionne mieux.

Je le rédige pour tous les policiers, gendarmes, douaniers qui doivent assurer notre sécurité et traquer criminels et délinquants avec toujours moins de moyens.

Je le rédige pour notre justice à qui on demande de faire toujours plus avec toujours moins.

Je le rédige pour tous les services publics qui voient leur qualité se dégrader d'année en année, alors même qu'on sait bien où trouver des marges de manœuvre budgétaires pour régler les problèmes.

Je le rédige pour tous les vrais Gilets jaunes, ceux qui sont descendus dans la rue à l'automne 2018 pour crier pacifiquement leur désespoir face aux augmentations de taxes sur l'essence ou à l'accroissement exponentiel de la répression routière dans un but évidemment financier. Leur mouvement a depuis été malheureusement confisqué par une extrême gauche violente dont l'une des caractéristiques est souvent de défendre les fraudeurs.

Je le rédige pour tous ceux qui ont bien compris que la « fiscalité verte » n'est que du ripolinage destiné à augmenter encore les impôts sous prétexte d'écologie, en passant une couche de culpabilisation sur les citoyens pour forcer leur consentement à l'impôt.

Je le rédige surtout pour vous les honnêtes citoyens, vous qui acceptez sans broncher de payer vos impôts et vos charges et qui voyez autour de vous les fraudeurs se gaver en ricanant.

Je le rédige parce que si la situation économique et financière de la France, à l'aube de la pire crise économique que notre pays va connaître depuis la guerre, va évidemment devoir conduire à des sacrifices de la part des contribuables, ils ne seront acceptables que si *avant* de demander ces sacrifices, on a éradiqué la fraude et sorti les fraudeurs du système.

Je rédige ce livre pour crier haut et fort qu'il faut faire payer les fraudeurs avant de faire payer les honnêtes contribuables !

CHAPITRE 1
La fraude, carburant du djihadisme

« Abu Allocs », belge, fondateur de l'État islamique en Syrie, fraudeur à la Sécu en France

Au moment du lancement de la commission d'enquête de l'Assemblée nationale sur la fraude aux prestations sociales j'avais proposé au rapporteur, le député Pascal Brindeau, de le mettre en rapport avec des spécialistes de la détection de faux documents et notamment de fausses pièces d'identité.

Mon idée était d'inviter la commission d'enquête à utiliser un échantillon d'identités dont nous savions qu'elles étaient frauduleuses et de vérifier si elles n'avaient pas été utilisées pour pénétrer illégalement le système de protection sociale français.

C'est ainsi que je mettais en rapport la commission avec une société spécialisée – RESOCOM – dont le métier était notamment de détecter les tentatives d'escroquerie dans le système financier et bancaire.

Je vous explique mon idée. Dans mes fonctions juridictionnelles, lorsque je présidais les audiences de contentieux des étrangers, j'ai remarqué que beaucoup des immigrés illégaux qui réussissent à travailler en France en obtenant des fiches de paye utilisent des faux papiers provenant soi-disant de pays européens – principalement de Belgique. C'est assez logique puisqu'il s'agit d'un pays francophone et que dans la construction d'une « légende » de fausse identité pour travailler en France il apparaît cohérent d'être d'origine belge si on parle français. La Belgique ayant eu des colonies en Afrique, cela permet également de rendre plausible plausible un parcours d'immigration au regard des faux papiers utilisés.

Il y a par ailleurs une véritable « culture » de la fraude sociale dans la population belge. La lecture du dernier rapport de la Cellule de traitement de l'information financière (CTIF) du royaume de Belgique est édifiante sur ce point : la fraude sociale est en 2019 la principale activité criminelle sous-jacente dans les dossiers de blanchiment déclarés et détectés, avec 17,7 % des affaires ! Plus que la criminalité organisée, la fraude fiscale grave ou encore le trafic de stupéfiants...

De manière similaire, il existe une importante filière de faux papiers portugais qui permet à des immigrés clandestins originaires d'Amérique du Sud, d'Afrique voire d'Asie, de venir s'établir en Europe avec une « légende » cohérente, le Portugal ayant eu historiquement des relations poussées avec ces trois continents.

Je suggérais donc d'effectuer un échantillonnage d'identités frauduleuses ayant utilisé des faux papiers belges et portugais. La société RESOCOM rajouta quelques identités italiennes et espagnoles. Ayant servi d'intermédiaire entre ces professionnels et la commission d'enquête, je m'amusais à regarder sur Google ce qu'il en était de quelques-unes de ces fausses identités belges : je découvrais ainsi, sur les cinquante-huit identités reprises sur les faux documents identifiés, que treize d'entre elles avaient servi à créer des sociétés en France œuvrant notamment dans le BTP. Pas besoin d'être un devin pour imaginer ce qu'il allait advenir de ces « entreprises » en matière de fraude sociale et fiscale... Outre les usurpations d'identité de chefs d'entreprises de bonne foi que cela révélait.

Mais surtout je découvrais qu'une de ces identités se rapportait potentiellement à un djihadiste combattant belge au profil inquiétant : le dénommé Zakaria Asbai, surnommé Abu Zubair, un éminent membre de Sharia4Belgium[1] originaire de Vilvorde et surtout l'un des combattants présents en 2013 à la réunion de création de l'État islamique en Syrie aux côtés d'Abu Bakr al-Baghdadi. Un jeune Belge décrit par un combattant de Daech comme un « criminel venu chercher l'aventure », voire un « fou ».

L'échantillon des faux documents mentionnait en effet un « Zakariae Asbai ». Une technique classique de rajout d'une lettre, en l'espèce un « e » à la fin du prénom, pour tromper les recherches automatisées dans les fichiers par les services de police. Mais la remontée du scan de la fausse carte d'identité belge était probante : il s'agissait bien du même homme, portant une barbe courte et une coupe de cheveux un peu différente de celle des photos d'archives parues dans la presse.

Un profil d'autant plus intéressant que ce djihadiste belge avait tenté d'ouvrir des comptes bancaires en France par trois fois : la première deux semaines et la deuxième une semaine avant les attentats de Paris du 13 novembre 2015, puis encore deux semaines après. Ce qui démontre accessoirement qu'il avait fait des allers-retours depuis le

1. Organisation djihadiste takfiriste belge.

Proche-Orient puisqu'il était présent à la fondation de Daech en Syrie en 2013...

Zakaria Asbai – alias Abu Zubair

Zakaria Asbai — alias Abu Zubair

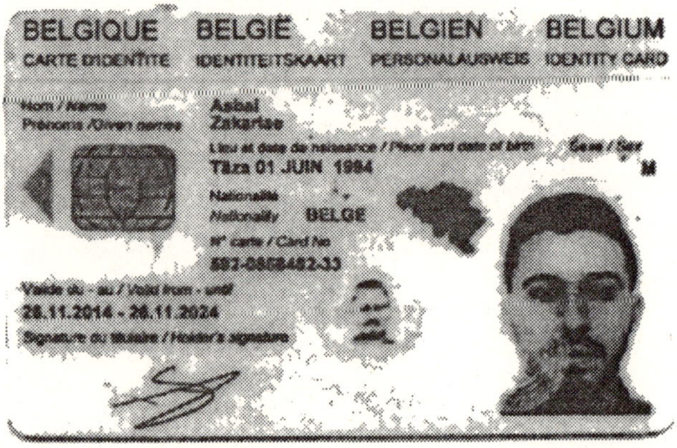

Se déplaçant dans le cadre de leurs investigations au sein du service SANDIA de la Caisse nationale d'assurance vieillesse, les députés de la commission d'enquête ont demandé à vérifier si cette identité – qui avait donc été repérée par l'utilisation de faux documents pour tenter d'ouvrir des comptes bancaires – était connue du système social français.

Devinez ? Bingo ! Cette identité était connue au SANDIA et était entrée dans le système d'attribution du numéro de Sécurité sociale en France, le fameux NIR, dans le cadre d'une demande d'allocations auprès d'une CAF et par le service dont on nous explique qu'il détecte tout et pour lequel il n'y a que 0,13 % de fraudes… Pas de bol si ça tombe sur un terroriste !

Pour être tout à fait honnête, le problème du détournement des allocations sociales par les terroristes islamistes est connu depuis plusieurs années. On le doit notamment à la sénatrice Nathalie Goulet qui a mis en lumière ce scandale dès 2014 au cours de la mission du Sénat qu'elle présidait sur les filières djihadistes. C'est ainsi que, régulièrement, les services français ont demandé aux CAF de vérifier l'état des perceptions d'allocations par des personnes parties dans des zones de combat, ce qui a permis de stopper des versements frauduleux qui servaient à financer le terrorisme. Rien que pour l'année 2016, la section antiterroriste de la brigade criminelle a ainsi identifié quatre-cent-vingt virements frauduleux relatifs aux prestations sociales servant à financer les terroristes. Un cinquième des djihadistes français identifiés continuait à percevoir les aides sociales alors qu'ils étaient en train de mener des combats islamistes à l'étranger. « Munis de leurs cartes avec photos, des parents percevaient les fonds venant de Pôle emploi ou de la Caisse d'allocations familiales, avant de les envoyer par mandat en direction des zones de combats via la Turquie notamment », expliquait dans *Le Figaro* le chef du groupe financier de la brigade criminelle.

Normalement notre dispositif est donc censé bloquer le détournement des allocations par les djihadistes français partis combattre à l'étranger. En revanche, il semblerait bien que nous ne nous soyons pas intéressés d'assez près aux djihadistes des autres pays européens, notamment limitrophes – la Belgique principalement – ni aux fausses identités européennes susceptibles d'être créées, y compris par des Français, pour multiplier les possibilités d'escroqueries et de perception d'aides sociales ou de crédits à la consommation destinés à alimenter le micro-financement du terrorisme.

Ce qui est bien dommage, car en Belgique très spécifiquement, entre 2006 et 2010, sur l'ensemble des dossiers de financement du terrorisme détectés par la CTIF – équivalent belge de TRACFIN, le service de renseignement anti-blanchiment – 28 % des dossiers concernaient des financements terroristes par détournements d'allocations sociales… Une part en augmentation constante, atteignant 42 % en 2010 comme l'indiquait le vice-Premier ministre belge à une question écrite d'un sénateur le 24 juin 2011 – depuis, fort heureusement, il semblerait que ce soit la décrue à cause notamment de la défaite sur le terrain des islamistes combattants.

Ainsi, selon une enquête du *Wall Street Journal*, le terroriste Salah Abdeslam, dernier auteur présumé des attentats du 13 novembre 2015 à être toujours en vie, avait fraudé 19 000 euros d'aides sociales belges. Au moins cinq auteurs présumés des attentats de Paris et de Bruxelles vivaient ainsi de diverses allocations sociales. Réclamer et frauder des allocations sociales est d'ailleurs l'un des conseils donnés par le groupe État islamique pour financer les activités de ses membres et des personnes lui prêtant allégeance.

Car dans ces histoires de fraude sociale, les #YaPasDeFraude qui vous accusent de vouloir faire la « chasse aux pauvres » oublient bien souvent que cet argent a aussi servi à faire exploser des bombes à la figure des citoyens ou à payer les munitions des rafales de Kalachnikov qui ont fauché les victimes du terrorisme islamiste.

Pas besoin d'être un champion de l'analyse de renseignement pour s'imaginer que les fraudeurs belges aient pu avoir l'idée de traverser la frontière pour multiplier aussi les arnaques chez nous ! « Abu Zubair », dont nous venons de parler, en est le meilleur exemple...

Et comme vous allez le voir, l'utilisation massive de faux documents pour créer des numéros de Sécurité sociale français aux noms de personnes nées à l'étranger est loin d'être un fantasme.

CHAPITRE 2
Fraude documentaire, « la mère de toutes les fraudes »

La fraude documentaire est la mère de toutes les fraudes a-t-on coutume de dire dans le métier car pour commettre une escroquerie, pour justifier des droits, pour monter des dossiers fictifs ou tout simplement pour essayer d'échapper aux poursuites ultérieures le fraudeur va avoir besoin d'utiliser des faux, que ce soient des faux documents d'identité, des fausses fiches d'imposition ou bien des faux papiers d'ordre privé, des fausses factures, des fausses fiches de paye... Tout document peut être falsifié, soit de manière très marginale, soit complètement. C'est d'autant plus facile maintenant avec les techniques informatiques qui permettent notamment en matière de faux documents privés de réaliser des contrefaçons quasiment parfaites.

En matière de fraude sociale, le faux se retrouve partout : on le retrouve dans les fraudes aux prestations lorsque le voleur va par exemple justifier faussement d'une absence de revenus ou encore d'une adresse fictive. Les limites à la falsification ne tiennent qu'aux documents qui sont demandés et à l'imagination du fraudeur. Plus loin dans le livre, lorsque je vous expliquerai quelques techniques de fraudes aux prestations sociales, vous verrez à quel point la fraude documentaire est présente à chaque niveau, indispensable même.

Et pour aller encore plus loin en matière de fraude documentaire, vous avez évidemment les faux documents d'identité : fausse carte nationale d'identité, faux passeport, faux titre de séjour qui permettent de multiplier l'impact d'une fraude aux prestations sociales car le fraudeur se cache derrière une fausse identité et des comptes bancaires ouverts frauduleusement, en s'assurant d'un certain anonymat.

Il ne s'agit évidemment pas d'un fantasme : tous les ans, les services de police enregistrent environ 15 000 procédures pour détention de faux documents administratifs. Il semblerait que 200 000 personnes chaque année en France soient victimes d'usurpation d'identité, ce qui est un autre volet de la fraude documentaire puisque celui qui va vous voler votre identité va le faire en utilisant des faux papiers mais aussi les informations authentiques qui vous concernent.

Vous imaginez aisément les gains qu'une personne mal intentionnée ayant réussi à se procurer un jeu de faux documents d'identité peut empocher, par exemple en réussissant à ouvrir des comptes bancaires, en multipliant les perceptions d'allocations sociales diverses comme le RSA, les allocations logement, les allocations d'adultes handicapés... Elle peut également multiplier les crédits auprès des établissements bancaires, mêlant alors l'escroquerie aux finances publiques à l'escroquerie de personnes privées. Ce n'est pas un cas théorique, c'est même ce que les groupes terroristes enseignent à leurs apprentis djihadistes.

Reste à déterminer l'ampleur du phénomène. Ayant participé depuis plusieurs années aux travaux de l'association Reso-Club, qui a la spécificité de réunir acteurs publics et privés concernés par la fraude documentaire, j'ai accès régulièrement aux toutes dernières statistiques de ses membres, principalement des établissements financiers et des acteurs professionnels de la détection de faux documents.

Les dernières données disponibles, qui s'arrêtent au printemps 2020, laissent apparaître un taux de détection de faux documents de 9 % en 2018, 7 % en 2019 et 8 % depuis le début 2020 dans les tentatives d'ouvertures de comptes bancaires et d'obtention de crédits auprès des établissements financiers qui sont couverts par l'un des systèmes de *Know Your Customer* – une des obligations relatives à la lutte contre le blanchiment et le financement du terrorisme dont l'objectif est de forcer les institutions financières à savoir exactement à qui elles ont affaire : « connaissez votre client ».

	2018	2019	2020
Consultations	2.766.589	3.014.232	1.242.193
Alertes	241 865	218 278	99 621
Taux de fraude détectée	9 %	7 %	8 %

Cela signifie que, pour cette petite partie du marché français, puisqu'il existe une multitude d'autres acteurs et de nombreuses banques en dehors de cet échantillon, nous avons déjà chaque année environ 220 000 à 250 000 faux documents d'identité qui sont repérés lors de tentatives de pénétrations frauduleuses du système bancaire et de crédit. Pour information, on estime que ce système expert déployé auprès de quelques établissements financiers leur fait éviter plus de 2 milliards d'euros de perte chaque année…

Étant donné que le système n'est pas déployé de manière généralisée on peut en déduire que lorsque le fraudeur est stoppé dans une banque X, il peut avoir tenté ou tentera de rentrer dans la banque Y qui ne sera peut-être pas aussi bien équipée pour détecter les faux documents. Et surtout on peut imaginer aisément qu'à partir du moment où le faux document d'identité est considéré de qualité suffisante par un acteur bancaire, le fraudeur non seulement essaiera d'ouvrir un ou plusieurs comptes bancaires à l'aide de ce document falsifié et s'il y parvient, il n'a aucune raison de ne pas jouer sur tous les tableaux et ne pas chercher à obtenir des allocations sociales et des fonds publics.

C'était tout le sens de la petite opération d'expérimentation que j'ai proposée à la commission d'enquête parlementaire sur la fraude sociale : faire passer un « crash test » au système d'immatriculation à la Sécurité sociale en mettant à sa disposition un échantillon de plusieurs dizaines de faux documents d'identité prétendument originaires de l'Union européenne – car les gens qui ont la nationalité d'un pays de l'Union ont beaucoup plus de facilités pour s'inscrire dans le système social français, étant donné qu'on ne leur demande pas de titre de séjour –, pour vérifier si ces identités ont eu une attribution de NIR, le numéro de Sécurité sociale et également pour déterminer si des prestations sociales ont été versées par la suite.

Pour rappel, sur cinquante-huit fausses pièces d'identité prétendument belges, treize correspondaient à des identités exerçant des fonctions de direction dans des entreprises inscrites au registre du commerce et des sociétés françaises ; une identité sur une des pièces frauduleuses correspond à une personne âgée décédée en Belgique en 2018 mais dont on a retrouvé l'inscription dans le système social français ; une de ces identités, on l'a vu, a été utilisée par un djihadiste terroriste présent à la fondation de la branche syrienne de l'organisation État islamique.

Mis à part le cas de notre djihadiste et de cette personne âgée au sujet desquels j'ai pu échanger avec les parlementaires de la commission – à qui j'avais transmis le fichier d'échantillons – je ne sais pas à ce jour quel est le résultat global de cette petite expérience que je leur ai proposée de mener. Si tant est que les organismes sociaux aient accepté de passer toutes ces identités au crible du SANDIA pour voir si elles avaient obtenu un NIR, de manière manifestement frauduleuse puisque l'on sait que nous sommes face à des faux documents caractérisés et repérés comme tels. Une bonne façon de faire passer un crash test de sécurité.

Si on analyse les données qui sont à notre disposition, on se rend compte que 80 % des alertes détectées concernent des tentatives d'ouverture de compte bancaire, 8 % environ des tentatives d'obtention de crédit à la consommation et 12 % des tentatives d'obtention de crédit automobile.

On pourrait en déduire que d'ores et déjà 20 % des personnes détectées ont hélas réussi précédemment à ouvrir un compte bancaire, puisque c'est évidemment indispensable pour l'obtention d'un crédit automobile ou d'un crédit à la consommation. Ce qui démontre à quel point la fraude documentaire a pénétré le système financier. En considérant qu'une personne qui a réussi à ouvrir un compte bancaire va réussir également à se faire attribuer un numéro de Sécurité sociale sur la base d'un faux document, notamment européen, on voit alors immédiatement à quel niveau se situe le risque, la société

RESOCOM détectant en moyenne 45 000 alertes sur les tentatives d'obtention de crédits.

Si on rapproche cette donnée du nombre d'attributions de numéros de Sécurité sociale aux personnes nées à l'étranger chaque année, environ 500 000, on constate que l'on n'est plus vraiment loin d'un taux de 10 % de fausses identités potentiellement susceptibles d'attaquer notre système social. Voire bien plus puisque nous avons près de 250 000 alertes aux faux documents d'identité par an sur cette seule petite partie du système financier. Je vous laisse imaginer l'ampleur réelle du phénomène... Et le coût potentiel pour nos organismes sociaux.

Imaginez que ces dizaines de milliers de faux documents d'identité aient cherché à s'infiltrer dans notre système, à y obtenir un numéro de Sécurité sociale puis ensuite des allocations...

Imaginez maintenant que le système français d'immatriculation sociale des personnes nées à l'étranger – qui concerne plus de 21 millions d'individus depuis ces dernières années, on va le voir – soit une passoire... Et qu'il en soit de même, de manière plus générale, pour le système dans sa globalité...

Une *fake news* vous a-t-on dit ? Examinons les choses de plus près...

CHAPITRE 3
La découverte du Cartel des Fraudes

Remontons ensemble à l'année 2007.

Au mois de mai, Nicolas Sarkozy est élu Président de la République, il nomme François Fillon Premier ministre.

À l'automne sort un livre intitulé *Fraude Connection*, écrit par le commissaire divisionnaire de police Geoffroy Fougeray. Ancien officier de la Légion étrangère, ayant exercé comme commissaire en banlieue sensible, en police judiciaire, comme patron d'un groupe d'intervention régional (les fameux GIR) spécialisé dans la traque financière des criminels et délinquants puis comme directeur des Renseignements généraux d'un département provincial, le commissaire Fougeray avait été particulièrement choqué de constater à quel point ses « clients » habituels détournaient les aides sociales et allocations que la France distribue généreusement.

Primé et très vite diffusé dans les milieux policiers, l'ouvrage attira l'attention de la présidence de la République et le commissaire Fougeray s'y retrouva convoqué : l'Élysée avait décidé de prendre le sujet de la fraude sociale, notamment aux prestations, à bras le corps et de lancer un grand plan d'action.

Une lettre de mission est alors rédigée conjointement par Nicolas Sarkozy et François Fillon à destination du ministre du Budget, Éric Woerth, afin de réformer le dispositif de lutte contre la fraude aux finances publiques qui démontrait année après année son inefficacité, particulièrement en matière de fraudes sociales.

C'est ainsi qu'est créée la Délégation nationale à la lutte contre la fraude, la DNLF, qui sera placée au ministère du Budget, à Bercy, par délégation du Premier ministre.

Auparavant, il n'existait qu'une délégation interministérielle à la lutte contre le travail illégal au sein du ministère du Travail : un organisme concentré sur la lutte contre le travail au noir et dont la tâche principale consistait en la supervision lointaine des COLTI, les comités de lutte contre le travail illégal, placés dans chaque département du territoire.

La grande décision stratégique prise a été d'élargir le travail de coordination de la lutte contre la fraude à toutes les fraudes : travail au noir, certes, mais aussi fraudes fiscales, fraudes douanières et évidemment fraudes aux prestations sociales, celles dont personne ne voulait parler auparavant. Et de placer cette coordination au sein du ministère du Budget, à Bercy, et non pas au ministère du Travail ou à celui des Affaires sociales. Le fait que le Budget récupère dans le même temps sur décision de Nicolas Sarkozy la tutelle conjointe de la Direction de la Sécurité sociale facilitait également cette stratégie transversale : Bercy chapeautait désormais l'intégralité de la lutte contre les différentes formes de fraudes aux finances publiques.

La DNLF était conçue comme une petite structure d'une dizaine de hauts fonctionnaires et d'un magistrat, chargés d'être des aiguillons et des interfaces auprès de l'ensemble des administrations de l'État et des organismes de protection sociale.

Lors de la création de cette délégation en avril 2008, Bercy avait sollicité des candidatures dans les viviers de personnes susceptibles de participer à cette nouvelle aventure. Le commissaire Fougeray avait été immédiatement approché par l'Élysée, pour lancer le service auprès de son premier directeur, Benoît Parlos, ancien directeur général de la concurrence, de la consommation et de la répression des fraudes. Au sein de la justice, une note avait été diffusée pour recueillir les candidatures. On recherchait un magistrat avec un profil de parquetier. N'ayant absolument pas ce profil, étant juge d'instruction, mais ayant eu une longue expérience d'inspecteur des douanes, tant en enquêtes que dans le renseignement, notamment au sein de la Direction nationale du renseignement et des enquêtes douanières, la DNRED, je postulais malgré tout. J'avais également pour moi d'avoir une connaissance complète de l'ensemble du ministère du Budget, ayant été le secrétaire général d'une des sept fédérations syndicales de fonctionnaires de Bercy avant de devenir magistrat. En clair, j'étais le candidat magistrat que Bercy connaissait bien : j'étais de la maison !

C'est ainsi qu'un jeudi du mois de mai 2008, alors que j'étais en réunion à Levallois-Perret dans les locaux de ce qui s'appelait encore la Direction de la surveillance du territoire, la DST, et qui deviendra ensuite la DGSI, la Direction générale de la sécurité intérieure, je me retrouvais convoqué en urgence dans le bureau d'Éric Woerth, alors ministre du Budget, pour lui être présenté avec les quatre autres premiers membres de la DNLF. Dans la foulée on me montrait mon bureau, me donnait un ordinateur et ma boîte mail était déjà ouverte ! Le genre de choses qui prenaient à l'époque un mois au ministère de la Justice était fait en deux heures à Bercy…

Sauf que j'étais toujours juge d'instruction à Auxerre et pas officiellement nommé comme magistrat à Bercy. Le ministère de la Justice renâcla car manifestement certains avaient prévu de donner le poste à un protégé, comme cela se fait malheureusement souvent. Pas de chance ce coup-ci, la compétence avait primé sur le copinage : quel scandale ! Je dus donc me dédoubler durant deux mois, le temps que la question de mon affectation se règle directement entre les deux directeurs de cabinet des ministres du Budget et de la Justice. Mais comme j'avais été choisi directement pour mon expérience de terrain de la lutte contre la fraude et présenté au ministre, il était compliqué de nommer à ma place un magistrat n'ayant jamais attrapé un fraudeur de sa vie…

Je suis donc revenu à Bercy pour coordonner cette lutte contre la fraude et notamment pour piloter la création puis l'action des comités opérationnels départementaux antifraude (CODAF). J'ai exercé ces fonctions jusqu'en juin 2012, quand j'ai demandé à revenir à la cour d'appel de Paris, ayant quelques scrupules à servir sous un ministre du Budget – Jérôme Cahuzac – dont j'avais trouvé le comportement « bizarre » à l'époque où il était président de la commission des Finances. Il avait notamment une tendance étonnante à bloquer certains amendements antifraudes sous prétexte d'irrecevabilité, les empêchant d'être ne serait-ce que débattus à l'Assemblée nationale. Ce fut le cas des mesures destinées à lutter contre les transmissions universelles de patrimoine transnationales frauduleuses, les fameuses TUP-Trans. Nous y reviendrons plus tard.

Mais revenons en arrière. Et plongeons-nous dans le système social français. Plus précisément, dans le système d'immatriculation sociale, le numéro de Sécurité sociale, qui s'appelle en réalité le NIR, le numéro d'identification au répertoire dans le RNIPP, le répertoire national d'identification des personnes physiques.

Vous en connaissez certainement la structure : si vous êtes né en France, quelle que soit votre nationalité, votre numéro de Sécurité sociale vous est attribué par l'Institut national de la statistique et des études économiques (INSEE) qui a un registre de l'ensemble des communes : « 1 » si vous êtes un homme, « 2 » si vous êtes une femme, puis deux chiffres pour votre année de naissance, deux chiffres pour votre mois de naissance, deux chiffres pour département de naissance, trois chiffres pour le numéro de la commune, trois chiffres pour votre numéro d'ordre d'état civil dans le mois de naissance dans cette commune et deux chiffres servant de clé de contrôle. Cela se fait de manière « automatique ». Imaginons que vous soyez une femme née le 1er juin 1980 à 00 h 01 à Vitry-sur-Seine : votre numéro de sécu est normalement le 2 80 06 94 081 001 31, où « 31 » est un nombre servant de clé de contrôle algorithmique défini par calcul par rapport aux treize chiffres précédents.

Si vous êtes né à l'étranger, que vous soyez français ou étranger, l'INSEE n'a pas de registre de toutes les communes de la planète ; votre numéro de Sécurité sociale doit donc vous être attribué « manuellement » avec un code pays. L'INSEE a délégué cette immatriculation à la Caisse nationale d'assurance vieillesse (CNAV), dans un service basé à Tours, qui s'appelle le SANDIA.

Dans l'exemple précédent de la femme née le 1er juin 1980 à Abidjan par exemple, en admettant qu'elle soit la première femme née en juin 1980 en Côte d'Ivoire à demander son immatriculation sociale, son NIR sera *a priori* le 2 80 06 99 326 001 15.

Cette immatriculation doit être demandée expressément lorsque les gens sont nés à l'étranger, principalement au moment où ils commencent à travailler et ont besoin d'être immatriculés à la Sécurité sociale.

Pour ce faire, ils doivent fournir des documents d'identité et d'état civil pour permettre à l'organisme d'immatriculation de procéder à celle-ci en vérifiant l'identité et en attribuant le numéro puis, depuis quelques années, en le « certifiant ». Le « NIR certifié » est ainsi la véritable clé d'entrée dans le système social français.

Le processus de vérification des documents est donc normalement quelque chose qui prend un peu de temps et qui demande des compétences spécifiques pour discerner les vrais des faux.

Mais, en France, on fait parfois l'inverse de ce qui peut sembler relever du bon sens : on complexifie ce qui devrait être simple et on simplifie ce qui ne devrait sans doute pas l'être. C'est ainsi qu'en l'an 2000, Lionel Jospin, alors Premier ministre, a signé un décret de simplification administrative qui a admis la production de photocopies de documents de manière assez généralisée pour un certain nombre de démarches administratives.

Dix ans plus tard, en 2010, mon collègue de la DNLF à Bercy, le commissaire divisionnaire Fougeray, reçoit une information. On lui dit qu'il devrait regarder ce qui se passe au sein du service SANDIA, à Tours, que je viens d'évoquer. Nous apprenons alors l'existence même du SANDIA, alors que nous avions beaucoup d'autres dossiers en cours. On nous dit qu'il existe un énorme « trou dans la raquette », un problème de fraude massive aux documents. Forcément, cela intéresse un policier et un ancien douanier ! Le commissaire Fougeray s'est alors rendu à Tours avec le groupe interministériel d'expertise de la lutte contre la fraude à l'identité (GIELFI). Le GIELFI s'est déplacé au SANDIA avec des spécialistes en détection de faux documents de la police de l'air et des frontières (PAF). Le rapport qui sera fait après cette visite est particulièrement alarmiste sur le processus d'immatriculation à la Sécurité sociale des personnes nées à l'étranger : « Selon la Direction centrale de la police aux frontières (DCPAF), cette immatriculation s'effectue dans des conditions très favorables à la fraude, puisque le SANDIA immatricule à la vue d'un simple extrait d'acte de naissance (...) Les quelques exemples de documents montrés lors du déplacement du GIELFI au SANDIA étaient tous des faux, permettant à des personnes d'être immatriculées sous des identités fictives. À la suite de ce déplacement, vingt-six agents du SANDIA ont été formés en octobre 2010. »[1]

Pour dire les choses clairement, quand nous débarquons en 2010 dans le service qui immatricule à la Sécu les personnes nées à l'étranger, nous découvrons une catastrophe : les spécialistes de la fraude aux documents venus à Tours ont vérifié tous les dossiers qui leur sont présentés et n'ont trouvé que des faux ! Ce qui est *gravissime.* Nous nous disons qu'il y a un problème majeur que personne n'a jamais vu auparavant : ni les organismes sociaux, ni l'inspection générale des finances, ni la Cour des comptes...

1. Voir le fac-similé du rapport DNLF de mai 2011 en annexes.

Ce problème va se retrouver très vite évoqué à l'Assemblée nationale où la Mission d'évaluation et de contrôle des lois de financement de la Sécurité sociale (MECCSS) travaillait sur la fraude sociale. Cette sorte de commission spéciale auditionnait un certain nombre de personnes lors de la session 2010-2011 pour rendre un rapport sur la fraude.

Le 27 janvier 2011, la MECCSS auditionne M. Michel Bergue, à l'époque sous-préfet à la Direction de la modernisation de l'administration territoriale (DMAT) du ministère de l'Intérieur, et le préfet Raphaël Bartolt, le directeur de l'Agence nationale des titres sécurisés (ANTS). Le rapporteur pose des questions sur le SANDIA et demande à ces fonctionnaires s'ils pourraient accompagner la mission à Tours avec des magistrats de la Cour des comptes pour visiter le service, parce qu'*a priori*, il y aurait selon ses informations des problèmes de sécurité.

Le préfet Bartolt lui répond alors : « Nous nous sommes déjà rendus voici quelques mois dans les locaux du service national d'identification des assurés avec des représentants de tous les organes engagés dans la lutte contre la fraude, y compris le groupe interministériel d'expertise de la lutte contre la fraude à l'identité et la DNLF. Cette dernière a relayé nos observations, sous forme de propositions au Gouvernement. »

Le rapporteur de la MECCSS, qui avait effectivement eu des informations sur la fraude documentaire qui commençaient à fuiter, pose la question directement : « Il y avait là-bas de réelles difficultés, n'est-ce pas ? »

Le préfet Bartolt réplique, alors qu'il se trouve devant une commission parlementaire : « Oui, mais ces observations sont internes à l'administration », et il refuse d'expliquer aux parlementaires de la MECCSS ce qu'il se passe exactement. Il évite de leur dire, sur procès-verbal, qu'il n'y avait que des faux... Fallait-il éviter que le scandale s'ébruite ?[1]

À la DNLF, nous avons décidé de travailler sur deux axes de manière simultanée : évaluer l'ampleur du problème et mettre en place immédiatement les contre-mesures destinées à stopper la fraude.

Dans le cadre classique du travail gouvernemental, j'avais rédigé une mesure législative pour essayer de traiter le problème, qui consistait à « fermer le robinet » en introduisant dans le code de la Sécurité sociale le fait que l'obtention indue, sur la base de faux documents, d'un numéro d'inscription au répertoire national d'identification (NIR) entraîne la fin du paiement des prestations. Les organismes sociaux expliquaient que le NIR ne suffisait pas pour avoir des prestations, mais on savait bien que ces beaux discours se fracassaient contre la réalité de la fraude documentaire. Juridiquement parlant, il fallait décider que la simple constatation de l'obtention frauduleuse d'un NIR entraîne la fin des prises en charge en matière de prestations sociales. En clair : plus d'argent pour les gens qui soumettent des faux documents !

La DNLF a donc proposé cette modification législative. Il faut vous expliquer comment se passe la construction d'une mesure législative : vous êtes haut fonctionnaire, vous étayez une proposition au sein de votre service, votre direction, puis ensuite au niveau de votre ministère, avec des « arbitrages interdirectionnels » qui relèvent du cabinet du ministre. La proposition est ensuite soumise aux positions et

1. Voir les extraits du rapport d'information de l'Assemblée nationale de 2011 en annexes.

propositions des autres ministères concernés et aux fameux arbitrages interministériels. Soit vous gagnez les arbitrages, soit vous ne les gagnez pas. C'est une part majeure du travail des chefs de bureau et sous-directeurs des administrations centrales que de se bagarrer dans ces réunions d'arbitrage et au sein des « réunions interministérielles », les RIM, où il s'agit d'emporter la conviction du conseiller au cabinet du Premier ministre en charge du secteur, afin que la mesure soit « bleuie » – c'est-à-dire validée par Matignon et devienne la position *a priori* intangible du gouvernement.

Très clairement, à l'époque, nous n'avions pas gagné les arbitrages sur cette question de la mesure antifraude documentaire au SANDIA. La Direction de la Sécurité sociale (DSS) n'en voulait pas. Et le poids de la DSS pour inscrire une mesure dans le projet de loi de financement de la Sécurité sociale était bien plus important que celui de la DNLF.

Nous avons tenté une première opération à l'automne 2010, dès que nous avons eu connaissance du problème. Un amendement avait été passé aux parlementaires afin d'être déposé lors de la discussion de la loi de financement de la Sécurité sociale. La DSS, préparant la réponse du ministre du Budget de l'époque, François Baroin, lui fit dire qu'il était opposé à cette mesure qualifiée d'excessive. La mesure fut rejetée.

Mais un an plus tard, à l'automne 2011, nous étions dans un contexte préélectoral, juste avant les élections de 2012. Il y avait un enjeu politique énorme. Si les citoyens apprenaient que des centaines de milliers de personnes nées à l'étranger profitaient de notre système social en ayant produit des faux documents, c'était susceptible de barrer la route du deuxième tour à Nicolas Sarkozy, qui était alors Président de la République en titre et candidat à sa propre succession. En tant que garant de la gestion des affaires publiques, l'opinion risquait en effet de le tenir pour responsable du scandale. Apprendre que des centaines de milliers de numéros de Sécurité sociale avaient été frauduleusement attribués et que des milliards d'euros étaient partis dans la nature sans qu'il n'y ait eu de réaction vigoureuse posait un problème évident.

Fin octobre 2011, une note spéciale émanant de députés UMP, à laquelle j'avais eu accès, étant alors membre du conseil national de ce parti, a ainsi été transmise à la cellule « politique » de l'Élysée, les conseillers spécialement chargés de « sentir » les risques et opportunités politiques et électorales, nonobstant les questions de gestion administrative quotidienne du pays. Tels en étaient les termes, qui avaient peut-être été modifiés avant envoi au Président[1] :

« Objet : Lutte contre les fraudes sociales – amendements PLFSS

Suite au rapport parlementaire évaluant la fraude sociale à 20 milliards d'euros par an, un certain nombre d'amendements ont été déposés, qui ont des implications financières majeures, de nature à sécuriser la note AAA de la France en démontrant sa volonté de resserrer son dispositif de lutte contre la fraude aux finances publiques.

Par ailleurs, pour le premier d'entre eux, il s'agit également de sécuriser la campagne présidentielle de Nicolas Sarkozy, afin d'éviter de prêter le flanc à une éventuelle manœuvre médiatique dévastatrice qui pourrait profiter à Marine Le Pen.

1. Le texte complet de la note blanche est disponible en annexes.

1. Sécurisation des identités des personnes nées à l'étranger pour les prestations sociales (amendement NIR-SANDIA)

Il s'agit d'une mesure MECCSS. Suite aux travaux de la MECCSS, il est apparu que l'attribution des NIR (numéro de Sécurité sociale) qui permet ensuite d'entrer dans le système de Sécurité sociale (assurance maladie, allocations familiales, chômage, etc.) n'était absolument pas sécurisée. Une visite des services spécialisés de la police de l'air et des frontières (DCPAF) dans le cadre d'un groupe de lutte contre la fraude à l'identité, avait découvert que l'ensemble des dossiers qu'ils avaient examiné au hasard étaient basés sur des faux documents...

La MECCSS s'est donc rendue sur place et a constaté les dégâts. Il semble qu'une mission du ministère de l'Intérieur ait procédé à des tests postérieurs pour voir l'étendue de la fraude potentielle. Au regard du volume des NIR attribués dans ce système (près de 20 millions), il semblerait que plusieurs centaines de milliers d'identités fictives profitent actuellement des prestations sociales, avec des NIR attribués sur la base de faux documents. Cela signifie potentiellement plusieurs milliards d'euros par an de prestations sociales fraudées.

Pour information, la Caisse nationale d'assurance vieillesse, qui gère ce service SANDIA d'attribution des NIR, a refusé que les députés effectuent leur visite accompagnés des spécialistes en fraude documentaire de la police... Les députés s'y sont donc rendus sans lesdits spécialistes. Cette obstruction laisse penser qu'il y a effectivement un grave problème.

Par ailleurs, les députés se sont rendu compte que, si d'aventure un dossier NIR constitué sur la base de faux était découvert, aucune conséquence ne pouvait en être tirée, puisque le NIR ne peut pas aujourd'hui être « annulé » et que les prestations continuent d'être servies, aucune conséquence juridique ne pouvant découler de la découverte de la fraude sur le paiement des prestations sociales...

Les députés ont donc proposé une mesure simple et de bon sens : dire que lorsque qu'un NIR est obtenu sur la base de faux, la personne perd le droit aux prestations sociales servies sur cette identité frauduleuse et, par ailleurs, le NIR est annulé.

Ne pas prendre cette mesure pourrait avoir des effets ravageurs dans l'opinion publique si l'ampleur du problème, qui semble être connu depuis au moins un an et demi des administrations concernées, venait à être instrumentalisée par Marine Le Pen durant la campagne électorale, sur le modèle du problème des cartes VITALE. L'opinion ne comprendrait pas, en effet, que notre majorité ne fasse rien devant plusieurs centaines de milliers de cas identifiables de fraude avérée.

Pour mémoire, il y a environ 65 millions de NIR pour 600 milliards de prestations sociales versées par an. Un taux de fraude NIR-SANDIA de 1 %, ce serait environ 200 000 cas de fraude, soit un enjeu potentiel de 2 milliards d'euros par an par rapport au coût moyen. Si le taux de fraude est de 10 %, c'est près de 2 millions de cas de fraude et un enjeu potentiel de 20 milliards d'euros de dépenses sociales indues.

Cette base juridique, si elle est adoptée par la majorité dans le PLFSS, pourrait permettre au ministre de l'Intérieur, Claude Guéant, d'annoncer une vaste opération d'identification des dossiers frauduleux et de traque de cette fraude, dans les stocks de dossiers SANDIA, en annonçant par exemple la mise en place d'une mission d'examen général au long cours des dossiers par ses services spécialisés en fraude documentaire de la DCPAF pour en extraire les faux et sanctionner les fraudes (...). »

On découvrait au travers de cette note que la Caisse nationale d'assurance vieillesse qui gère le service SANDIA s'était opposée à ce que les députés en mission puissent se faire accompagner de policiers spécialistes en faux documents lors de leur déplacement pour visiter le service de l'organisme social qui attribue les numéros de Sécurité sociale. Un refus en forme d'aveu...

Politiquement, il fallait donc absolument faire passer cette mesure, qui était en plus d'intérêt général. Elle s'est donc retrouvée non pas dans le projet de loi initial – ce n'était toujours pas une disposition du Gouvernement –, mais, comme cela se fait souvent, sous forme d'amendement parlementaire. L'amendement a été présenté par M. Bur, qui était le rapporteur de la commission des affaires sociales de l'Assemblée nationale, ainsi que par MM. Tian, Door, Morange, Aboud et Mme Boyer.[1] L'exposé des motifs de l'amendement expliquait tout : le GIELFI s'était présenté pour une visite au SANDIA et tous les dossiers qui avaient été découverts reposaient sur de faux documents. Il fallait traiter le problème car s'il y avait 1 % de fraude, cela faisait 200 000 cas, un enjeu de plusieurs milliards d'euros par an.

L'amendement a été voté, non sans vicissitudes. Selon un témoin de premier plan de cette histoire qui ne souhaite pas être nommé, le conseiller politique du Président de la République avait été alerté du problème et Nicolas Sarkozy en personne aurait demandé à Valérie

1. Le fac-similé de cet amendement est présenté dans les annexes.

Pécresse, alors ministre du Budget, d'accepter au nom du Gouvernement l'amendement présenté par la commission. Cet amendement prévoyait la déchéance du droit aux prestations sociales pour toute personne convaincue d'avoir obtenu son numéro de Sécurité sociale à l'aide de faux documents. Peu de temps après cette instruction présidentielle directe explicite, un conseiller du cabinet de l'Élysée appelait pourtant le député principalement à l'origine du dépôt de l'amendement pour le convaincre de le retirer… ce que bien sûr il ne fit pas. S'engagea alors une féroce bataille souterraine, l'administration de la Sécurité sociale tentant de neutraliser la mesure législative au cours des débats en déposant un amendement concurrent, que les députés sous-amendèrent pour revenir à la rédaction initiale. Mauvais perdants, les « sociaux » ont glissé au rapporteur de la loi de financement de la Sécurité sociale au Sénat, le sénateur Alain Milon, un amendement de rétablissement de la rédaction « soft » qu'ils avaient conçu, n'osant pas faire assumer cette position de repli à la ministre et ont convaincu donc les sénateurs de substituer à la « déchéance du droit aux prestations » une simple « suspension du paiement et un réexamen du droit » pour les fraudeurs. Déchoir des escrocs du droit à toucher les prestations sociales, c'était trop méchant ! Une simple suspension et réexamen permettait de tirer les oreilles et de reprendre les paiements ensuite. Si tant est que l'on trouve les fraudeurs… Et pour les trouver, il faudrait les chercher… Quoiqu'il en soit l'amendement était voté et c'est encore le droit positif aujourd'hui : la simple constatation de l'obtention d'un numéro de Sécurité sociale avec un faux document doit entraîner l'arrêt de toute prestation en l'attente de la remise à plat du dossier.

En parallèle de cette bataille au parlement, une autre opération était en cours : nous savions qu'il y avait un problème et nous avions réussi à imposer l'idée de mener un travail d'évaluation statistique du nombre de faux documents dans ce fichier SANDIA, donc du nombre de NIR attribués sur la base de faux. C'était un travail qui était mené de manière très sérieuse, à la fois par le service national spécialisé de la Direction centrale de la police de l'air et des frontières (PAF), la Caisse nationale d'assurance vieillesse (CNAV) et la DNLF. Un travail que le rapport du sénateur Vanlerenberghe jettera aux orties sept ans plus tard, osant dire que tout cela n'était pas sourcé et qu'il n'y avait pas d'étude sérieuse !

Cette étude, conçue par des gens issus de l'INSEE et des meilleurs services d'analyse du pays, donc tout ce qu'il y a de plus sérieuse, a conclu de manière très claire à un taux de fraude documentaire de 10,4 %, sur un stock de 17,6 millions de dossiers.[1]

Le taux de faux identifiés d'emblée était de 6,3 %. Et en étudiant les indéterminés, le système de reprise statistique fait par les spécialistes permettait d'évaluer à 10,4 % le taux global de faux documents, l'intervalle de confiance étant situé entre 9,1 et 11,7 %. C'était des conclusions très claires : le problème était sérieux et bien documenté.

Contrairement à ce que certaines personnes moins au fait du dossier ont pu dire dans la presse ou sur les réseaux sociaux, il ne s'agit donc pas d'une « invention » de ma part ni d'une *fake news*. Le rapport du sénateur Vanlerenberghe, qui avait inspiré ce type d'accusation, a de fait été démonté quelques mois après sa sortie tant par la mission Goulet-Grandjean que par la commission

1 Le fac-similé de cette étude figure dans les annexes.

d'enquête de l'Assemblée nationale. L'étude sur laquelle se fondaient à l'époque mes affirmations – avant que les nouvelles investigations menées en 2020 ne démontrent une situation encore plus catastrophique – a été analysée et a fait l'objet d'une réunion au niveau du cabinet du ministre du Budget et des directions concernées de Bercy, des affaires sociales et du ministère de l'Intérieur le 12 décembre 2011.

Ayant présenté publiquement ces documents devant la commission d'enquête de l'Assemblée nationale devant laquelle j'ai déposé sous serment, je peux vous les mettre aujourd'hui à disposition puisque cette commission a fait le choix de la transparence en diffusant publiquement ses auditions.

Participaient à cette réunion M. Bergue, qui était donc au ministère de l'Intérieur (DMAT), M. Chemla, le chef de cabinet du ministre du Budget, M. Emmanuel Dellacherie, le responsable antifraude à la Direction de la Sécurité sociale, le colonel Daniel Hestault, rattaché à la Direction de l'immigration du ministère de l'Intérieur, la commissaire Emmanuelle Joubert, chef du service de la fraude documentaire à la PAF, M. Philippe Louviau, un ingénieur polytechnicien de la DNLF, Benoît Parlos, le délégué national à la lutte contre la fraude, M. Regnault de la Mothe, qui était au cabinet du ministre de l'Intérieur et qui passera au cabinet du Premier ministre Édouard Philippe quelques années après et M. Rubler, un directeur douanier qui était le conseiller antifraude au cabinet du ministre du Budget.[1]

Cette réunion du 12 décembre prend acte : « Une évaluation du taux de fraude documentaire à l'immatriculation SANDIA des personnes nées à l'étranger a été

1. La copie du relevé de conclusions de cette réunion figure dans les annexes.

réalisée conjointement par la CNAV et par la DCPAF pendant la semaine du 10 au 14 octobre 2011. Le taux global de fraude documentaire – on ne parle pas d'erreur, de photocopie, de cachets de travers – est estimé à 10,4 %. Tous les participants s'accordent sur la sensibilité élevée du sujet. »

On m'a reproché d'avoir dit qu'il y avait 1,8 million de numéros de Sécurité sociale attribués sur la base de faux documents, mais ce n'est pas moi qui l'ai inventé, c'est dans le document du cabinet : « Mesures à prendre relatives aux stocks des personnes immatriculées : sur la base du taux de fraude constaté en octobre 2011, on pourrait estimer que 1 800 000 NIR ont été attribués sur la base de faux documents. »

« Faux documents » : ce ne sont donc pas de simples photocopies ou un système de contrôle de gestion des risques, comme j'ai entendu Mme Buzyn le dire fin 2018 à l'Assemblée nationale ! Cet arrangement avec la vérité en annonçait bien d'autres, comme nous avons pu le voir dans les circonstances dramatiques de la crise du coronavirus, début 2020.

J'ai gardé mes archives personnelles sur ces dossiers-là quand il y a eu le changement de gouvernement en 2012. En amont de cette réunion de décembre 2011, il y avait ainsi eu des échanges de mails de préparation. Par exemple, celui du patron de l'antifraude à la Direction de la Sécurité sociale nous expliquait ses éléments d'analyse et de langage sur le sujet : « Cette étude d'évaluation a été demandée par la DSS à la CNAV en avril 2011 suite à des constats effectués en 2010 par des experts du GIELFI. Par ailleurs, des parlementaires de la MECCSS se sont rendus au SANDIA au printemps dernier, d'où les offensives du rapporteur sur l'obtention frauduleuse du NIR que nous avons eu beaucoup de mal à canaliser lors de la discussion du PLFSS. » En clair, les parlementaires, dans une mission de contrôle, avaient découvert qu'il y avait un problème et les hauts fonctionnaires expliquaient entre eux : « Nous avons eu du mal à canaliser les offensives des parlementaires sur le sujet. » D'un point de vue citoyen, avouez que cela laisse un peu songeur.

Ce même responsable antifraude expliquait les enjeux de la fraude au SANDIA : « L'étude d'évaluation a porté sur un échantillon représentatif. Le pourcentage de faux documents avérés détectés est de 6,3 %. En soi, ce chiffre est sensiblement élevé, mais ne permet pas de savoir à quel type de fraude on est confronté (fraude documentaire simple, identité fictive, usurpation de l'identité) ni quels sont les enjeux pour les prestations servies. En outre, on est sur un échantillon NIR attribué depuis 1988. » Puis il parlait des « indéterminés » et concluait en disant : « C'est pourquoi, au plan statistique, il convient d'appliquer le même taux de fraude sur ces cas. Dès lors, le taux de faux documents sur l'ensemble de l'échantillon peut être évalué à 10 %. »

Quelque temps après, le 17 janvier, la CNAV nous a redonné une analyse des cas de fraudes détectées par rapport à l'échantillon avec trois observations.[1]

Première observation : il y avait cent-trente-trois cas de faux avérés dans l'échantillon des documents. Ces documents étaient des faux détectés comme tels par la DCPAF et le SANDIA, le résidu étant de l'indéterminé. Sur ces faux documents, vous aviez 50 % d'actes étrangers ; 11 % d'actes établis par le Service central de l'état civil de Nantes ; 10 % étaient des actes de naissance français dont plus de la moitié provenaient de

1. Le fac-similé de cette note figure dans les annexes.

Mayotte ; à l'époque, 5 % étaient des titres de séjour. Sur les faux actes étrangers, 47 % étaient des actes prétendument algériens, 27 % prétendument marocains, 6 % prétendument congolais, 3 % prétendument maliens. J'insiste sur le « prétendument » : ce n'est pas parce que le document est d'une nationalité prétendue qu'il vient vraiment de ce pays-là ou que le fraudeur est de ce pays-là. Nous en avons eu l'exemple en 2018 à Strasbourg où un Algérien s'était fait une fausse identité irakienne. C'était manifestement plus facile de faire des faux irakiens, parce que cela passait mieux. Beaucoup de faux documents proviennent de pays où l'état civil n'est pas très rigoureux, évidemment, voire de pays où il n'y a pas d'état civil. C'est quelque chose que le député Pascal Brindeau avait d'ailleurs relevé, mettant en grande difficulté le délégué national à la lutte contre la fraude par intérim lorsque ce dernier fut auditionné en commission d'enquête.

Deuxième observation qui était intéressante : sur les cent-vingt-quatre consultations sur le Répertoire national commun de la protection sociale (RNCPS), 30 % n'avaient pas pu aboutir parce qu'elles n'étaient pas consultables et surtout, 17 % des cas n'avaient aucun rattachement. À l'époque, vous aviez donc 83 % des dossiers de l'échantillon qui touchaient des prestations, qui étaient connus au RNCPS et 17 % qui n'étaient pas connus. 40 % ne pouvaient pas faire l'objet de signalements parce que le RNCPS ne marchait pas encore très bien. Un sabotage volontaire durant des années du fonctionnement de ce grand fichier qui avait pourtant été voulu pour lutter contre la fraude...

En 2012, suite à cette évaluation catastrophique du niveau de fraude, la loi permettant de neutraliser les paiements était votée, et nous avions continué à travailler.

S'agissant d'un problème de sécurisation, nous avions formalisé un guide pour que les agents des organismes sociaux puissent certifier ou pas les identités. Surtout, comme il y avait ce problème des dossiers constitués de photocopies, nous avions préparé un décret en Conseil d'État modificatif, qui prévoyait qu'une personne qui était de nationalité étrangère, pour s'immatriculer à la Sécurité sociale, devait présenter un document d'identité original et pas simplement des photocopies.

Quand vous élaborez un décret en Conseil d'État, vous préparez un texte, vous le négociez en interministériel et, après, vous l'envoyez au Conseil d'État. Mais avant, vous devez rédiger un rapport pour le Premier ministre. Dans ce rapport, il était indiqué que : « Une évaluation du taux de fraude documentaire sur le stock du SANDIA a été réalisée conjointement par la CNAV et par la DCPAF en octobre 2011. Portant sur un échantillon de 1 100 dossiers, elle fait ressortir un taux de fraude documentaire estimé à 10,4 %. »[1]

Encore une fois, ce n'est donc pas moi qui avais inventé cette histoire de fraude massive : elle avait fait l'objet d'un rapport du ministre du Budget au Premier ministre, pour justifier d'un décret qui devait être examiné par le Conseil d'État au sein de sa section sociale le 9 mai 2012.

En mai/juin 2012, l'alternance politique est intervenue et le décret en question n'a jamais été publié... J'ai cependant invité la commission d'enquête parlementaire à demander au Conseil d'État qu'il ressorte les archives de la séance du 9 mai 2012 de la section sociale et à faire ressortir les archives des réunions interministérielles (RIM) de l'époque, pour avoir le « bleu » de

1. Une copie de ce rapport au Premier ministre figure dans les annexes.

Matignon sur le sujet, c'est-à-dire la décision du cabinet du Premier ministre qui avait entériné la nécessité de changer les textes au regard de l'ampleur de cette fraude. Une investigation que s'était bien gardé de faire le sénateur Vanlerenberghe pour établir son rapport en 2019, qui lui aurait pourtant prouvé la fraude qu'il s'évertue à nier encore aujourd'hui...

En 2013, le travail de la DNLF a continué sur ce sujet après mon départ. Un nouvel exercice d'évaluation a été réalisé avec la DCPAF ; il figure dans le rapport de la DNLF de 2013.

J'ouvre ici une parenthèse amusante : si vous allez sur le site Internet du ministère des Finances, les rapports où figurent ces taux de fraude de « 10,4 % » n'y sont plus. Le ministère les a retirés début 2019, quand le problème a été relayé dans les médias. Vous trouvez encore tous les rapports postérieurs mais les rapports où l'on parle de la fraude SANDIA n'y sont plus accessibles. Intéressant, non ?

En 2013 donc, les taux de fraude étaient identiques à ceux de 2011, c'est-à-dire qu'ils étaient supérieurs à 10 %. Cela se décomposait en un taux de faux documents certains de 5,44 % et un taux de documents défavorables de 5,01 %. C'était un calcul similaire à celui effectué en 2011 avec respectivement 6,3 % de faux certains et 10,4 % de fraude documentaire évaluée avec une estimation sur les « incertains ». Point intéressant : toute la communication de la Sécurité sociale depuis plusieurs années consiste justement à minimiser la fraude documentaire en passant sous silence ce taux de 10 %, et se concentrant sur le 6 % ou le 5 %. « Cachez cette fraude que je ne saurais voir ! » Mais les faits sont têtus, nous étions exactement sur les mêmes taux de fraude en 2013 qu'en 2011 : respectivement 10,45 % et 10,4 % ![1]

En 2011, nous avions fait une demande d'évaluation financière ; c'était d'ailleurs indiqué noir sur blanc dans le rapport. Cela n'avait pas pu être fait parce que le Répertoire national commun de la protection sociale (RNCPS) ne fonctionnait pas complètement : le montant des prestations servies n'y figurait pas. C'est encore en 2020 un sujet récurrent, les organismes sociaux ayant tout fait pour éviter que ces informations figurent un jour dans ce fichier antifraude.

Ainsi, le 9 octobre 2012, le député Pierre Morange, qui est en fait l'initiateur du RNCPS, s'en étonnait. Il avait interrogé le ministre du Budget en expliquant que la Mission d'évaluation et de contrôle des lois de financement de la Sécurité sociale (MECCSS) avait fait cinquante propositions et que l'une d'entre elles insistait sur la finalisation rapide du RNCPS et notamment sur le fait d'avoir les montants des prestations. Le ministère lui a répondu assez peu rapidement… la réponse n'intervient que le 25 mars 2014, soit un an et demi pour répondre à une question écrite de contrôle posée par un député ! Il répond que « concernant le dispositif de gestion des échanges associé au répertoire, la loi de financement de la Sécurité sociale pour 2012 a confirmé que les échanges de données sur cette plateforme peuvent notamment porter sur les montants des prestations en espèces. Le dispositif est aujourd'hui opérationnel et permet ces échanges autant que de besoin ».

Le 10 octobre 2014, M. Morange fait adopter un amendement et c'est là qu'est introduite dans le code

1. La copie de ce rapport de la DNLF paru en 2014 figure dans les annexes.

de la Sécurité sociale une date : « Au 1er janvier 2016, il contient également le montant des prestations en espèces servies par les organismes mentionnés au premier alinéa. »

Le député Morange – et le Parlement – inscrivaient dans la loi l'esprit de la réponse ministérielle : il fallait que le montant des prestations distribuées par l'État soit indiqué dans le fichier recensant ceux qui les perçoivent.

Et pourtant en écoutant les auditions devant la commission d'enquête sur les fraudes aux prestations sociales, on a découvert que cela n'avait toujours pas été mis en application mais que « cela le serait bientôt ». Or, le ministère avait bien dit en 2014 que le dispositif était entré en application. On voit que les citoyens ont beau élire des représentants qui votent des lois, l'administration opère parfois en autonomie. Ce n'est pas sans poser une question de légitimité démocratique importante, notamment lorsque la volonté du législateur est méprisée durant une quinzaine d'années de manière aussi flagrante.

Écoutons l'audition des magistrats de la Cour des comptes sur ce sujet le 17 juillet 2019 devant la mission Goulet-Grandjean :

« La volonté du législateur concernant le RNCPS n'a pas été respectée. Le législateur a demandé dès 2007, puis à nouveau en 2011 et en 2016 que les montants des prestations versées figurent au RNCPS. Cela ne s'est pas concrétisé, par un effet d'inertie administrative », Jean-Paul Viola, président de section à la 6ème chambre de la Cour des comptes.

« Aujourd'hui la demande faite par le Parlement dans la loi de financement de la Sécurité sociale pour 2007 sur le RNCPS n'est toujours pas mise en œuvre. Le montant des prestations n'a pas été intégré au RNCPS (...) Près de dix ans après elle commence à peine à être mise en œuvre alors que le Parlement a voté deux nouvelles dispositions sur le sujet », Didier Selles, conseiller-maître à la Cour des comptes.

Le même Jean-Paul Viola, entendu sous serment comme représentant du Premier président de la Cour des comptes par la commission d'enquête parlementaire le 26 mai 2020, confirmait à nouveau que : « Le répertoire national commun de la protection sociale (RNCPS) créé en 2006 visait à transcender les divisions institutionnelles de la protection sociale en rassemblant toutes les données sociales des assurés. Le projet a pris énormément de retard et n'a pas vraiment abouti car le montant des prestations versées n'a jamais été intégré, malgré des obligations législatives récurrentes. Il va finalement l'être, mais seulement par une forme de détour de l'histoire, grâce au dispositif de ressources mutualisées lié à la réforme des aides au logement. Il est frappant que l'on n'ait jamais cherché à sécuriser et mutualiser les données permettant le calcul des prestations pour tous les organismes sociaux. »

Mais revenons à cette question de la fraude documentaire de masse dans l'attribution des numéros de Sécurité sociale des personnes nées à l'étranger.

J'ai évoqué régulièrement le sujet dans la presse depuis 2012.

Ainsi, dans un entretien dans *La Croix* le 18 octobre 2012 avec le journaliste Antoine Peillon, j'indiquais déjà que « les fraudes principales sont connues : comptes clandestins à l'étranger, fraude à la TVA (10 milliards d'euros), prix de transferts, fraude à l'assurance maladie (près de 14 milliards d'euros), fraude aux prestations sociales (1,8 million de numéros de Sécurité sociale concernés), travail au noir (15,5 à 18,7 milliards d'euros) »...

J'expliquais dans *La Voix du Nord* le 29 novembre 2013 que : « Le travail illégal, c'est un coût de 15,5 à 18,7 milliards d'euros pour Bercy. La fraude aux CPAM, c'est 14 milliards selon l'EHFCN, organisme européen de lutte contre la fraude. Les « indus » détectés par les CAF se montent à plus de 2 milliards. L'immatriculation sociale frauduleuse permettant de toucher des prestations, c'est potentiellement 12 milliards. Plus les fraudes aux autres régimes de protection sociale... Au final on arriverait à pratiquement 50 milliards par an de fraude sociale. »

J'ai repris ces éléments dans *Le Figaro* le 2 octobre 2014, au moment où le gouvernement de l'époque s'est apprêté à ponctionner 2,2 milliards d'euros aux Français. J'indiquais alors une voie qui me paraissait plus juste : aller chercher l'argent dans les poches des voleurs que sont les fraudeurs, plutôt que dans celles des familles de notre pays.

SCAN ME

La sénatrice Nathalie Goulet, que j'avais informée de cette problématique-là puisque nous avions beaucoup travaillé sur les commissions d'enquête relatives à la fraude fiscale, a posé la question au gouvernement le 15 décembre 2016. La secrétaire d'État Ségolène Neuville lui a répondu au Sénat : « Oui, c'est vrai, il y a de la fraude, nous avons traité 500 cas » sur un stock de

18 millions ! Dans la vidéo du Sénat, on voit la sénatrice bouche bée, expliquant alors que cinq-cents dossiers traités en cinq ans, sur un tel stock, ce n'est pas normal.

SCAN ME

Notez, point majeur, que le ministère n'a pas nié le problème SANDIA à l'époque, contrairement à ce qu'il fera deux ans plus tard…

Il ne vous a pas échappé que la fin de l'année 2018 a été marquée dans notre pays par la crise des Gilets jaunes, qui a posé la question du financement des dépenses publiques : faut-il plus taxer ou moins dépenser ? J'ai alors expliqué à nouveau publiquement que « si vous voulez trouver de l'argent, la lutte contre la fraude est un moyen de le faire et l'immatriculation sociale pose un gros problème ».

Cette fois-ci, enfin, les médias se sont emparés du sujet, avec de très forts relais sur les réseaux sociaux alors que, jusqu'alors, personne ne s'y intéressait. J'avais publié sur mon blog *Mediapart* un billet intitulé « Urgence Gilets jaunes : 14 milliards d'euros demain en luttant contre la fraude sociale ».

SCAN ME

Le sujet a vraiment été mis en lumière suite à une interview que j'ai donnée sur Europe 1, où j'expliquais la situation et évoquais le chiffre de 14 milliards d'euros d'enjeu de fraude.

SCAN ME

Pourquoi 14 milliards d'euros ? Parce qu'initialement, nous devions disposer d'une évaluation financière, sauf qu'elle n'avait pas pu être faite à cause du RNCPS qui ne fonctionnait pas. Le seul moyen d'avoir une évaluation non pas du montant de la fraude, mais d'un « enjeu » de fraude, était de le calculer à partir d'une dépense moyenne de Sécurité sociale par individu. De plus, j'avais essayé d'être relativement raisonnable parce que j'avais pris comme référence les dépenses de Sécurité sociale, alors qu'il faut calculer les sommes par rapport aux dépenses de protection sociale, puisque l'attribution frauduleuse d'un NIR entraîne la suspension du paiement de toutes les dépenses de protection sociale, y compris chômage. Ces dépenses de protection sociale représentent 787 milliards d'euros par an, y compris les frais de gestion, pour l'année 2019, c'est-à-dire environ 11 800 euros par personne. J'évoquais prudemment fin 2018 un enjeu de 7 700 euros par individu, ce qui était une évaluation basse des sommes potentiellement fraudées. Cela faisait donc une évaluation de 14 milliards d'euros. Les années précédentes, j'avais évoqué dans la presse – sans jamais avoir été contredit – le chiffre de 12 milliards, parce que les dépenses étaient un peu moins importantes. Mais les dépenses de Sécurité sociale augmentent chaque année…

Fin 2018, la sénatrice Goulet, qui est rapporteur spécial de la commission des Finances, décide d'utiliser ses pouvoirs spécifiques – qui sont les mêmes pouvoirs que ceux d'une commission d'enquête permanente – pour m'interroger et pour que je lui donne mes documents de service que je n'avais jamais diffusés. Je lui remettais alors les documents que je détenais. Parallèlement la presse commençait à enquêter et à interviewer cette sénatrice.

Dès ce moment, la tristement célèbre Agnès Buzyn qui était ministre de la Santé, traitera Nathalie Goulet de tous les noms dans l'hémicycle : suppôt du Front national et pourvoyeuse de *fake news*. Les vidéos sont rétrospectivement sidérantes, surtout quand on connaît le rapport qu'a eu Madame Buzyn, au moment de la crise du coronavirus, à l'expression publique de la vérité des faits…

SCAN ME

Suite à cette mise en cause inadmissible, Nathalie Goulet a diffusé sur Twitter un certain nombre de documents officiels que je lui avais remis. C'est ainsi que les documents ont commencé à circuler à partir de fin décembre 2018.

La sénatrice Goulet a convoqué Renaud Villard, le patron de la Caisse nationale d'assurance vieillesse (CNAV), qui s'est alors révélé évasif face à ses questions. La sénatrice lui avait notamment demandé de lui fournir les cent-vingt-quatre NIR de fraudeurs identifiés en 2011 afin de pouvoir faire une estimation du montant de la fraude en l'extrapolant aux 1,8 million de dossiers frauduleux à partir des sommes réellement touchées par ces cent-vingt-quatre fraudeurs issus de l'échantillon représentatif. Le directeur de la CNAV ne donna pas suite à cette requête.

Très rapidement, les investigations de la sénatrice Goulet ont été bloquées : Icare se rapprochait trop du soleil… Le sénateur Jean-Marie Vanlerenberghe, rapporteur général du budget de la Sécurité sociale au Sénat, a alors dit reprendre à son compte les investigations.

Mme Goulet m'avait présenté à M. Vanlerenberghe dès le 21 décembre 2018. Je l'ai rencontré en dehors de sa mission avant même que celle-ci ne débute. Nous nous sommes retrouvés tous les trois à la buvette du Sénat et je lui ai donné tous les rapports (de la CNAV, de la DNLF, etc.) le même jour qu'à Nathalie Goulet. Il les a lus avec moi et je l'ai vu blêmir : « Ah oui quand même, mince, ce ne sont pas des *fake news*. C'est l'INSEE, c'est la CNAV, c'est sérieux. » Ce à quoi je lui ai répondu : « Oui, bien sûr, ça vient du cabinet du ministre à Bercy. » Il savait donc exactement à quoi s'en tenir dès fin décembre 2018.

SCAN ME

Ce même 21 décembre 2018, *Le Figaro* publiait un article d'enquête sous la plume de Luc-Antoine Lenoir. On y apprenait notamment que la Direction de la Sécurité sociale avait déclaré au journal avoir neutralisé 500 000 NIR à risques ! Un demi-million de fraudes neutralisées, voilà un vrai scoop… qui ne dura que le temps d'un article car cette information, destinée manifestement à calmer les ardeurs de la presse à enquêter, ne sera jamais confirmée, plusieurs autres journalistes me confiant ne pas comprendre pourquoi la DSS et les organismes de protection sociale tenaient des discours différents selon les journalistes à qui ils s'adressaient.

SCAN ME

Il faut dire que suivant si les officiels s'adressaient au *Figaro*, à *L'Opinion*, au *JDD*, à *Libération* ou à *Marianne*, les éléments variaient totalement, passant on l'a vu de 500 000 fraudeurs stoppés à « Y a pas de fraude », ce qui est devenu la position officielle jusqu'à aujourd'hui encore.

À la suite de cette communication de crise ratée, la presse ayant découvert le sujet et l'ayant largement couvert, la responsable de l'antifraude à la Direction de la Sécurité sociale a été rapidement et discrètement changée… Coïncidence ou pas, l'histoire ne le dit pas mais, on va le voir, une coïncidence similaire a eu lieu au plus haut niveau un an plus tard au sujet du cafouillage sur le nombre de cartes Vitale en surnombre : ce coup-ci c'est la grande patronne de la DSS qui a été mutée. Elle avait évoqué 2,6 millions de cartes en trop avec droits ouverts. Encore une coïncidence ?

En attendant, avec Nathalie Goulet, sénateur UDI de l'Orne et secrétaire de la commission des Finances, j'organisais un grand colloque dans les locaux du Sénat sur la lutte contre la fraude fiscale et sociale, au cours duquel intervenaient Laurent Daculsi, expert en lutte contre la fraude dans le secteur public, Frédéric Douet, professeur agrégé des Universités, spécialiste en droit fiscal, Jean-Marie Favre, officier de douane judiciaire spécialiste des fraudes à la TVA, Yannick Hulot, coordinateur d'Eurofisc – l'équivalent pour la fraude fiscale d'Europol pour la criminalité –, Virginie Pradel, présidente de l'Institut Fiscal Vauban et Luc Retail, commissaire divisionnaire honoraire de la police nationale, ancien directeur de la conformité à la Banque postale.

Nous posions à nouveau le sujet en l'intégrant dans une perspective globale de lutte contre l'ensemble des fraudes aux finances publiques.

J'échangeais avec le directeur général de la CNAV, Renaud Villard, pour l'inviter à venir y parler et débattre de ces sujets, notamment de la question de la fraude aux NIR à l'aide de faux documents. Il refusa poliment. J'ai trouvé cela dommage.

Trois mois après ce colloque, le gouvernement a nommé Nathalie Goulet en mission spéciale sur la fraude sociale, accompagnée de la députée Carole Grandjean.

Le fait de nommer deux parlementaires en mission sur la même problématique que celle sur laquelle le rapporteur du budget de la Sécurité sociale était censé faire un rapport démontrait que Matignon et le gouvernement tenaient M. Vanlerenberghe pour quantité négligeable sur le sujet. À raison eu égard à ce qu'il advint de son « rapport ».

Nathalie Goulet et Carole Grandjean ont abattu un travail titanesque en l'espace des quelques mois qui leur étaient donnés et alors qu'aucun moyen ne leur a été alloué par Matignon. Il avait manifestement été décidé d'étouffer l'affaire en nommant responsable de la mission celle par qui le scandale était sorti au parlement et en ne lui donnant aucun moyen de mener la mission à bien, pour qu'il en sorte un rapport sans aspérités aboutissant à la conclusion définie à l'avance : #YaPasDeFraude ! On verra que le succès de la manœuvre ne fut pas au rendez-vous...

Les deux parlementaires ont en effet pris leur mission très à cœur et ont découvert des scoops que moi-même, pourtant au cœur du réacteur pendant des années, ne soupçonnais pas, comme les 84 millions de gens réputés en vie dans notre système social, dont 3,1 millions de centenaires. Une découverte que l'on doit à Carole Grandjean qui eut la curiosité de demander ces données à l'INSEE.

Si vous voulez comprendre comment on essaie de vous faire prendre, cher contribuable, des vessies pour des lanternes, lisez ce passage de l'audition des responsables du SANDIA, ce service en charge de l'immatriculation sociale des personnes nées à l'étranger. C'est un morceau d'anthologie, délivré lors d'une audition le 14 juillet 2019 :

« **Mme GOULET** – Cela date quand même de cet audit de 2011 qui existe et d'ailleurs dont les protagonistes sont tous en poste aujourd'hui à des postes divers et variés. Vous avez 17,6 millions de personnes immatriculées. Sur la base du taux de fraude qui était constaté à ce moment-là, il y avait 1,8 million de NIR attribués sur la base de ces documents faux.

M. CHASSEREAU – Ce n'est pas tout à fait exact, nous avions eu l'occasion d'en parler…

M. MONIE – Ce rapport j'avais eu l'occasion de vous l'expliquer avec Renaud Villard. C'était un rapport interne qui utilisait le vocabulaire sémantique spécifique à la maîtrise des risques internes, avec un vocabulaire absolument pas bon public. Par conséquent les éléments qui étaient considérés comme frauduleux par exemple, aujourd'hui seraient dans la catégorie « anomalie », « anomalie critique »…

Ah les joies de la novlangue… À l'époque en 2011 vous comprenez, on était des handicapés sémantiques, notre vocabulaire n'était pas « bon public »… Rendez-vous compte ! Appeler un faux document « faux » et qualifier une fraude de « fraude » ! Les maladroits que nous étions ! Ce « bon public », il ne fallait pas lui parler avec des mots aussi simples, voyons ! En revanche « anomalie », ça passe bien… Mais ça coûte quand même toujours autant un « pognon de dingue »…

La suite de l'audition est du même acabit :

Mme GOULET – Par exemple là en 2013 vous aviez en faux, absolument faux (…) 5,44 % avec défavorable de 5,01 (en plus) ?

M. MONIE – Ça c'est l'évolution en effet c'était le point considéré comme faux parce que s'afficher faux au moment du traitement mais il s'avère ne pas être faux dans les remontées d'information des organismes de protection sociale. La confusion vient de là depuis le départ sur ce rapport de 2011. D'où la nécessité de reprendre la terminologie. Sur l'évolution je vais vous le donner tout de suite parce que je viens de le voir, nous parlons d'anomalie critique. Le faux serait remplacé par anomalie critique… Aujourd'hui sur l'audit 2018 nous sommes à 4,23. Il est inférieur à celui du résultat de 2013 (…)

Mme GOULET – Ceux-là sont consolidés.

M. MONIE – Et 2011 à 6,3.

Mme GOULET – 2011 à 6,3. Cela, c'est consolidé nous n'y touchons plus. En 2011 il y avait bien…

M. MONIE – Pour nous c'est notre réalité.

Mme GOULET – Donc 2011 il y a 6,3 % de faux…

M. MONIE – Non, considéré comme faux à l'audit, le jour de l'audit. »

Quelque temps plus tard, Carole Grandjean et Nathalie Goulet ont fait une conférence de presse pour présenter les premiers résultats de la mission confiée par le Premier ministre et les données que l'INSEE leur avait fournies – elles ne les avaient pas inventées –, sur les 84 millions de personnes réputées vivantes dans le système social français. Il se trouve que je connaissais ces données, parce que les deux parlementaires les avaient reçues le jour où elles m'ont auditionné : j'en avais appris l'existence en direct à ce moment-là ! Je m'étais tout de suite dit que cela allait faire du bruit.

Et ça n'a pas raté : l'information des 17 millions de zombies dont 3,1 millions de centenaires réputés en vie a été évoquée au journal de 20 heures et toute la presse a titré sur les incohérences de notre système.

Personne n'avait dit plus que ce que l'INSEE avait donné comme information à la mission, qui ne faisait que s'étonner d'une telle discordance dans les fichiers. Et les commentateurs – dont moi – de se demander combien sur ces 17 millions de zombies touchaient des prestations. *The Walking Dead* au pays de la fraude sociale… Une question évidemment légitime pour tout contribuable…

Mais manifestement pas pour les organismes sociaux et les administrations !

C'est la première fois en France que des administrations centrales et des organismes ont produit un communiqué de presse pour critiquer de manière véhémente des parlementaires en mission, c'est-à-dire, en réalité, l'équivalent des ministres.

La Caisse nationale d'assurance maladie (CNAM) a en effet tourné l'information en dérision et expliqué que seules 59,4 millions de cartes Vitale étaient actives. Pas de chance, il suffisait alors de faire le petit calcul initié par l'inspection générale des finances (IGF) et l'inspection générale des affaires sociales (IGAS), selon la méthode utilisée en 2013 dans le rapport rédigé par Boris Ravignon, ancien conseiller de Nicolas Sarkozy à l'Élysée. C'est une méthode intéressante qui consiste à comparer le majorant théorique des cartes Vitale avec le nombre de cartes Vitale actives, c'est-à-dire avec des droits ouverts. En faisant ce calcul, on obtient alors 5,2 millions de cartes Vitale en surnombre en septembre 2019. Il y avait du progrès, parce qu'en 2013, le chiffre atteignait 8 millions, outre les 7 millions de personnes prises en charge par les assurances maladie obligatoires en plus des gens qui existaient.

En février 2020, la directrice de la Sécurité sociale, devant la commission d'enquête, a réfuté le chiffre de 5,2 millions mais reconnu celui de 2,6 millions de cartes Vitale en surnombre. Deux jours après cette audition, un communiqué de presse de l'administration a réduit ce surnombre à 609 000. Intéressant rabotage... Mais qui pose souci quant aux déclarations effectuées sous serment. Nous y reviendrons dans la partie spécifiquement consacrée aux cartes Vitale.

Mais revenons au sujet des numéros de Sécurité sociale attribués sur la base de faux documents. Une contribution au rapport Goulet-Grandjean datant de l'été 2019, émanait du ministère de l'Intérieur, de la mission « délivrance sécurisée des titres ». Il faisait référence à un rapport de l'inspection générale d'administration (IGA) de février 2019 sur la fraude documentaire à l'identité.

Il y était indiqué : « Trois évaluations ont été réalisées par les organismes sociaux avec le concours de la DCPAF sur le taux de faux documents produits dans des dossiers ayant abouti à immatriculation : évaluée à environ 10 % des dossiers, cette fraude a été évaluée à 5,44 % en 2013, et à 3,5 % en 2018. Ce résultat ne tient pas compte du volume des dossiers rejetés préalablement à l'immatriculation sur la base d'une suspicion de fraude aux documents d'identité. Taux de rejet évalué en 2013 : 12,5 %. »

C'est donc un document officiel de 2019 provenant du ministère de l'Intérieur. Peut-être M. Vanlerenberghe ne l'avait pas lu ? Mais ce rapport du ministère de l'Intérieur ne dit pas tout à fait la même chose que le sénateur Vanlerenberghe qui nous explique lui que la fraude représente 0,7 % des dossiers et seulement 100 millions d'euros. J'ai d'ailleurs cru comprendre qu'il avançait maintenant qu'en 2020 ce serait encore moins. Peut-être parce que les faux documents deviennent de moins en moins faux...

Mais avec toutes ces histoires, cher lecteur, où en est-on ? Comment déterminer qui dit vrai et qui ment ? Comment savoir combien de numéros de Sécurité sociale ont été attribués à des gens nés à l'étranger sur la base de faux documents ?

Je vous invite à lire les documents que je publie dans cet ouvrage, vous en serez juge. Ils proviennent tous de sources officielles, évidemment. Je vous invite également à regarder les auditions de la commission d'enquête et notamment celle où j'explique tous ces scandales et réponds aux questions des députés enquêteurs :

Pour jauger de l'honnêteté des déclarations des uns et des autres, je vous renvoie aussi, par exemple, à ce rapport de la DNLF relatif à la typologie des fraudes, daté de juin 2019. En sa page 25, la Délégation nationale à la lutte contre la fraude écrivait noir sur blanc que : « 10 % des numéros de Sécurité sociale des personnes nées à l'étranger sont obtenus par la production de faux. » Un chiffre pourtant réfuté le 11 février 2020 par la DNLF devant la commission d'enquête... à rebours donc de ses documents internes les plus récents :

« **M. Michel Zumkeller** – Je voudrais revenir sur la question de notre président. Je n'ai pas très bien compris votre réponse. Vous dites que vous ne partagez pas la véracité de certains chiffres qui circulent. Je peux le comprendre, mais les chiffres que vous a opposés le président sont issus de votre organisme. En 2011-2013, la DNLF a estimé qu'il y avait 10 % de fraude sur la base de faux documents. Vous êtes en train de nous expliquer qu'en 2019, cette fraude n'existe plus. Pouvez-vous nous confirmer cela ? Juste avant vous, la directrice de la Sécurité sociale a reconnu sous serment qu'il y avait 2,6 millions de cartes Vitale actives en trop. Quel peut être l'impact de ce nombre de cartes Vitale actives en trop ? Quelle fraude sociale peut en résulter ?

M. Éric Belfayol (délégué national par intérim à la lutte contre la fraude) – Je n'ai pas dit que la fraude n'existait pas. J'ai simplement dit que les chiffres que l'on trouve en 2010-2011 dans les rapports ne se retrouvent pas les années suivantes. Ce genre de calculs faits à l'époque par la DNLF n'ont pas, j'imagine, été reproduits au cours des années suivantes. Pourquoi ? Parce que nous sommes restés adossés aux logiques institutionnelles qui étaient celles des services porteurs, à savoir la CNAV, qui est l'organisme le mieux à même de faire cette démarche.

M. Michel Zumkeller – C'est la DCPAF qui est spécialiste en la matière.

M. Éric Belfayol – La DCPAF travaille de très près avec la CNAV sur ces questions, notamment vis-à-vis du SANDIA.

M. Michel Zumkeller – Donc en 2011, leurs chiffres étaient faux ?

M. Éric Belfayol – Non, ce n'est pas ce que je dis. Je ne peux pas vous parler des chiffres de 2011. Je pense qu'ils ont affiné leurs méthodes depuis. Quand je regarde la dernière production faite par la DCPAF et le SANDIA pour 2018…

M. Michel Zumkeller – Il y avait 1,8 million de dossiers en 2011 ; il n'en reste plus que 13 en 2018.

M. Éric Belfayol – Non, c'est juste l'échantillonnage. De ce que je lis des rapports institutionnels, celui qui est fait par la DCPAF et le SANDIA pour 2018 indique que cette fraude existe.

M. Michel Zumkeller – Combien représente-t-elle en pourcentage ?

M. Éric Belfayol – Je ne peux pas vous donner le pourcentage.

M. Michel Zumkeller – Vous pourriez peut-être l'obtenir. Qu'est devenu le taux de 10 % constaté en 2011 ? C'est une question simple. C'est la base de toute action.

M. Danyel Cobano (membre de la DNLF) – En effet, en 2018, d'autres investigations ont été menées et le taux d'anomalie est redescendu à 4 %, grâce au renforcement des dispositifs de contrôle et à un nouveau guide d'identification.

M. Michel Zumkeller – Le taux est passé de 10 % à 4 %, c'est ce que je vous dis.

M. Danyel Cobano – Le taux d'anomalie dans le dernier bilan a été calculé par le SANDIA en coordination avec la DCPAF. Sur ces 4 % de dossiers, des investigations complémentaires ont été conduites, pour les dossiers présentant une forte criticité. Cela nous a ramenés à un taux de risque qui existe, certes, mais qui est résiduel à ce jour.

M. Michel Zumkeller – Selon vous, la fraude documentaire est devenue résiduelle.

M. Danyel Cobano – Non, les investigations complémentaires menées sur ces faux numéros d'inscription au répertoire (NIR) ont réduit les taux d'anomalie. Nous avons mené des investigations complémentaires auprès des assurés en leur demandant des pièces complémentaires.

M. Michel Zumkeller – Vous me confirmez que le taux est passé de 10 % à 4 %.

M. Danyel Cobano – C'est cela. Il s'agit du taux d'anomalie global sur la problématique des NIR. »

Combien y a-t-il de documents frauduleux produits pour obtenir un numéro de Sécurité sociale alors ?

Le directeur central de la police de l'air et des frontières et son commissaire divisionnaire, patron du service national spécialisé dans la détection des faux documents propose une réponse. Attention, c'est du lourd, déclaré sous serment !

« Sur le fondement de notre propre appréciation, on serait amené à rejeter un tiers des dossiers (...) à estimer qu'un tiers ne sont pas acceptables... »

Tout est donc dit. 33 % de rejet par les spécialistes en détection de faux documents, alors que le sénateur Vanlerenberghe a publié son rapport en osant prétendre qu'il n'y avait que 0,7 % de faux et que les organismes sociaux réduisent encore ce taux à 0,1 %...

Qui croire ? Je vous laisse juges chers lecteurs...

SCAN ME

CHAPITRE 4
La vérité éclate

Il y a bien 5 millions de fantômes qui perçoivent des prestations sociales !

Pour juger, quoi de plus simple que de revenir aux fondamentaux : regarder combien de personnes touchent des prestations sociales et comparer le chiffre à celui des personnes qui existent. Évident, non ?

Cette question simple a été posée à sept reprises en 2019 par les parlementaires, plus précisément par les sénateurs Nathalie Goulet et Sébastien Meurant. Il leur a à chaque fois été opposé une fin de non-recevoir.

Mais à force de poser les bonnes questions, on finit par obtenir les bonnes réponses. Nathalie Goulet avait posé au mois de juin 2019 une question écrite, après de multiples courriers et questions orales au gouvernement. Elle avait attiré l'attention de la ministre de la Santé sur la délivrance et le suivi des numéros de Sécurité sociale aux personnes étrangères et aux Français nés à l'étranger. Or il n'avait pas été répondu à la question orale numéro 666 – diabolique question – qui demandait, en séance plénière, combien de NIR attribués en France au 1er juin 2019 par le service SANDIA étaient « actifs », c'est-à-dire combien de personnes nées à l'étranger touchaient des prestations sociales.

La réponse est enfin tombée, édifiante, affolante, dans la froideur du Journal Officiel du Sénat : « Au 1er juin 2019 (...), le RNCPS (répertoire national commun de la protection sociale) recense 12 392 865 personnes nées à l'étranger disposant d'un droit "ouvert" à recevoir au moins une prestation sociale. »

Pourquoi donc *édifiante* et *affolante* ? Parce que selon le recensement de la population effectué par l'INSEE, nous avons en 2020 seulement 8,2 millions de personnes nées à l'étranger qui vivent en France...

Oui, vous avez bien lu : aujourd'hui, on paye des prestations sociales à 12,4 millions de personnes nées à l'étranger alors qu'elles sont 8,2 millions sur le territoire. Je n'invente rien, ce sont les données du gouvernement, publiées au *Journal officiel de la République française* (JORF)[1], en réponse à cette question écrite de contrôle parlementaire. On comprend mieux pourquoi il fallait cacher ce chiffre...

Allons plus loin et analysons plus finement la réponse donnée par le gouvernement.

« En analysant les données du RNCPS, il a pu être observé qu'en moyenne, une personne dispose d'un droit "ouvert" pour deux types de prestations : 86 % de ces personnes ont un droit "ouvert" pour des prestations maladie. »

Cela fait donc 10,6 millions de personnes nées à l'étranger prises en charge par l'assurance maladie française. Comme il y a une condition de résidence en France pour bénéficier de ces prestations, il faut comparer directement ce chiffre aux 8,2 millions de personnes recensées par l'INSEE. Vous arrivez donc à 2,4 millions

1. L'extrait du Journal Officiel dans lequel est publiée la réponse du Gouvernement figure dans les annexes.

de fantômes nés à l'étranger qui ont des droits ouverts à l'assurance maladie française...

Par ailleurs, « 43 % de ces (12,4 millions de) personnes ont un droit "ouvert" pour des prestations familiales ». Faisons là aussi le calcul ensemble : 43 % de 12,4 millions, cela fait 5,3 millions. Cela veut dire que 5,3 millions d'allocataires de la branche famille sont des gens nés à l'étranger. La branche famille, on le rappelle, ce sont les allocations familiales, les allocations logement, le RSA, l'allocation adulte handicapé...

Nous avons en France 12,7 millions d'allocataires qui bénéficient des allocations de la branche famille. 5,3 millions de ces allocataires sont donc des personnes nées à l'étranger. Ce qui signifie que 41 à 42 % des allocataires de la branche famille sont donc nés à l'étranger.

Soit c'est vrai et c'est alors une information très intéressante pour le public de savoir que quasiment la moitié des allocataires de la branche famille sont des gens nés à l'étranger dans notre pays. Éric Zemmour ne s'y est d'ailleurs pas trompé et a pris ce chiffre en exemple très régulièrement pour dénoncer l'explosion du coût financier de l'immigration.

Soit c'est faux : on peut en effet se dire qu'une telle surreprésentation statistique doit révéler une fraude massive à l'aide de fausses identités. Cette hypothèse nous renvoie alors – ô hasard – au nombre important de numéros de Sécurité sociale et donc de dossiers ouverts sur la base de faux documents. Je penche plutôt de ce côté.

Autre chiffre très intéressant : « 33 % de personnes nées à l'étranger ont un droit "ouvert" pour des prestations de retraite. »

Calculons encore ensemble : cela nous fait donc 4,1 millions de retraités nés à l'étranger. Retenons

1,1 million de gens qui sont vraiment partis prendre leur retraite à l'étranger – c'est le chiffre officiel donné par la Sécurité sociale qui annoncera devant la commission d'enquête en juillet 2020 très précisément 1 160 000 personnes dans ce cas – si tant est qu'ils ne soient pas morts, ce qui est, nous le verrons, un autre sujet. Cela nous laisse alors 3 millions de retraités nés à l'étranger sur le territoire. Sur les 8,2 millions de résidents nés à l'étranger... Cela signifie que sur les gens nés à l'étranger en France, nous avons 37 % de retraités ! Ce n'est pas tout à fait le taux moyen des retraités dans le pays... Mais puisqu'on vous dit qu'il n'y a aucun souci et qu'il n'y a pas de fraude !

Avec ce taux de 37 % de retraités chez les personnes nées à l'étranger, en tout cas, nous avons là un argument définitif pour établir que l'immigration serait plus que néfaste, mortelle pour notre système de retraites par répartition : il faudrait au contraire supprimer toute immigration pour sauver le financement de notre système, contrairement à tous ceux qui nous disent que l'immigration est nécessaire pour maintenir ce financement. Attendons avec gourmandise les arguments adverses... Sauf à ce que bien sûr ce taux de 37 % ne soit que le révélateur d'une fraude sociale majeure...

Si on s'amuse à rapporter les données des retraités nés à l'étranger aux chiffres globaux, la part des retraités nés à l'étranger dans le total des retraites versées par la France (Caisse nationale d'assurance vieillesse et mutualité sociale agricole, soit 16,9 millions de bénéficiaires), on se rend compte que plus de 24 % des bénéficiaires de prestations de retraite sont des personnes nées à l'étranger... qui ne représentent que 12,2 % de la population.

Bien sûr, la Sécurité sociale nous dit : « Ces droits ouverts ne signifient pas nécessairement qu'un paiement de prestations ait d'ores et déjà été versé à l'ensemble de ces personnes. Par exemple, une personne peut disposer de droits ouverts à la couverture maladie universelle (CMU) mais n'avoir bénéficié d'aucun remboursement de soins de santé. » D'accord, sauf que, quand on est inscrit dans le RNCPS à la branche famille et à la branche vieillesse, comme en matière d'assurance chômage, avoir des « droits ouverts », cela signifie que l'on touche des prestations tous les mois. Et quand on a un « droit ouvert » à l'assurance maladie, c'est qu'on peut être pris en charge et se faire rembourser et indemniser à n'importe quel moment, notamment grâce à une carte Vitale active. Si les gens qui ont ces « droits ouverts » ne sont pas censés exister, vous avez un sacré problème !

Reprenons posément le petit calcul sur les personnes nées à l'étranger : 12,4 millions d'un côté selon le répertoire de la protection sociale et 8,2 millions du côté de l'INSEE. Il faut évidemment prendre en compte le maximum théorique de 1,1 million de retraités qui résident à l'étranger et qui ne sont d'ailleurs pas tous « nés à l'étranger ». On peut aussi rajouter quelques territoires d'outre-mer qui étaient gérés par le service SANDIA jusqu'à récemment. Il nous reste donc 2,5 millions de fantômes nés à l'étranger dans le système social français – fantômes qui ressuscitent au moment de passer à la caisse parce qu'ils touchent bien des prestations comme nous l'indique le RNCPS.

J'ai révélé ces données le 3 mars 2020 à la commission d'enquête parlementaire sur la fraude aux prestations sociales. Depuis maintenant plus de six mois, elles n'ont pas été contredites et le gouvernement ainsi que les organismes sociaux ont gardé le silence sur ce sujet. À croire que le scandale va disparaître en n'en parlant pas.

Ah si ! Elles ont été marginalement contestées par nos champions du monde toutes catégories du « *fact checking* », les journalistes de *Libération* en charge de la page Web *CheckNews*. Ils m'ont contacté car ils voulaient attaquer Éric Zemmour sur le chiffre de 42 % d'allocataires de la branche famille nés à l'étranger. Il faut dire qu'Éric Zemmour avait fait une confusion à un instant donné entre « étranger » et « né à l'étranger », que sa consœur Christine Kelly avait signalée, confusion reconnue ensuite en direct à la télévision par Éric Zemmour, très déontologiquement.

Déontologie manifestement absente du registre du journaliste de *CheckNews* qui me posa plusieurs questions par mail, auxquelles je répondais précisément et qui se garda bien d'en faire état lorsqu'il mit en œuvre son petit *fact checking*. Bizarrement, ce ne fut pas *Libération* qui publia ce morceau de bravoure mais une petite séquence vidéo insérée dans l'émission *28 Minutes* sur Arte, me caricaturant au passage en récupérant on ne sait comment et modifiant grossièrement une photographie sur laquelle le journaliste n'avait aucun droit d'utilisation. Je n'avais pas de temps à perdre avec l'engagement de poursuites mais je passais quand même un petit SMS aux gens d'Arte pour leur faire part de mon étonnement quant à l'absence de mes réponses précises. Ils me rappelèrent immédiatement en se confondant en excuses, m'expliquant qu'ils n'avaient pas la main sur cette petite séquence de leur émission. C'est ainsi que je remontais jusqu'au « journaliste » de *Libé* qui m'avait envoyé initialement ses questions que je pensais destinées à *CheckNews*.

Pour la petite histoire, Cédric Mathiot – c'est lui le « journaliste » – avait manifestement été très vexé que je publie sur Twitter ses questions et mes réponses en avance. Forcément ça débunkait d'emblée ses potentielles et finalement bien confirmées élucubrations. Les quelques spectateurs de sa vidéo en furent pourtant comblés, Mathiot confondant allègrement et volontairement la notion d'allocataires avec celle de personnes relevant d'un même foyer : son objectif était de rabaisser artificiellement la part des allocataires des CAF nés à l'étranger (42 %) en la comparant non pas au nombre total d'allocataires (12,7 millions) mais au nombre de personnes dans les foyers bénéficiant d'une prestation CAF (un peu plus de 31 millions). Les explications techniques, appuyées des documents provenant des CAF, lui avaient pourtant été fournies dans mon mail de réponse, que je rendais public. Il se garda bien de les évoquer. Et dans un message du 2 juillet 2020, répondant à ma remarque sur sa déontologie, me fit savoir que « l'article détaillé est encore à paraître sur le site de *Libération*. Il sera bien évidemment fait état de vos réponses (ainsi que des réponses des organismes sociaux à vos réponses). » On attend toujours... Qui dit la vérité et qui ment ? Je vous fais juge, vous avez toutes les données en main... Mais, manifestement, qu'Éric Zemmour puisse présenter en partant de mes travaux tirés des sources officielles des éléments factuels incontestables qui expliquent selon lui la situation actuelle, faisant le lien avec ses propres positions relatives à la question de l'immigration, fait perdre à certains toute notion d'objectivité.

Un autre élément intéressant est le différentiel non expliqué entre le nombre global de bénéficiaires de prestations sociales nés à l'étranger (12,4 millions) et celui des personnes ayant un droit ouvert à l'assurance maladie (10,6 millions). On a donc 1,8 million de personnes nées à l'étranger bénéficiaires de prestations sociales autres qu'un régime maladie qui ne seraient pas sur le territoire national, puisque tout résident est pris en charge par un de ces régimes, ce qui est le principe même de l'universalité appliqué en France.

On peut aisément concevoir que les retraités résidant à l'étranger ne soient pas inscrits dans un régime d'assurance maladie. Mais cela pose immédiatement plusieurs problèmes de cohérence avec ce que nous ont raconté devant la commission d'enquête les dirigeants de la Direction de la Sécurité sociale et le directeur de cabinet du Premier ministre, comme vous le verrez par la suite, puisque pour eux tous ces retraités ont des droits ouverts à l'assurance maladie et potentiellement une carte Vitale.

En prenant un peu d'avance sur les chapitres suivants, nous savons que nous avons 1,16 million de pensionnés retraités et rentiers qui sont à l'étranger, tout lieu de naissance confondu. Cela laisserait alors quand même plus de 600 000 cas très suspects à la condition qu'aucun de ces retraités ne soit inscrit à l'assurance maladie française. Ce qui on vient de le voir ne correspond pas à ce qui a été dit sous serment par l'administration. Et dans cette hypothèse, cela fait remonter le nombre de cartes Vitale actives en surnombre d'autant, soit plus d'un million de cartes Vitale frauduleusement actives en plus : c'est le principe des vases communicants !

Quel que soit le bout par lequel on prend le problème, il reste là.

Mais poursuivons et allons plus loin, pas simplement sur les NIR des personnes nées à l'étranger. Nous avons vu que, en septembre 2019, le Répertoire national d'identification des personnes physiques (RNIPP) indiquait 84 millions de personnes réputées en vie en France. Restait à savoir combien de personnes touchent des prestations sociales dans notre pays.

« Combien de NIR existants actifs et inactifs ? » C'est une excellente question à poser, mais pas simplement sur le SANDIA. Dans ce dernier cas des numéros étaient attribués à des personnes nées à l'étranger à la faveur d'un problème de fraude documentaire précis et identifié : les gens pouvaient passer au travers en produisant des documents falsifiés de manière plus facile ou venant de pays dépourvus d'état civil.

Or, nous pouvons avoir un problème de fraude sur tous les types de NIR, y compris pour les personnes nées en France. Il faut donc contrôler organisme par organisme et je vais même plus loin, par tranche d'âge. Parce que si vous demandez les NIR par année de naissance, vous pouvez effectuer des comparaisons avec le recensement de l'INSEE. Par exemple, on sait pertinemment qu'il n'y a pas de cartes Vitale attribuées à tous les enfants de douze à seize ans. Faire ainsi du contrôle de cohérence permet d'avoir des bases de comparaison indépendantes et que vous pouvez mettre en contradiction ; c'est l'ancien juge d'instruction qui ressort…

J'ai donc suggéré à la commission d'enquête, lors de mon audition, de solliciter des requêtes RNCPS sur l'ensemble de la population. J'étais sûr que nous allions avoir un écart conséquent entre le nombre de gens qui touchent des prestations sociales et qui ont des droits ouverts dans ce pays et ceux des personnes existantes. Il n'y a pas de raison qu'il n'y en ait que sur les gens nés à l'étranger.

Vous savez ce que disait Chirac : « C'est à la fin de la foire que l'on compte les bouses. » Nous avons suggéré de le faire… Et la réponse fut terriblement prévisible : une catastrophe !

Il n'y a pas besoin de faire des grands discours. Juste un petit calcul à partir des chiffres que le gouvernement et les autorités ont transmis cet été à la commission d'enquête parlementaire. Suite à cette demande de chiffres globaux, le ministère de la Santé a répondu :

Ouvrez le ban !

En ce 27 juillet 2020, un total de 73,7 millions d'individus ont leur NIR enregistré au RNCPS a affirmé *sous serment* le directeur de la Sécurité sociale à l'Assemblée nationale. Cela fait autant d'individus qui perçoivent des prestations sociales.

Sauf qu'il y a 67 millions d'habitants en France selon l'INSEE...

Il y aurait également un maximum potentiel de 1,8 million de personnes pouvant toucher des prestations tout en n'étant pas résidentes, principalement les retraités à l'étranger, nous a indiqué le même haut fonctionnaire, ancien conseiller social du Premier ministre.

73,7 – 67 = 6,7 millions...

73,7 – (67 + 1,8) = 4,9 millions...

4,9 millions c'est donc le nombre minimum d'individus fantômes qui perçoivent tous les mois des prestations sociales et ont des droits ouverts à la Sécurité sociale française. D'après les données officielles du gouvernement.

Fermez le ban...

SCAN ME

CHAPITRE 5
Le scandale des cartes Vitale

Ah les « fausses cartes Vitale » !... Qui ne sont d'ailleurs pas « fausses », d'où le vrai scandale. Un sujet qui ressort régulièrement depuis plus de quinze ans !

Tout a commencé en 2004. À l'époque, Philippe Douste-Blazy est ministre de la Santé. Il propose une réforme – déjà – de l'assurance maladie et vient sur le plateau de TF1 annoncer un scoop : il existe 10 millions de cartes Vitale actives – c'est-à-dire permettant de se faire rembourser les prestations d'assurance maladie – *en plus* que de personnes existantes ayant le droit d'en bénéficier !

« Je ne veux pas faire croire que ce sont les fraudes et les dérives qui sont responsables du trou de la Sécurité sociale *mais* j'ai un rapport sur mon bureau de M. Mercereau, inspecteur général des affaires sociales, qui montre qu'il y a 10 millions de cartes Vitale en surnombre en France (...) Il y a 48 millions de Français de plus de seize ans, chacun a droit à une carte Vitale et c'est très bien, mais il y a 58 millions, en tout, de cartes Vitale ; parce que le système n'est pas géré ; ça montre le symbole d'une non-gestion », déclare en direct ce 3 mai 2004 le ministre, s'appuyant sur un rapport de l'IGAS, la célèbre inspection générale des affaires sociales.

La presse s'en fait alors évidemment l'écho et les politiques se saisissent de l'argument, qui sera régulièrement repris notamment par Marine Le Pen, à chaque fois taxée de répandre des *fake news*, pour reprendre l'expression aujourd'hui à la mode. Et pourtant, il s'agit d'une déclaration publique d'un ministre de la Santé s'appuyant sur un rapport d'inspection !

Croyez-vous que cette information assez phénoménale – une carte Vitale sur six qui ouvre des droits à remboursement ne le devrait pas – ait entraîné des réactions vigoureuses et immédiates de la part des organismes de protection sociale et une indignation de la presse mobilisant l'opinion publique ? Que nenni !

Comme à chaque fois la cohorte des fraudosceptiques est intervenue, avec ses relais complaisants : « Les risques de fraude à l'assurance maladie qui sont liés (à la carte Vitale) ne doivent pas être surestimés (...) En brandissant le chiffre de 10 millions de cartes Vitale en surnombre, Philippe Douste-Blazy a pris le risque – même s'il s'en défend – de faire de la fraude un des sujets majeurs des débats en cours sur la réforme de l'assurance maladie et d'ouvrir une polémique pas nécessairement justifiée », écrivait alors Claire Guélaud dans *Le Monde* du 6 mai 2004.

Même des journalistes chevronnés se laisseront alors piéger par cette orchestration destinée à masquer l'étendue des dégâts. Ainsi Fabrice Arfi, journaliste et aujourd'hui pilier de *Mediapart*, s'est-il fait embobiner à l'époque où il travaillait pour *20 Minutes*, relayant les arguments spécieux du président d'une Caisse primaire d'assurance maladie et d'un leader syndical qui venaient expliquer que les fraudes étaient très exceptionnelles et qu'avancer l'hypothèse que le surplus de cartes Vitale, donc la fraude, serait une des causes du déficit de l'assurance maladie serait de la désinformation. Il faut dire que les responsables politiques et les élus n'y mettaient pas vraiment du leur, bien aidés en cela, comme toujours, par une partie de la haute administration pour qui ceux qui dénoncent la fraude aux prestations sociales sont des hérétiques.

Reprenons par exemple le rapport présenté au Sénat dans le cadre de la loi sur la réforme de l'assurance maladie à l'été 2004 juste après les déclarations de Philippe Douste-Blazy. Ce rapport précisait que l'IGAS avait relevé 10 millions de cartes Vitale en trop et que la carte Vitale ne permettait pas de connaître l'étendue des droits des assurés, ni de s'assurer de leur identité, ce qui accroissait les risques de fraude. Le Sénat notait que ces risques étaient théoriquement élevés, les cartes étant toujours valides. Mais, suivant les indications rassurantes de l'administration – dormez braves gens, le guet veille – les sénateurs venaient nous expliquer que les risques réels étaient en réalité « limités »... C'est sûr qu'un fraudeur qui a tout loisir de frauder ne va pas frauder et se limiter, c'est bien connu...

Nos sénateurs sont allés plus loin et ont écrit noir sur blanc – accrochez-vous – que l'utilisation d'une carte Vitale d'un assuré social par une autre personne n'est pas une fraude dans tous les cas ! Du moment que les soins sont réels et la facture unique, l'assurance maladie ne subirait pas de préjudice ! Le Sénat ne faisait là que recopier ce que lui avait transmis l'IGAS.

Se rendant certainement compte de l'énormité de ce qui était affirmé, le rapport mentionnait tout de même qu'il y avait fraude lorsque la carte était utilisée par un tiers non assuré social, par un assuré social ayant des droits moins larges que ceux du titulaire de la carte et lorsqu'un professionnel de santé utilisait la carte Vitale pour générer des flux fictifs. Toutes choses, vous en conviendrez, qu'il est notoirement plus facile de mettre en œuvre avec des cartes Vitale en surnombre avec des droits ouverts pour toucher des prestations…

Il fut cependant assez facile d'éteindre l'incendie médiatique : à l'époque, point de Facebook ou de Twitter pour permettre aux citoyens de faire circuler l'information de manière décentralisée. Les techniques classiques de communication via l'alimentation de la presse officielle conservaient leur toute-puissance et la Pravda fraudosceptique pouvait tranquillement maintenir les illusions de son village Potemkine.

Les « fausses cartes Vitale » n'existaient donc pas et d'ailleurs l'ancien directeur de la CNAM disait toujours : « Quand on me dit qu'il y a des fausses cartes Vitale, je demande à ce qu'on m'en montre, personne ne m'en a jamais amené ! » À croire qu'il vivait dans une grotte en Afghanistan au milieu des années 2000 car les fausses cartes Vitale… existaient pourtant bel et bien ainsi que l'avait démontré un informaticien qui avait alerté tant l'assurance maladie que le Sénat des failles de sécurité de la carte verte : elle n'était tout simplement pas cryptée et pouvait donc être tranquillement dupliquée voire créée de toutes pièces et la fausse carte fonctionnait parfaitement pour la délivrance des actes médicaux et des médicaments, malgré l'existence de la nouvelle liste d'opposition des cartes périmées, perdues ou volées.

L'agence APM News racontait ainsi en décembre 2005 cette petite histoire : « Patrick G., ingénieur informaticien auteur de plusieurs livres sur les cartes à puce, et Jérôme C., ingénieur informaticien travaillant pour un éditeur de logiciels médicaux, ont démontré qu'une faille de sécurité originelle permettait de dupliquer une carte Vitale, voire d'en créer une de toutes pièces, à partir de sa copie (...) Jérôme C. avait alerté en août sur les possibilités ouvertes à des personnes mal intentionnées d'utiliser de telles cartes et soulignait qu'il était possible de "piller tous les régimes d'assurance maladie à la demande", citant en exemple celui du Sénat.

Jugeant qu'il n'était pas pris au sérieux, il a créé courant novembre une fausse carte Vitale au nom d'un assuré imaginaire affilié à la caisse autonome de Sécurité sociale du Sénat et s'est fait délivrer, grâce à la présentation d'ordonnances fictives, pour quelques centaines d'euros de médicaments auprès de deux pharmaciens différents (...) "Rien n'a été fait depuis cet été pour corriger la faille", désespère Jérôme C., interrogé par l'APM. Il affirme avoir alerté le Sénat sur l'attitude du GIE SESAM-Vitale, coupable à ses yeux "d'incurie à réparer" une erreur qu'il dénonce depuis 2003.

"Puisque personne ne m'a cru, j'ai fabriqué de fausses ordonnances, une axée sur le diabète et une autre axée sur le cancer et je me suis fait délivrer les médicaments", explique-t-il.

"Il était intéressant de faire ça à cheval sur le début du mois, puisque la liste d'opposition des cartes Vitale est remise à jour chaque 1er du mois. Il n'y a eu aucun problème, la carte est passée à chaque fois", précise-t-il.

Utilisée depuis juin 2004 au sein des officines équipées, la liste d'opposition des cartes Vitale falsifiées, perdues ou volées, permet de bloquer l'utilisation de la carte déclarée en opposition lors de son utilisation (...).

Sollicité sur les modalités de mise en place du contrôle en ligne des cartes Vitale au 1er juillet 2007 au sein des officines, prévu dans l'article 65 de la loi de financement de la Sécurité sociale pour 2006, le GIE SESAM-Vitale n'était pas en mesure de répondre (...). »

Le sujet rebondit lors de la campagne présidentielle de 2012 quand les équipes de Nicolas Sarkozy expliquaient qu'il fallait lutter contre les fraudes à la carte Vitale en créant une carte biométrique, avec les empreintes des assurés sociaux. Marine Le Pen était sur la même ligne, en raccourcissant quelque peu le raisonnement : elle expliquait en effet qu'il y avait 10 millions de « fausses cartes Vitale », alors qu'il s'agit plutôt de cartes authentiques mais avec des droits restés ouverts du fait d'erreurs de gestion de la part de l'assurance maladie ou de fraude délibérée du titulaire de la carte.

On notera que cette confusion est encore faite en 2020 par les femmes et hommes politiques qui évoquent le sujet : ils continuent à parler de « fausses cartes Vitale » et confondent également les questions relatives à cette carte avec celles concernant l'obtention frauduleuse d'un numéro de Sécurité sociale, le NIR, à l'aide de faux documents.

C'est certainement parce que sur des sujets aussi complexes, les politiques s'imaginent qu'il faut simplifier à l'extrême le message pour le faire passer. Mais cette fâcheuse confusion facilite grandement la tâche de ceux qui cherchent à cacher la vérité sur l'étendue des fraudes aux prestations sociales qui peuvent ainsi surfer sur les approximations et rouler dans la farine journalistes et citoyens en faisant passer ceux qui dénoncent la fraude pour des incompétents, des menteurs ou des manipulateurs.

Ainsi le 24 septembre 2011, *Libération*, dans ses pages Désintox sous la plume de Guillaume Launay, titrait « Le Pen tente l'arnaque à la carte Vitale ». Et de revenir sur les fameuses 10 millions de cartes en surnombre, information que le journal confirme, pour immédiatement expliquer que Marine Le Pen raconte des carabistouilles car « l'essentiel des cartes dont elle parle ont déjà été désactivées ou détruites ». Et de citer la Caisse nationale d'assurance maladie que le journal a interrogée : « Toutes les actions déployées depuis 2004 visent à sécuriser la situation des cartes invalides non restituées : celles qui restaient en circulation ne peuvent donc plus être utilisées. » Gardez bien en tête que *Libération* nous dit cela en 2011. C'est amusant pour la suite... Car en juillet 2020 on nous déclarera qu'on « vient enfin de revenir à la normale ». Est-ce donc à dire qu'on nous a menti durant des années ? Et du coup peut-on encore faire confiance quand on nous dit aujourd'hui que tout est réglé ?...

En tout cas que ce soit avant ou après la présidentielle de 2012, les fraudes à la carte Vitale ont perduré... Par exemple, en décembre 2016 un couple d'infirmiers de l'est de la France a été arrêté par la police judiciaire après avoir escroqué la Sécu de plus de 2,7 millions d'euros grâce à l'utilisation abusive de la carte Vitale en multipliant les actes frauduleux. En août de la même année, la justice a condamné à quatre ans de prison la cheville ouvrière d'une escroquerie bien rodée : délivrance à des faux patients munis de cartes Vitale usurpées d'ordonnances de complaisance par des médecins complices pour des médicaments très onéreux qui étaient présentées à un pharmacien qui ne délivrait pas les médicaments mais lançait le remboursement par la Sécu. Un type de fraude qui permet en outre d'alimenter le trafic international de médicaments. En novembre 2018, le tribunal correctionnel de Clermont-Ferrand a condamné un médecin généraliste qui pratiquait lui aussi le passage multiple des cartes Vitale dans le lecteur : la fraude classique. En février 2019, à Toulouse, un médecin a été condamné pour avoir facturé grâce aux cartes Vitale une moyenne de soixante consultations par jour, avec des pointes quotidiennes à cent-quinze consultations ! Il expliquera pour sa défense que ce n'étaient pas des fausses consultations mais qu'il utilisait les cartes Vitale actives de patients pour passer les soins de sans-papiers ou de personnes sans couverture médicale. Un petit jeu qu'il avait pratiqué trois ans durant...

Un article suisse traitant d'une affaire de fraude en France mérite d'être reproduit ici *in extenso* (j'ai anonymisé le nom du médecin) :

« Dr Samir S., 147 consultations quotidiennes, de jour et de nuit »

Par Jean-Yves Nau, *Revue Médicale Suisse*, 2006, volume 2. 2284

« En France, un médecin généraliste exerçant à Évry (Essonnc) a été mis en examen et écroué à la mi-juillet tandis que son épouse était placée sous contrôle judiciaire. Plus précisément le docteur Samir S. a été mis en examen pour "escroquerie en bande organisée" au préjudice de la Caisse nationale d'assurance maladie (Cnam). L'affaire est sans précédent autant qu'exemplaire des graves dysfonctionnements dont souffre le système français de contrôle des prestations médicales et de leur prise en charge par la collectivité. "En moyenne, un généraliste fait au maximum quarante consultations en dix heures, lui en faisait cent-quarante-sept par jour, six jours par semaine", a précisé à l'Agence France Presse une source proche de l'enquête menée par le Groupe d'intervention régional (GIR). Selon cette même source, le docteur Samir S., d'origine tunisienne et âgé de cinquante-et-un ans, était connu "de la communauté musulmane pour prescrire arrêts et traitements de complaisance à des assurés de la France entière, bénéficiaires de la Couverture médicale universelle (CMU). En contrepartie, il conservait la carte Vitale (carte informatisée permettant le remboursement des soins dispensés) de ses patients quelques jours et faisait de fausses consultations, la nuit ou les jours fériés". De telles consultations médicales virtuelles étaient facturées quarante euros au lieu de vingt-deux à la Sécurité sociale. À l'heure où nous écrivons ces lignes le préjudice global n'a pas encore été chiffré. "On se demande comment une escroquerie de cette ampleur a pu perdurer depuis au moins 2002, alors que la Sécurité sociale savait et n'a pas bougé, estime une source judiciaire. En 2005, le docteur S. a déclaré un chiffre d'affaires de 1,2 million d'euros ce qui a laissé sans voix le médecin du Conseil de l'Ordre des médecins qui nous assistait dans nos perquisitions." Comment comprendre ? L'affaire est *a priori* d'autant plus complexe, voire sulfureuse que lors d'un prêche prononcé à la mosquée d'Évry, l'imam a évoqué les policiers et gendarmes s'en prenant à "l'humaniste" docteur S. Les premières investigations démontreraient qu'une partie des fonds avaient servi à financer une mosquée au Sénégal. Pour déterminer l'ampleur du préjudice, le GIR doit procéder à des vérifications dans toutes les Caisses primaires d'assurance maladie de France. Les enquêteurs ont en effet d'ores et déjà établi que le docteur S. avait des patients dans l'ensemble de l'Hexagone. L'enquête menée par le GIR, assisté du commissariat d'Évry, avait démarré en mars sur des soupçons de malversations dans l'immobilier. Pour l'heure, les responsables de la Cnam n'ont fourni aucune explication permettant de comprendre comment une escroquerie d'une telle ampleur a pu être mise en place et se développer sans qu'aucun système d'alerte n'ait pu être activé. En juin, on avait appris, toujours en France, que l'assurance maladie avait été la victime d'une vaste fraude, des cliniques et des hôpitaux facturant des hospitalisations imaginaires. Le préjudice avait alors été évalué à au moins 50 millions d'euros pour la Sécurité sociale. »

La presse regorge de ces histoires de fraudes à l'assurance maladie et de trafics avec les cartes Vitale en fond de décor.

La polémique a rebondi en décembre 2018 quand j'ai expliqué sur Europe 1 au micro de Matthieu Belliard qu'il y avait, selon nos investigations de 2011 au sein de la DNLF, environ 1,8 million de numéros de Sécurité sociale attribués sur la base de faux documents à des gens nés à l'étranger. Beaucoup de politiques et de commentateurs confondirent le numéro de Sécurité sociale avec la carte Vitale, raccourci simpliste qui parlait peut-être mieux au public. Et donc depuis fin 2018, ceux qui osent exprimer leur consternation face à ce problème touchant évidemment à l'assurance maladie et aux cartes Vitale sont immédiatement accusés d'être d'extrême droite voire, argument suprême, de propager des *fake news*...

Souvenez-vous ! Le 3 septembre 2019 la sénatrice UDI Nathalie Goulet et la députée LREM Carole Grandjean, nommées toutes deux en mission par le Premier ministre Édouard Philippe pour étudier la question de la fraude aux prestations sociales, organisent une conférence de presse au Sénat pour livrer leurs premiers éléments de découverte et de réflexion. Elles indiquaient alors que l'INSEE leur avait transmis le nombre de personnes réputées en vie dans le fichier d'identification des personnes physiques recensant les NIR, numéros d'identification au répertoire, bref le numéro de Sécu. Oh surprise, pour l'INSEE il y avait en 2019 un total de

84,2 millions de personnes réputées en vie, dont la bagatelle de 3,1 millions de centenaires !

SCAN ME

J'étais aux premières loges quand elles avaient découvert quelques semaines auparavant cette information : le mail du directeur de cabinet de l'INSEE la leur fournissant était arrivé le 30 juillet 2019 en plein milieu de mon audition par ces deux parlementaires à l'Assemblée nationale. J'avais droit à la primeur de ce scoop qui nous amusa et nous consterna. Rappelons que le recensement effectué par l'INSEE dénombre grosso modo 67 millions de personnes dont 21 000 centenaires...

Forcément nos deux parlementaires missionnées par le gouvernement se sont étonnées de la différence. La presse en a fait autant : l'information a même été évoquée par tous les journaux, jusqu'au journal télévisé de 20 heures. Les réseaux sociaux débordaient de réactions mi-amusées, mi-indignées. On a alors assisté une fois encore au défilé des biens-pensants pour éteindre l'incendie créé par ces deux parlementaires qui avaient osé lever le voile sur la fraude aux prestations sociales.

Par un communiqué de presse conjoint de la Direction de la Sécurité sociale, de l'INSEE, de la Caisse nationale d'assurance vieillesse et de la Caisse nationale d'assurance maladie, les administrations firent passer les deux parlementaires en mission gouvernementale pour une paire de charlots en jupons, expliquant avec une certaine condescendance qu'elles n'avaient rien compris à tous ces fichiers bien compliqués. La presse s'est empressée alors de relayer la bonne parole administrative.

Le journal *Le Monde* a titré ainsi le 5 septembre 2019 « Y a-t-il vraiment 84 millions de cartes Vitale actives en France ? ». Personne n'avait jamais dit qu'il y avait 84 millions de cartes Vitale actives... Mais l'affirmer a permis de faire passer les deux parlementaires et tous ceux qui dénonçaient les fraudes pour des guignols. Le site de France Info a repris la même thématique en expliquant que le chiffre de 84 millions de cartes Vitale actives était faux. Et on a vu se développer cette bonne vieille technique qui consiste à créer de toutes pièces un mensonge pour accuser ceux que l'on veut décrédibiliser de l'avoir proféré. Toute la question est de savoir d'où est venue cette histoire de 84 millions de cartes Vitale : était-ce un pur raccourci de la part de journalistes peu compétents ou bien cet argument leur avait-il été soufflé par les communicants des organismes de protection sociale pour pouvoir ensuite développer une stratégie de décrédibilisation ?

En réalité, il y avait le feu à la maison du côté de l'assurance maladie. En effet la mission Goulet-Grandjean, dont il faut rappeler qu'elle avait été nommée par le Premier ministre Édouard Philippe, avait auditionné plusieurs magistrats de la Cour des comptes qui étaient eux aussi en train de travailler sur les questions de lutte contre la fraude aux prestations sociales. Et les magistrats avaient donné des informations intéressantes aux deux parlementaires, notamment les travaux d'évaluation de la fraude à l'assurance maladie menés par l'université de Portsmouth pour le compte de l'European Healthcare Fraud and Corruption Network, l'EHFCN. Cet organisme est en fait le réseau européen antifraude des Caisses d'assurance maladie, auquel participe la CNAM française.

L'EHFCN avait publié en 2010 un rapport sur les fraudes à l'assurance maladie et avait chiffré à 10,5 milliards d'euros par an le montant de ces fraudes en France. Ce rapport, dont la CNAM avait évidemment copie puisqu'à l'époque le directeur général de l'EHFCN n'était autre que l'agent comptable de la caisse nationale française, avait été caché à la mission de contrôle de l'Assemblée nationale ainsi qu'à la DNLF. Nous avons appris son existence lorsque le journaliste Hervé Chambonnière du *Télégramme* de Brest a sorti le scoop en publiant en Une de son journal fin 2011 ce rapport évaluant à 5,6 % la fraude à l'assurance maladie. Un taux qui sera réévalué à 7,3 % l'année suivante. La CNAM n'a jamais admis la validité de ces évaluations. Tout a été fait pour éviter qu'elles ne s'ébruitent car forcément elles mettaient en question le dispositif de lutte contre la fraude mis en place par l'assurance maladie et la volonté manifeste de la CNAM de ne surtout pas faire de travaux d'évaluation comme le fait pourtant sa petite sœur la CNAF.

Or en 2019 la Cour des comptes s'est intéressée pour la première fois aux travaux de l'EHFCN et de l'université de Portsmouth, placés sous la direction de Jim Gee, professeur associé, qui a comme particularité d'avoir été le patron du service antifraude de l'assurance maladie britannique. Un professionnel du sujet aguerri qui avait notamment travaillé spécifiquement sur les fraudes aux arrêts de travail en France dans le cadre de l'EHFCN avant que l'assurance maladie française ne lui fasse à l'époque comprendre diplomatiquement qu'il serait de bon ton qu'il aille voir ailleurs.

La Cour des comptes donc, en juillet 2019, a fait une présentation des résultats de l'EHFCN à la mission

Goulet-Grandjean, avec une fourchette de fraude estimée entre 3 et 10 %. C'était certes une grande fourchette mais le problème pour les fraudosceptiques était que la Cour des comptes donnait une visibilité à ces travaux et risquait ainsi d'attirer la curiosité de la presse et des parlementaires. Il fallait donc à tout prix décrédibiliser cette mission pour éviter que ne sortent des chiffres gênants et remettant en cause le dogme officiel des fraudes marginales et non évaluées : depuis des années, l'assurance maladie ne communique que sur les fraudes « détectées », en minimisant au surplus leur ampleur, les noyant dans les qualificatifs de « fraudes, fautes et abus », en violation caractérisée de la circulaire conjointe du ministre de la Justice et du ministre du Budget de 2009 sur la définition de la fraude. Il faut avoir conscience qu'un taux de fraude fixé à 3-10 %, cela signifie 6 à 20 milliards d'euros de fraude annuelle rien que pour la branche maladie ! De quoi faire sauter quelques décideurs, voire plus si des responsabilités judiciaires commençaient à être recherchées.

C'est ainsi qu'il faut décrypter la violence de la réaction de la CNAM, aux côtés de la Direction de la Sécurité sociale, de la CNAV et de l'INSEE (pourtant à l'origine des chiffres de personnes réputées en vie), qui ont – fait inimaginable pour qui connaît les règles administratives – publié ce communiqué de presse contre deux parlementaires en mission désignées par le Premier ministre. Ces administrations auraient publié un communiqué contre leur ministre de tutelle, c'eût été du même niveau. Mais ici, cela s'est passé sans problème, démontrant qu'en réalité cette attaque contre les parlementaires missionnées, mais qui semblaient prendre cette mission avec un peu trop de cœur et surtout d'indépendance, était couverte : nommées manifestement pour enterrer la question, voilà qu'elles démontraient au contraire que le problème était bien plus grave que ce qui avait été dit !

Néanmoins, comme souvent, celui qui se fait attraper en dit trop pour se défendre. Il faut toujours laisser le suspect s'expliquer spontanément car souvent il se ferre lui-même et il n'y a plus qu'à tirer le tapis sous ses pieds. Parole d'expérience d'ancien enquêteur des douanes et d'ancien juge d'instruction !

C'est ainsi que pour décrédibiliser la sénatrice Nathalie Goulet et la députée Carole Grandjean, on expliquait ce 5 septembre 2019 que non, il n'y avait pas 84 millions voire 110 millions d'assurés sociaux en France, mais seulement 59,4 millions de cartes Vitale actives, c'est-à-dire avec des droits ouverts. La CNAM allait encore plus loin pour faire passer les deux parlementaires pour des personnes répandant des *fake news*. Elle a publié le même jour à 13 h 59 un tweet que ses communicants pensaient certainement très affuté : « *Fact checking* : À la fin de l'année 2018, 59,4 millions de cartes Vitale étaient actives en France, pas 110 millions ! » Là où il y a de la gêne, y a pas de plaisir ! La CNAM laissait ainsi entendre que les deux parlementaires racontaient qu'il y avait 110 millions de cartes Vitale actives : « Rendez-vous compte de leur incompréhension du système », semblait dire ce tweet. Alors qu'elles n'avaient jamais prétendu cela…

Mais l'information intéressante du tweet et du communiqué, c'était le nombre de cartes Vitale actives, que les deux parlementaires s'empressaient de noter car jamais elles n'avaient pu l'obtenir avant et il leur permettait de mettre en œuvre la méthode de calcul initiée quelques années auparavant par l'inspection générale des finances et l'Inspection générale des affaires sociales. Pour déterminer le surnombre de cartes Vitale, les deux célèbres organismes ont ainsi établi une méthode : comparer le nombre de cartes actives avec droits ouverts, c'est-à-dire qui permettent de se faire rembourser des prestations, avec le nombre de personnes âgées de seize ans et plus recensées par l'INSEE sur le territoire national. C'est une méthode simple et efficace. En effet les cartes Vitale sont émises en général pour les personnes majeures étudiantes ou travaillant, parfois pour les adolescents entre seize et dix-huit ans (un grand nombre n'en demande pas), et assez rarement pour les enfants âgés de douze à seize ans, dans ce cas sur demande spécifique des parents.

L'IGF et l'IGAS ont défini cette méthode et procédé à ce calcul en septembre 2013, dans le cadre du rapport sur les coûts de gestion de l'assurance maladie[1], rapport IGF n° 2013-M-014-02 et IGAS n° RM2013-146P, encore disponible en ligne en accès libre – peut-être plus pour longtemps, car les rapports que je cite dans les médias et devant les parlementaires ont une fâcheuse tendance à disparaître des sites Internet des ministères où ils étaient en accès libre, ce qui est par exemple arrivé à trois rapports de la Délégation nationale à la lutte contre la fraude expliquant le taux de fraude documentaire pour les numéros de Sécurité sociale, rendus indisponibles quelques jours après mon interview chez Europe 1, dans *Le Figaro* et dans le journal *L'Opinion*...

Je vous invite à venir parcourir avec moi ces quelques lignes glissées dans les trois-cent-quatre-vingt-six pages de ce rapport : « Les déclarations de bénéficiaires des Caisses de l'assurance maladie obligatoire surestiment de 7 millions le nombre de résidents en France et près de 8 millions de cartes Vitale surnuméraires apparaissent

1. Les extraits de ce rapport de l'IGF et de l'IGAS figurent dans les annexes.

être toujours actives (…) Au 1er janvier 2013, 65,58 millions de personnes résident en France (hors Mayotte) d'après les statistiques de l'INSEE. À la même date, le RNIAM recense 68,74 millions de bénéficiaires vivants de l'assurance maladie obligatoire (soit au moins 3 millions d'effectifs surnuméraires) et les caisses déclarent prendre en charge 72,31 millions de bénéficiaires (près de 7 millions de personnes au-delà de la population résidente selon l'INSEE). Le même constat d'effectifs surnuméraires a été dressé par la Direction de la Sécurité sociale (bureau 6A), responsable de la compilation des données utilisées pour établir les comptes de la Sécurité sociale (…) De même, l'INSEE estime à 52,60 millions de personnes en 2013 la population résidente âgée de plus de seize ans, un majorant de la population censée être équipée d'une carte Vitale. Or le GIE SEASAM-Vitale dénombre 60,36 millions de cartes Vitale actives, ce qui porte à 7,76 millions le nombre de cartes en doublon ou de cartes qui auraient dû être désactivées. »

En septembre 2013, l'IGF et l'IGAS tiraient donc à nouveau la sonnette d'alarme, comme neuf ans auparavant avec Philippe Douste-Blazy, sur le nombre de cartes Vitale actives en surnombre. Elles rajoutaient une information capitale sur le nombre de personnes prises en charge, donc avec possibilités de remboursement, en surnombre par rapport aux gens existant réellement sur le territoire, ce qui est une chose différente de la possession d'une carte Vitale : on peut ainsi avoir des droits à l'assurance maladie sans pour autant avoir demandé une carte Vitale ou ne pas avoir de carte Vitale active du fait de son ancienneté – cartes Vitale de première génération par exemple – ou parce qu'on l'a déclarée perdue et qu'on n'en a pas fait refaire.

Ce rapport de 2013, remis aux ministres et aux directeurs de la Sécurité sociale et de l'assurance maladie, établissait donc sans contestation que si la situation avait progressé depuis 2004 où l'on comptait 10 millions de cartes Vitale actives en surnombre, donc potentiellement utilisables pour frauder, il y avait encore fin 2013 près de 8 millions de ces cartes qui se promenaient sur le territoire. Et plus grave, pratiquement 7 millions de personnes bénéficiaient de l'assurance maladie française alors qu'elles n'y avaient normalement pas droit. On parlait là de 9,3 % des effectifs ! Potentiellement un euro sur dix dépensés l'était au profit de quelqu'un qui n'y avait pas droit !

Croyez-vous que le parlement en a été informé ? Que la Cour des comptes a fait un scandale ? Que les administrations ont mis immédiatement en place une grande opération de resserrage des vis pour supprimer ces cartes Vitale en surnombre et ces millions de potentiels fraudeurs ?

Les organismes sociaux ont travaillé en gardant le silence sur le problème, la Cour des comptes a certifié les comptes de la Sécurité sociale sans jamais même évoquer cette question et les députés et sénateurs n'y ont vu que du feu. *Business as usual* dans le monde de la fraude aux prestations sociales...

Avec l'information officielle délivrée par la CNAM dans ce communiqué de presse de septembre 2019, reprise dans ce tweet du compte officiel de l'assurance maladie, il était maintenant possible de calculer le nombre de cartes Vitale actives en surnombre au 1er janvier 2019 et de voir quelle avait été l'évolution de la situation depuis 2013.

La chose a été faite par la mission Goulet-Grandjean et le résultat, certes en progrès, restait catastrophique pour les finances publiques : il y avait donc 59,4 millions de cartes Vitale actives avec droits ouverts début 2019, pour une population résidente de 54,2 millions de personnes de seize ans et plus à la même période, soit 5,2 millions de cartes Vitale actives en surnombre !

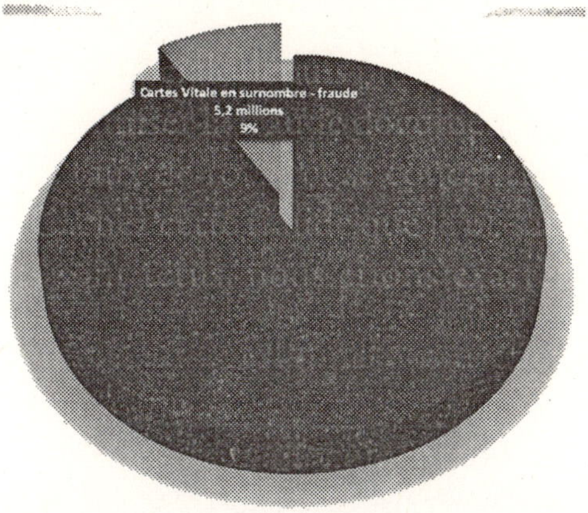

Répartition des cartes VITALE novembre 2019
Mission gouvernementale GOULET-GRANDJEAN

Ces 5,2 millions de cartes Vitale actives en surnombre représentent 8,75 % de l'ensemble des cartes actives. On parle donc là de 17,5 milliards d'euros de dépenses annuelles potentielles d'assurance maladie puisque les dépenses globales se montent à environ 200 milliards d'euros. On aura beau vous dire que ces cartes ne dépensent rien, aucun rapport d'enquête ne permet de l'affirmer car j'ose espérer que si la CNAM savait précisément quelles étaient les cartes en surnombre, elle les désactiverait immédiatement et la question ne se poserait plus depuis longtemps.

Face à ce scandale, la commission d'enquête de l'Assemblée nationale a interrogé la directrice de la Sécurité sociale qui a témoigné sous serment le 13 février 2020. Questionnée très précisément par le député Patrick Hetzel, président de la commission, la directrice de la

Sécurité sociale a tourné un peu autour du pot et a fini par réfuter le chiffre de 5,2 millions de cartes Vitale actives en surnombre, pour ensuite admettre un total de 2,6 millions !

SCAN ME

s

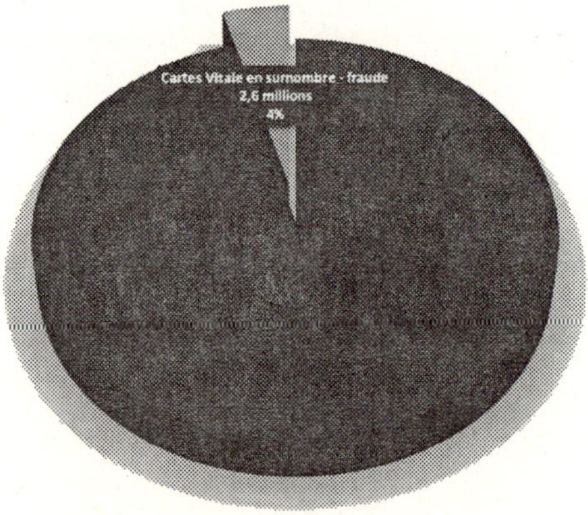

Répartition des cartes VITALE février 2020
DSS devant la commission d'enquête

Forcément l'information a fuité immédiatement dans la presse puisque les auditions devant la commission d'enquête étaient diffusées en direct sur Internet. Est arrivé ensuite ce qui devait arriver : l'administration a publié un communiqué de presse – décidément – pour dire que le chiffre du surnombre était de 609 000, dont zéro pour le régime général de l'assurance maladie. Circulez y a rien à voir !

Sauf que la directrice de la Sécurité sociale avait déposé sous serment et que le rapporteur de la commission d'enquête, le député Pascal Brindeau, ne semblait pas apprécier d'être ainsi méprisé : « Il conviendra de reconvoquer la directrice de la Sécurité sociale qui sous serment devant la commission d'enquête a reconnu 2,6 millions de cartes Vitale en trop. De qui se moque-t-on ? » a-il écrit sur Twitter en réaction au communiqué. Le président de la commission s'est également indigné sur ce même réseau social : « Là il va falloir nous expliquer comment ce chiffre peut-il passer de 2,6 millions à 600 000 en quarante-huit heures alors que sous serment la directrice de la Sécurité sociale nous a bien déclaré que ce chiffre était de 2,6 millions. La représentation nationale doit savoir qui dit vrai ! » Personnellement, j'ai bien une petite idée. Et vous ?

Malheureusement pour la suite des investigations, la directrice en question a été débarquée par le gouvernement et recasée à la Cour des comptes… Ce qui lui a évité quelques questions embarrassantes.

La commission d'enquête a continué ses auditions et investigations, en auditionnant la Cour des comptes notamment sur le sujet des cartes Vitale en surnombre. Une audition exceptionnelle qui a permis de confirmer que la Cour des comptes, dont c'est quand même le job de contrôler et certifier les comptes de la Sécurité sociale, n'a jamais travaillé la question avant 2020 !

Et oui, malgré le rapport de l'IGAS de 2004, malgré le rapport de l'IGF et de l'IGAS de 2013 expliquant qu'il y avait presque 7 millions de personnes prises en charge en trop et 8 millions de cartes Vitale actives en surnombre, malgré le rapport Goulet-Grandjean chiffrant ce surnombre à 5,2 millions en 2019, la Cour des comptes a certifié les comptes de l'assurance maladie durant toutes ces années sans s'intéresser au phénomène dans ses rapports publics…

Le président de la section en charge de la Sécurité sociale à la 6ème chambre de la Cour des comptes a ainsi répondu, le 26 mai 2020 : « Nous sommes en train d'y travailler dans le cadre de la commande qui nous a été faite par la commission des affaires sociales du Sénat. Ce double sujet – le surnombre des cartes Vitale et la population des bénéficiaires de l'assurance maladie – retient toute notre attention. Rappelons que notre système de protection sociale a été conçu à une époque où les déplacements de populations étaient très importants mais, d'une certaine façon, stables : quand on immigrait, c'était pour s'implanter définitivement dans un nouveau pays, et de leur côté, les Français émigraient peu. Tout cela a bien évolué, les mobilités internationales se sont considérablement accrues. Cela peut expliquer une partie significative des écarts constatés. L'assurance maladie exerce un contrôle lorsque les justificatifs de présence effective en France manquent. Toutefois, notre dernier rapport de certification démontre clairement que le périmètre de ces contrôles est beaucoup plus étroit que celui de la population concernée, elle-même affinée à partir des fichiers de la Direction générale des finances publiques. »

Bref, la Cour des comptes reconnaît devant la commission d'enquête ne commencer qu'aujourd'hui à étudier le problème, ayant cependant identifié précédemment que l'assurance maladie ne contrôlait pas assez bien la résidence effective en France des personnes qui bénéficient de ses prestations. Une manière diplomatique d'aborder les choses...

L'audition du directeur général de la CNAM, devenu depuis directeur de cabinet du nouveau Premier ministre Jean Castex, était donc attendue avec impatience sur ce sujet des cartes Vitale. On ne fut pas déçu ! Lisez plutôt :

« Je ne crois pas une seconde que la fraude à l'assurance maladie atteigne les 10 %, ni même la moitié. Sachant que les deux tiers de la dépense d'assurance maladie se concentrent sur les maladies chroniques, les pathologies lourdes et le grand âge, cela signifierait qu'un peu plus de 10 % des traitements pour cancer, diabète, des résidents en EHPAD nécessitant des soins ou des consultations médicales de médecins généralistes seraient frauduleux. Je ne vois pas comment cela pourrait correspondre à une réalité. Je ne vois pas non plus comment ce taux de fraude qui se situerait entre 5 % et 10 % pourrait être relié aux cartes Vitale. J'ai bien entendu un raisonnement selon lequel les 6 millions de cartes Vitale en trop, soit 10 % de la totalité des cartes, représenteraient les 10 % de fraude, mais ce n'est pas la bonne manière de poser le raisonnement. Je ne crois pas que le nombre de cartes Vitale en circulation excédant le nombre d'assurés puisse constituer un marqueur d'un phénomène fraudogène qui expliquerait ou constituerait le potentiel de fraude principal dans notre pays.

Le GIE SESAME-Vitale vous en a communiqué le chiffre : 58,4 millions de cartes Vitale sont en circulation, pour un peu plus de 59 millions d'assurés de plus de seize ans. Il y a un peu moins de cartes Vitale que d'assurés, ce qui est parfaitement normal compte tenu des encours de fabrication des cartes pendant lesquels les personnes n'ont pas encore leur carte, et du fait que certaines ne la demandent pas. »

Si on peut tout à fait entendre l'argument sur l'évaluation des dépenses sur lesquelles repose un risque de fraude – quoiqu'une fraude à la résidence soit particulièrement intéressante sur les traitements lourds, on appelle d'ailleurs cela le tourisme médical et les médecins en parleraient mieux que moi – l'information intéressante est donnée ensuite : 59 millions d'assurés de plus de seize ans ! Devinez ce que nous allons faire ensemble ? Nous allons aller chercher combien il y a de personnes âgées de seize ans et plus sur le territoire. Pas bien loin, c'est quelques lignes au-dessus, grâce à ce travail déjà fait par le rapport Goulet-Grandjean sur les données du recensement INSEE : 54,2 millions.

Le directeur général de la CNAM nous a donc indiqué ce 25 juin 2020, en déclarant sous serment devant la commission d'enquête qu'il y avait un peu plus de 59 millions d'assurés de plus de seize ans et que, encore à ce jour en 2020, l'assurance maladie prendrait en charge environ 5 millions de personnes en plus de celles qui existent sur le territoire. C'est en tout cas ce que l'on trouve en refaisant le calcul selon la méthode de l'IGF et de l'IGAS. 5 millions de personnes prises en charge par la Sécu en plus de celles qui existent, cela fait encore 8,5 % des assurés, soit potentiellement 17 milliards d'euros par an rien qu'en dépenses d'assurance maladie. Il y a vraiment un problème...

La commission d'enquête a indiqué qu'elle voulait aller plus loin et creuser pour déterminer le nombre exact de cartes Vitale actives en surnombre. Pour cela le président Patrick Hetzel a demandé au directeur général de la CNAM le nombre de cartes actives par année de naissance du bénéficiaire, afin de pouvoir le comparer aux données INSEE. Il serait ainsi possible de déterminer si des jeunes de douze à seize ans ont vraiment une carte

Vitale, ou bien dans quelles tranches d'âge se situeraient les surnombres. Une méthode fine qui manifestement n'a pas plu aux organismes, le directeur de la CNAM indiquant ne pas avoir les informations pour l'ensemble des régimes et le directeur du GIE SESAM-Vitale, qui fabrique et gère les cartes, indiquant aux parlementaires de la commission d'enquête qu'il n'avait pas ces informations… Ce refus de répondre à une telle question démontre sa pertinence. Quel secret est-il encore caché derrière ces données que l'administration ne veut pas transmettre aux parlementaires, prenant le risque de poursuites pénales pour refus de déférer à une réquisition d'une commission d'enquête ? Nous allons y venir…

L'administration pensait peut-être éteindre l'incendie ; en réalité elle a mis en lumière une fraude aux prestations sociales encore plus massive que ce que l'on craignait. Les investigations de la commission d'enquête parlementaire, en déplacement à Tours dans les locaux de la CNAV qui gère sur place tant le SANDIA que le RNCPS, ont permis le 17 juillet 2020 de montrer que près de 73,5 millions de personnes touchent des prestations sociales – dans un pays de 67 millions d'habitants.

Dix jours plus tard, le nouveau directeur de la Sécurité sociale, ancien conseiller social du Premier ministre Édouard Philippe, a été entendu à son tour, sous serment, avec ses collaborateurs. Une audition fondamentale, peut-être même la plus importante de toute la commission d'enquête car tous les chiffres qui y ont été donnés démontrent à eux seuls l'ampleur du problème.

Interrogé par le président de la commission d'enquête, le directeur de la Sécurité sociale a par exemple indiqué le nombre théorique de cartes Vitale qui devraient exister.

Nous avons ainsi appris que, contrairement à ce qui est indiqué sur le site officiel de l'assurance maladie et ce que tout le monde pensait, les retraités vivant à l'étranger conserveraient leur carte Vitale et pourraient venir se faire soigner en France aux frais de l'assurance maladie, même s'ils ne résident plus sur le territoire. C'est un effet direct de l'article L.160-3 du code de la Sécurité sociale. Au passage on apprend que si le Parlement a voté dans la loi une durée minimum de cotisation de quinze ans pour en bénéficier, la Direction de la Sécurité sociale a décidé par simple circulaire de ramener cette durée à dix ans, voire à cinq ans de manière transitoire jusqu'en 2022. Un point que les parlementaires, voire la Cour des comptes, ne devraient pas manquer de soulever à court terme.

Sur le sujet des cartes Vitale, le directeur a indiqué que le nombre de cartes « surnuméraires » est maintenant de 152 000 dans les « petits régimes » et a même affirmé qu'il y a 3 millions de personnes qui devraient avoir une carte Vitale et qui n'en ont pas. Je dois dire que j'en suis au départ resté bouche bée. Nous ne devons pas avoir les mêmes notions des additions et des soustractions... Je n'ai compris qu'après ce qui se passait, comme vous allez voir.

Le rapporteur de la commission d'enquête, Pascal Brindeau, s'est étonné – encore une fois – de ne pas avoir pu obtenir le nombre de cartes Vitale en circulation par tranche d'âge, condition nécessaire pour faire un calcul précis des surnombres. Et il a rappelé les déclarations sous serment de l'ancienne directrice de la Sécurité sociale, qui avaient été contredites à l'époque par sa propre administration.

La collaboratrice du directeur de la Sécurité sociale lui a répondu de manière très comptable : « Les 2,6 millions (de cartes Vitale en surnombre) qui vous ont été communiqués en audition en février, c'est une comparaison entre les données de l'INSEE, donc la population qui est censée avoir une carte Vitale à partir de seize ans et on l'a comparée aux détenteurs de cartes Vitale. Je peux vous refaire le calcul pour vous expliquer comment en février on est arrivé à 2,6 millions et comment aujourd'hui on arrive à un chiffre qui est différent. Par rapport à la population, pour comparer aux 2,6 millions, aujourd'hui on arrive à 600 000 : là nous comparons la population INSEE censée avoir une carte Vitale avec le nombre de cartes Vitale que nous arrivons à décompter. »

Oulà ! Arrêtons-nous un peu. Nous avons 54,2 millions de personnes âgées de seize ans et plus dans la population INSEE. Et nous avons 58,4 millions de cartes Vitale actives selon le GIE SESAME-Vitale qui gère les cartes. À l'école primaire j'ai appris que 58,4 – 54,2 = 4,2. En plus, il n'y a même pas de retenue... Avouez donc avec moi que 4,2 millions de cartes Vitale actives en surnombre comme cela ressort de ce calcul, c'est très différent de 2,6 millions ou de 600 000... Et même en comptant les 365 000 cartes Vitale distribuées aux jeunes de douze à quinze ans que la Direction de la Sécurité sociale a mentionnées ensuite, on arrive encore à 3,8 millions de cartes Vitale actives en trop... donc potentiellement en fraude.

Reprenons le cours de l'audition de cette haut fonctionnaire... « Comment on fait le rapprochement : on part de personnes qui sont censées avoir une carte Vitale de plus de seize ans, on en a 54 millions (en fait 54,2...) ; on rajoute les pensionnés et rentiers vivant à l'étranger, 1 160 000 ; les assurés auprès de la caisse des Français de l'étranger, 200 000 ; les frontaliers, 10 000 ; les détachés, 217 000 ; les porteurs de cartes de moins de seize ans qu'il faut quand même inclure, nous les avons décomptés précisément, il y en a 365 000 ; et les divers. Et là nous arrivons à 56,2 (millions de porteurs de cartes Vitale au maximum). Nous les comparons au parc de cartes Vitale et donc si en février 2020 nous avions 58,3 millions de cartes Vitale, aujourd'hui avec les travaux importants de fiabilisation qui ont été faits pour sécuriser, le parc de cartes Vitale a diminué de 1,6 million, nous arrivons à 56,8 millions. »

Voilà donc comment la DSS a calculé qu'il y avait 600 000 cartes Vitale en surnombre, en juillet 2020, après « les importants travaux de fiabilisation »... Et donc avec un surnombre d'encore environ 2 millions en février 2020, puisque 58,3 – 56,2 = 2,1... Mais alors pourquoi publier justement en février un communiqué réduisant à 609 000 le nombre de cartes Vitale en surnombre si c'est plus de 2 millions le vrai chiffre ? Quand ça veut pas, ça veut pas. Mais vraiment pas...

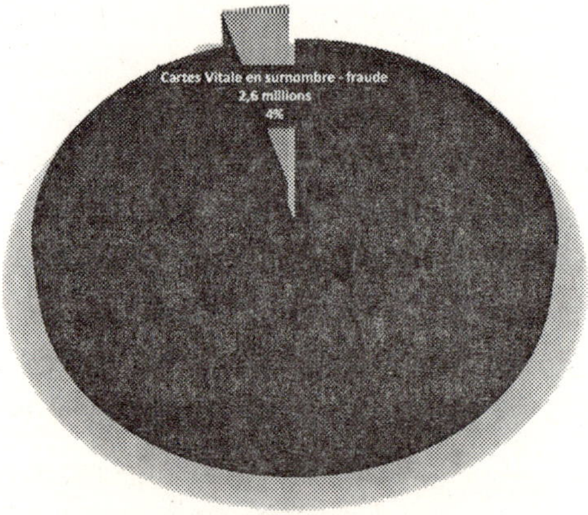

Répartition des cartes VITALE février 2020
DSS devant la commission d'enquête

Au passage on apprend donc qu'en quatre mois, *en plein confinement*... la Sécurité sociale aurait neutralisé 1,6 million de cartes Vitale potentiellement frauduleuses, censées donc ne plus devoir ouvrir de droits... Si ces cartes

Vitale ont été neutralisées au premier semestre 2020, les droits correspondants ne doivent donc plus figurer au RNCPS. Allons donc regarder, cela tombe bien nous avons les éléments de comparaison avec le chiffre 2019 fourni par la CNAV à la commission d'enquête le 17 juillet 2020 : 73,5 millions de bénéficiaires de prestations sociales diverses en 2019 ; le chiffre 2020 a été donné ce 27 juillet 2020 par le directeur de la Sécurité sociale : 73,7 millions de bénéficiaires. Loin d'accuser une baisse sensible, qui serait le corollaire d'une neutralisation des droits et de la carte Vitale de 1,6 million de numéros de Sécurité sociale, nous avons donc une légère progression, qui correspond certainement à la croissance naturelle du nombre de bénéficiaires.

Mon instinct d'ancien douanier et d'ancien juge d'instruction me dit à l'oreille qu'il y a là une incohérence à éclaircir... Neutraliser 1,6 million de dossiers en trois mois en plein confinement, voilà assurément un exploit qui mérite de figurer au *Guinness des Records* ! Incompréhensible également que le directeur général de l'assurance maladie, entendu un mois avant par la même commission d'enquête, ait indiqué pour sa part un chiffre de 58,4 millions de cartes Vitale actives...

Plus intéressant encore, le directeur de la Sécurité sociale a donc effectivement confirmé qu'au 1er juin 2020, un total de 73,7 millions d'individus bénéficiaient de prestations sociales en France, données issues du RNCPS. Oui, vous avez bien lu. Vous avez bien vu et entendu en regardant la vidéo disponible en scannant le QR code. 73,7 millions de bénéficiaires de prestations sociales dans notre pays qui compte 67 millions d'habitants...

Forcément le président de la commission d'enquête a poussé la DSS dans les cordes. Comment expliquer ces 6,7 millions d'individus non résidents, voire non-existants qui viennent profiter de notre système social ? En refaisant le même calcul, voyons ! Enfin là ça va coincer quand même... Écoutons toujours notre haut fonctionnaire de la DSS déposer sous serment : « Nous sommes repartis de la population INSEE au 1er janvier 2020, à savoir 67 millions de personnes. Nous y avons rajouté pour avoir un périmètre comparable les pensionnés et les rentiers vivant à l'étranger : 1,2 million. Les assurés auprès de la caisse des Français de l'étranger : 200 000. Les frontaliers étrangers travaillant en France : 10 000. Les travailleurs détachés continuant de cotiser en France : 217 000. Les ayants droit de ces populations : 180 000. Et des situations diverses : 20 000. »

Nous arrivons donc, selon le calcul de la DSS, effectué sous serment devant la commission d'enquête, à un maximum de 68,8 millions de personnes qui devraient avoir des droits ouverts et bénéficier des prestations sociales françaises. Un maximum absolu !

La chef de la mission comptable permanente de la Direction de la Sécurité sociale poursuit son raisonnement, indique 69 millions au lieu de 68,8 – c'est toujours 200 000 fraudeurs de mis sous le tapis – et va nous faire un superbe tour de bonneteau : « Ensuite on a comparé par rapport aux ouvertures de droits en janvier au RNIAM, on a 72,4 millions. »

Alors là, vous méritez une petite explication. Le RNIAM, c'est le registre national inter-régimes des bénéficiaires de l'assurance maladie. Comme son nom l'indique, il ne recense que les bénéficiaires des prestations de l'assurance maladie. Ceux qui ne sont concernés que par les allocations de type RSA ou le chômage ou le minimum vieillesse par exemple n'y figurent pas, sauf s'ils ont aussi des droits ouverts à l'assurance maladie. Vous voyez donc, en audition devant une commission d'enquête composée de députés dont la maîtrise des arcanes des fichiers de la protection sociale n'est pas le métier, comment va se faire la manip' : on passe d'un fichier de comparaison recensant les 73,7 millions de personnes qui touchent des prestations sociales quelles qu'elles soient à un fichier plus réduit. Voilà comment on continue à planquer des fraudeurs sous le tapis...

« Sachant qu'il y a un délai de mise à jour entre les bases internes de la Caisse nationale d'assurance maladie et ce qu'on peut avoir au RNIAM qu'on a chiffré précisément c'est à peu près 1 % à 1,5 %, ça fait à peu près 1,1 million. Donc des 72,4 millions on retire 1,1 million. » Là aussi, ça rabote sévère ! 1 % de 72,4 millions, ça ne fait que 724 000. Effectivement 1,5 % amène à un peu moins de 1,1 million. Encore 400 000 fraudeurs de grattés... voire 1,1 million. « En retraitant de ce 1 % qui sont les délais de mise à jour dont on a le détail dans nos bases, on arrive donc à 71,3 millions. Ensuite, on compare 69 à 71,3. Et là on est d'accord avec vous, on arrive à un écart de 2,4 millions qui nous restent à investiguer sur lequel nous travaillons. » Bon en fait ce serait 2,5 millions de fraudeurs si on suit son calcul : 71,3 – 68,8.

En bref, même si le mot n'a pas été prononcé par la Direction de la Sécurité sociale, le gouvernement admet donc ce 27 juillet 2020 sur interpellation de Patrick Hetzel, le député président de la commission d'enquête sur la fraude sociale, que 2,4 millions d'individus bénéficient en 2020 de prestations sociales alors qu'ils ne devraient pas et explique « chercher à comprendre et investiguer le sujet ».

« Dans nos premiers rapprochements, les premières requêtes, on voit que ce ne sont pas des retraités, c'est une population active, c'est la tranche d'âge 24-60 ans qui est concernée », poursuit la collaboratrice de la DSS. Et le directeur de la Sécurité sociale de confirmer *in fine* que « probablement il doit s'agir en particulier et en majorité de personnes qui ne sont pas résidentes en France actuellement. Ou qui ont quitté le territoire depuis plus ou moins longtemps, peut-être plusieurs mois ou plusieurs années. Et c'est ça qu'il nous faut investiguer, d'une part pour bien clarifier le plus possible le champ des personnes concernées et d'autre part de définir les plans de contrôle derrière permettant à la fois de fermer leurs droits et de garantir qu'il n'y a pas d'accès à ces droits et qu'il n'y ait pas soit de fraude soit d'abus (...) il faut mettre en place ces plans d'action derrière ». Non, sans blague ?

Je remercie en tout cas vivement le directeur de la Sécurité sociale de déclarer sous serment devant la commission d'enquête sur la fraude aux prestations sociales qu'il y a 2,4 millions de bénéficiaires de prestations sociales plus que douteux en ce 27 juillet 2020... Comme par hasard exactement le même chiffre que je donnais le 3 mars précédent devant cette même commission d'enquête, puis dans la presse et sur les réseaux sociaux, ce qui me valut quelques attaques – le chiffre étant alors jugé « farfelu ». Finalement, la Direction de la Sécurité sociale elle-même confirme l'ordre de grandeur que j'avais donné. Comme quoi...

Et même si avec ce nouveau directeur de la Sécurité sociale nous n'arrivons pas à ce chiffrage identique de la même manière, même si les progrès des investigations permettent d'envisager une fraude en réalité deux fois plus importante, il ne faut pas bouder son plaisir quand le déroulement des évènements permet de clouer le bec aux pseudos *fact checker* et autres guignols des réseaux sociaux experts en tout et bons à rien.

Le directeur général de l'assurance maladie est devenu entre-temps directeur de cabinet du nouveau Premier ministre. M. Revel a donc été convoqué à nouveau à la toute fin du mois de juillet par la commission d'enquête qui n'était pas tout à fait satisfaite, manifestement, de ses premières réponses.

Le président Patrick Hetzel va demander très directement à celui qui maintenant pilote de manière effective l'ensemble de la politique de la nation, principal collaborateur du Premier ministre et placé à ce poste, dit la rumeur publique, directement par le Président de la République, de s'expliquer : « Lors de son audition du 27 juillet le directeur de la Sécurité sociale nous a indiqué qu'il existait un écart de 2,4 millions entre le nombre de NIR dans le registre national de la protection sociale qui comporte 73,7 millions de NIR et le nombre théorique de NIR (...) sans pouvoir expliquer cet écart (...) comment se fait-il que l'on ne puisse pas disposer de chiffres totalement fiabilisés ? »

Le directeur de cabinet du Premier ministre a alors fait un aveu de bon sens : « Là vous êtes sur le RNIAM... » Et oui, sans le vouloir, il a mis ainsi en lumière le coup de bonneteau qu'avait tenté la Direction de la Sécurité sociale devant la commission d'enquête, essayant de limiter la casse en ne parlant que des chiffres des prestations d'assurance maladie et en omettant le reste... Et, surtout, il n'a pas répondu à la question posée. Il a fait semblant de croire que la question ne portait que sur les cartes Vitale, oubliant malheureusement d'expliquer qui sont ces 2,4 millions de fantômes qui percevraient des prestations sociales selon le propre aveu de la DSS. Encore cette technique qui joue sur la méconnaissance du système par le public et les parlementaires et qui confondent cartes

Vitale et prestations sociales. Pourtant il n'est nullement question de cartes Vitale lorsqu'on parle de RSA, de chômage ou de minimum vieillesse…

Le rapporteur Pascal Brindeau a alors mis M. Revel au pied du mur, expliquant qu'au regard des documents obtenus par la commission d'enquête, le chiffre voulu rassurant du nombre de cartes Vitale en surnombre soi-disant tombé à 535 000 se monterait en réalité au moins à un peu plus de 1,4 million. « On reste dans l'expectative des modes de calculs ; on n'arrive jamais aux mêmes chiffres que ceux qui sont avancés (…) Pourquoi on n'arrive pas à avoir des données claires par tranche d'âge ? On n'a pas répondu à cette question que nous avons posée. » La commission d'enquête laissait poindre son agacement.

Le directeur de cabinet du Premier ministre a alors indiqué des chiffres de février 2020 : « 54 millions de personnes de seize ans et plus. Qui rajouter ? Des catégories très précises. On reprend… porteurs de cartes de moins de seize ans 150 000. Le chiffre est devenu 365 000… » Grand silence de plusieurs secondes… 200 000 gamins de douze à quinze ans auraient donc eu leur carte Vitale en plein confinement…

Bref, on additionne et on est à 55 750 000 personnes pouvant avoir une carte Vitale. Il y en avait, semble-t-il, 58,3 millions en février. D'où l'écart de 2,6 millions qui aurait été donné par la directrice de la Sécurité sociale lors de sa première audition.

« Six mois après la photo a bougé », nous dit le directeur de cabinet du Premier ministre. Peut-être mais alors la mise au point donne dans le flou artistique !

54 291 000 habitants au recensement âgés de seize ans et plus, même chiffres pour les autres catégories sauf les douze-quinze ans et un peu plus de détachés et donc on

arrive à 56 264 078 personnes susceptibles d'avoir une carte Vitale. Dans le même temps le parc de cartes Vitale se serait résorbé à 56,8 millions. La différence serait passée de 2,5 millions à 537 000.

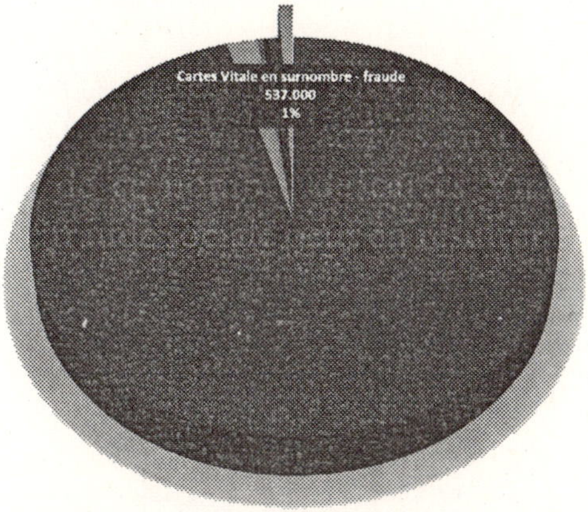

Répartition des cartes VITALE juillet 2020
calculée selon les chiffres DSS

Fantastique ! En quatre mois on a réussi à supprimer 2 millions de cartes Vitale actives en surnombre avec droits ouverts ! Matignon le confirme. Fermez le ban. Malgré le fait que personne ne donne jamais les mêmes chiffres, ce qui agace fortement les députés, plusieurs réflexions s'imposent alors.

Si j'ai – par mes actions et prises de position ayant déclenché la pression politique et médiatique nécessaire depuis décembre 2018 – aiguillonné ainsi les administrations et donc provoqué la fermeture de 2 millions de droits ouverts irrégulièrement à l'assurance maladie en un délai si court, c'est-à-dire potentiellement plusieurs milliards d'euros par an d'économies si on se réfère à la dépense moyenne d'assurance maladie, d'accidents du travail et de maladies professionnelles, quel résultat fantastique !

Ce serait un résultat dont je partagerais évidemment en premier lieu la responsabilité avec la sénatrice Nathalie Goulet qui a mené ce combat dans l'arène parlementaire, rejointe par son collègue le sénateur Sébastien Meurant puis par le député Jean-Christophe Lagarde, à l'origine de la création de la commission d'enquête parlementaire. Et bien sûr les députés Patrick Hetzel et Pascal Brindeau, habiles animateurs de cette commission d'enquête, dont les investigations ont permis de pointer les insuffisances et contradictions à l'origine de tout cela. Mais une fois le vertige de la fierté retombé, la modestie revient et, avec elle, l'analyse froide des faits.

Raisonnons en « droits ouverts ». Si 2 millions de cartes Vitale actives, donc avec droits ouverts, ont été *annulées*, soit il s'agissait de doublons, mais les doublons de cartes Vitale n'existent plus puisqu'un même NIR ne peut avoir deux cartes Vitale actives nous dit-on depuis des années, soit on devrait voir une baisse massive aussi importante apparaître au RNIAM, ainsi qu'au RNCPS. D'ailleurs c'est même Cédric Mathiot, le célèbre *fact checker* de *Libération* qui nous l'écrit dans son article du 10 janvier 2017 : « Depuis 2010 : mise en place d'un portail interrégimes qui permet d'éviter l'émission d'une nouvelle carte si l'ancienne n'a pas été restituée ou invalidée, selon le principe : 1 assuré = 1 seule carte Vitale. Ce système permet de bloquer la délivrance de toute nouvelle carte à toute personne qui en possède déjà une active. » Aucune raison de ne pas croire ce qu'écrit ce journaliste, n'est-ce pas ?

Nous venons pourtant de voir que le RNIAM n'a manifestement pas vu passer ces neutralisations de droits liés aux cartes Vitale. Ni le RNCPS qui comptabilisait 73,5 millions de bénéficiaires de l'ensemble des prestations sociales en 2019, en progression à 73,7 millions de bénéficiaires en juillet 2020…

De là à dire que cette histoire de neutralisation des cartes Vitale n'est pas le bon indicateur… et que l'on cherche l'enfumage ? En tout cas le *Guinness des Records* semble encore loin…

« Il n'y a pas de risque fraudogène. Vous savez que les conditions de prise en charge par l'assurance maladie sont en France très larges, seulement soumises à la condition de résidence stable et régulière », va pourtant nous rassurer le directeur de cabinet du Premier ministre, tout en reconnaissant quand même que tout cela était anormal : « Nous sommes en train très clairement de revenir à une situation normale. Et le fait que nous nous en soyons écartés ne signifie pas que nous soyons face à des risques de fraudes qui, s'agissant de l'assurance maladie, portent sur d'autres comportements. »

Ah. Alors, résumons : c'était la foire, on ne sait pas trop pourquoi on avait des millions de cartes avec droits ouverts en goguette, mais il n'y avait aucun risque de fraude.

C'est quand même ballot pour Cédric Mathiot, notre journaliste de *Libé*, qui nous expliquait voilà trois ans que les cartes Vitale en surnombre c'était une intox. Une intox à plusieurs millions de cartes actives en surnombre reconnues aujourd'hui par l'administration qui indique à peine rentrer dans la « normalité » en cet été 2020. J'ai donc posé directement la question à ce journaliste de *Libération* par mail, lui demandant notamment pourquoi il avait publié un tel article ne reflétant absolument pas la réalité de la situation, si c'était l'administration ou l'assurance maladie qui lui avaient transmis des fausses informations et si, avec le recul, il ne pensait pas que son article et notamment son titre relevaient de la *fake news* ? À l'heure de l'impression de ce livre, je n'ai toujours pas reçu de réponse.

On a donc le souvenir des déclarations rassurantes que la CNAM diffusait depuis plus de dix ans sur le thème « il n'y a plus de problème de cartes Vitale en surnombre, tout est réglé »... Dormez braves gens, le guet veille toujours...

Le président Hetzel est revenu à la charge : « Je reviens sur ce que nous avons évoqué il y trois jours. Le directeur de la Sécurité sociale nous a dit qu'il y a *a minima* 2,4 millions de personnes qui perçoivent des prestations alors que ce ne devrait pas être le cas. Comment se fait-il qu'il ait fallu attendre cette comparaison simple demandée par notre commission d'enquête entre le nombre de gens touchant des prestations et le nombre de gens existant pour se rendre compte d'un tel écart ? »

Le directeur de cabinet de répondre : « Encore une fois... (hésitations)... On a deux réalités, on a le nombre de personnes résidant en France ou répondant aux conditions pour être affiliées et être munies d'une carte Vitale... » Oui, cher lecteur, je vous comprends, le président de la commission d'enquête n'avait pas parlé de cartes Vitale mais de l'ensemble des prestations, mais comme forcément c'est un chiffre qui fâcherait, on va encore avoir une réponse à côté... « Comment se fait-il que ce chiffre soit inférieur au nombre de cartes Vitale actives ? Ce n'est pas une découverte. Cela fait beaucoup d'années que nous avons des cartes Vitale surnuméraires qu'il faut résorber. »

Le président Hetzel va alors le piéger, comme un vrai juge d'instruction : « J'ai sous les yeux votre audition du 16 juin (sous serment) vous nous disiez que vous aviez à l'assurance maladie 59 millions d'assurés âgés de plus de seize ans et qu'il était normal d'avoir un peu moins de cartes Vitale, le chiffre que vous nous aviez communiqué c'était 58,4 millions de cartes Vitale. Nous du coup d'ailleurs la question qu'on se pose c'est comment se fait-il qu'on ait 59 millions d'assurés de plus seize ans pris en charge évidemment alors que l'INSEE nous parle de 54,2 millions de personnes de seize ans et plus. C'est vrai que c'est l'une des questions que nous nous posons... » Échec et mat !...

« Euh... le nombre de résidents de seize ans et plus recensé par l'INSEE. Vous avez par ailleurs les catégories de personnes qui sont non résidentes mais sont à bon droit assurés d'un régime d'assurance maladie parce que la législation l'autorise. » Le directeur liste à nouveau les situations et indique : « Vous avez par ailleurs toujours un delta frictionnel entre un résident de passage comme un étranger affilié pendant son séjour (...) On a par ailleurs en plus un delta frictionnel de quelques dizaines de milliers de plus. » La très grosse gêne se poursuit... « Il me semble que les notions, recensement, nombre d'affiliés et nombre de cartes Vitale, en réalité convergent. » Mais aucune réponse sur la discordance évidente... Eh bien non, cela ne converge pas. Cela diverge même carrément !

Reprenons le calcul posément avec les chiffres que le directeur de cabinet du Premier ministre donnait lui-même quelques instants auparavant : pensionnés et rentiers à l'étranger, 1 160 000 – caisse des Français à l'étranger, 200 000 – détachés, 210 000 – frontaliers, 10 000 – autres cas 20 000. Et par honnêteté intellectuelle, suppléons aux insuffisances de M. Revel à ce moment de son audition en rajoutant quelques personnes en plus, selon les données indiquées par M. Von Lennep trois jours auparavant : 7 000 détachés supplémentaires et 180 000 ayants droit. Cela fait 1,8 million de personnes à rajouter aux 54,2 millions de personnes reprises au recensement... Ce qui donne un maximum de 56 millions de personnes âgées de seize ans et plus qui devraient être prises en charge par l'assurance maladie si l'on suit le raisonnement de M. Revel… Très très loin de converger vers 59 millions, le chiffre que lui-même donnait sous serment.

En résumé, il y aurait 3 millions de fantômes pris en charge par l'assurance maladie et qui bénéficient de soins en France…

Un indice qui tend à démontrer que c'est là le vrai chiffre réside dans un calcul avec une autre approche, en partant du RNIAM et des données transmises par la Direction de la Sécurité sociale le 27 juillet 2020.

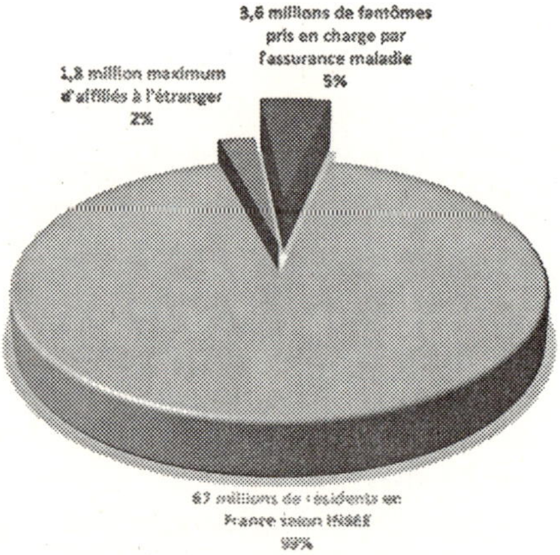

Répartition des personnes prises en charge
par les caisses d'assurance maladie – données RNIAM
fournies à la commission d'enquête parlementaire
juillet 2020

La DSS a indiqué que 72,4 millions de personnes étaient recensées au RNIAM. En agrégeant le recensement INSEE (67 millions de personnes) et le 1,8 million de personnes ayant droit à être pris en charge tout en étant à l'étranger, on arrive à 68,8 millions de personnes.

Donc à 3,6 millions de personnes prises en charge en trop. On reste dans le même ordre de grandeur.

Et même je vais oser aller plus loin : les chiffres donnés sous serment par le directeur de la Sécurité sociale et le directeur de cabinet du Premier ministre ces 27 et 30 juillet 2020 sont très inquiétants et laissent craindre en réalité une aggravation de la situation depuis ces dernières années.

Reprenons le rapport de septembre 2013 de l'IGF et de l'IGAS dont nous avons parlé précédemment. Vous avez remarqué que les deux inspections notaient que le RNIAM enregistrait au 1er janvier 2013 un total de 68,74 millions de bénéficiaires vivants de l'assurance maladie obligatoire – pour une population INSEE de 65,58 millions de personnes résidentes en France à cette date. En 2020, nous avons 67 millions de personnes résidentes en France et 72,4 millions de bénéficiaires de l'assurance maladie recensés au RNIAM selon les déclarations sous serment des autorités.

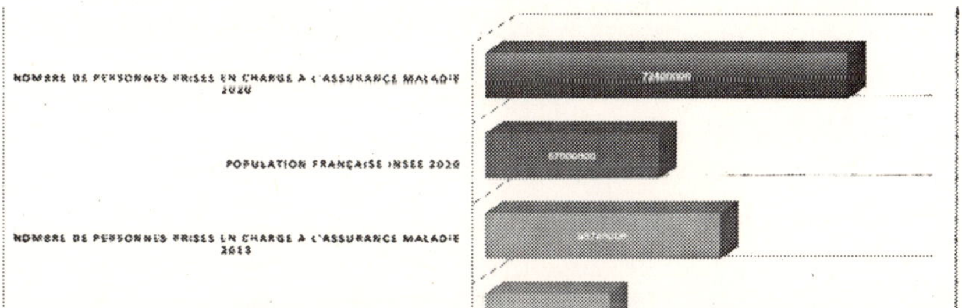

Démographie INSEE et prises en charge
par la sécurité sociale – branche maladie
Évolution comparée 2013-2020

Comparons : pour une augmentation de la population résidente de 1,42 million de personnes, le RNIAM a enregistré 3,66 millions de bénéficiaires supplémentaires pour l'assurance maladie…

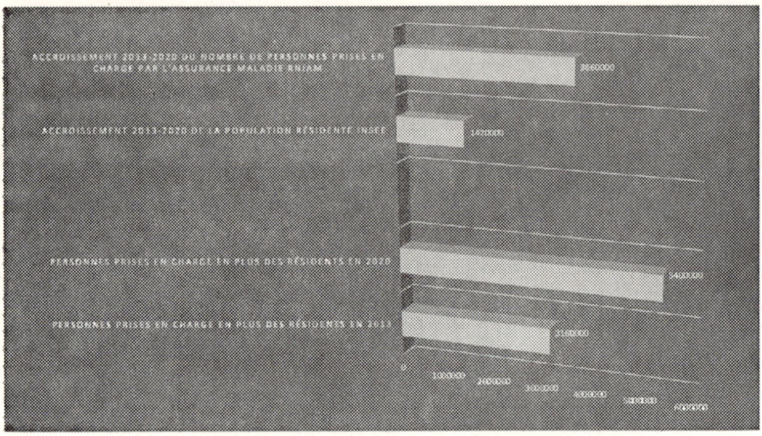

Détection du problème d'augmentation inexpliquée
des non-résidents pris en charge par la sécurité sociale
Branche maladie depuis 2013

Pour paraphraser l'expression du président Hetzel, « comment se fait-il » que 2,2 millions de personnes supplémentaires par rapport à la hausse constatée de la démographie depuis 2013 soient aujourd'hui prises en charge par notre système de protection sociale ?

On avait remarqué en 2013 que les régimes d'assurance maladie prenaient en charge encore plus de personnes que celles recensées au RNIAM. Qu'en est-il aujourd'hui ? Nous n'avons pas la réponse.

Mais même en se limitant aux données relatives au RNIAM et aux auditions du directeur de cabinet du Premier ministre, il resterait donc aujourd'hui entre 3 et 3,5 millions d'individus pris en charge en trop par la seule assurance maladie. Soit 5 % des effectifs d'ayants droit.

Potentiellement 10 milliards d'euros de dépenses d'assurance maladie chaque année. *10 milliards d'euros…* Et on ne parle pas ici du reste des prestations sociales.

Car tout n'est pas « carte Vitale », ne vous laissez plus berner !

Pour reprendre l'expression du directeur de cabinet du Premier ministre : « On a deux réalités »... Oui, hélas...

CHAPITRE 6
Cachez cette fraude que je ne saurais voir !

Quand le rapport du sénateur #YaPasDeFraude explose en vol

Un des principaux fraudosceptiques est le sénateur MoDem Jean-Marie Vanlerenberghe, rapporteur général du budget de la Sécurité sociale au Sénat. Il est le signataire d'un rapport au vitriol contre les éléments que j'avais présentés fin 2018 sur les immatriculations frauduleuses des personnes nées à l'étranger, cette fraude au NIR SANDIA que vous connaissez maintenant bien. Nos relations avaient pourtant bien commencé, comme je vous l'ai expliqué, à la buvette du Sénat fin décembre 2018, décortiquant ensemble les notes et rapports officiels faisant état de cette fraude d'ampleur.

Le sénateur Vanlerenberghe n'a commencé officiellement sa mission qu'en février 2019 et m'a convoqué au mois de mars. Je lui ai expliqué à nouveau comment j'avais estimé le coût moyen et ce qu'il devrait faire s'il voulait aller jusqu'au bout de l'évaluation financière : reprendre les cent-vingt-quatre cas de fraude de 2011 en retrouvant leurs NIR, puis consulter le RNCPS ; identifier le montant des prestations de ces personnes-là et ensuite calculer un montant moyen de prestations par personne qui étaient considérées comme frauduleuses, puis le multiplier par 1,8 million ce qui donnerait une évaluation beaucoup plus fine que les 14 milliards d'enjeu que j'évoquais. Je lui ai dit que nous serions peut-être à plus de 14 milliards d'euros. Il m'a répondu par l'affirmative. Mais je n'en ai plus entendu parler durant quelques semaines. J'étais à vrai dire assez inquiet en sortant de mon audition avec le sénateur Vanlerenberghe car il avait beaucoup insisté sur « Marine Le Pen » et la proximité des élections européennes. Je ne voyais aucun rapport avec l'estimation objective d'une fraude sociale documentaire… sauf à vouloir instrumentaliser politiquement les choses dans un sens ou un autre. Je voyais sortir des communications dans la presse émanant du sénateur Vanlerenberghe, assez peu amènes à mon endroit, depuis début janvier 2019, notamment dans *Libération*. J'ai alors compris que sa mission n'était pas d'établir la vérité mais d'étouffer le sujet. Mission dont il s'est acquitté avec la maladresse des agents trop zélés.

Au mois de juin, son rapport est sorti en deux temps. Il est en effet daté du 5 juin mais, en réalité, deux versions en ont été publiées à vingt-quatre heures d'intervalle : un rapport provisoire qui était uniquement disponible sur le site Internet du Sénat puis un rapport définitif.

Dans son rapport provisoire, il était indiqué qu'ils avaient refait un échantillon sur le stock du SANDIA, c'est-à-dire sur le stock de numéros de Sécu attribués aux gens nés à l'étranger. Une petite note de bas de page disait : « Soit 56,4 % du stock, ce qui est en soi une donnée intéressante. » Nous étions sur un stock de 21,1 millions de dossiers en 2019.

Immédiatement, je fis deux ou trois tweets en disant : « Mais c'est formidable, nous avons enfin cette fameuse information. » La sénatrice Nathalie Goulet et le sénateur Sébastien Meurant avaient en effet posé à sept reprises en 2019 des questions écrites et orales au gouvernement pour savoir combien il y avait de NIR actifs, c'est-à-dire combien de personnes qui touchent des prestations sociales dans le pays, pour faire un contrôle de cohérence assez classique entre le nombre de gens qui existent selon le recensement INSEE et le nombre de gens qui perçoivent des prestations. Une technique classique d'audit.

Le soir même du 5 juin 2019, j'ai donné une interview au *Figaro*. J'y expliquais que 56,4 % des 21 017 718 NIR du stock de personnes nées à l'étranger auraient perçu des prestations sociales selon le rapport du sénateur Vanlerenberghe. Je faisais le calcul : cela faisait 11 850 000 NIR, donc autant d'individus. Je me suis dit immédiatement que ça faisait beaucoup de monde... Je suis donc allé consulter les données de l'INSEE. Selon l'institut statistique, il y avait 7,9 millions de personnes nées à l'étranger qui vivaient en France à ce moment-là. Gros souci ! Parce que même si vous rajoutez les retraités repartis vivre dans leur pays d'origine et les personnes qui relevaient à l'époque du SANDIA, c'est-à-dire de Nouvelle-Calédonie et de Polynésie française, cela nous laissait quand même un petit trou de 2 350 000 personnes qui touchaient des prestations alors qu'elles n'existaient pas. Nous avions cerné le problème, qui était même bien au-delà du chiffre de 1,8 million que nous avions découvert avec la DNLF en 2011 !

SCAN ME

Sur Internet, je découvre très vite que le rapport a été changé dans la foulée de cette interview et que la fameuse note de bas de page avait été modifiée. Interrogé par la commission d'enquête de l'Assemblée nationale sur la fraude sociale sur cette « étrange » modification, le sénateur Vanlerenberghe a déclaré avec son conseiller du Sénat : « Nous étions en fin de processus. J'ai fait une note de bas de page, mais en fait, ce n'était pas vraiment cela. Ce n'était pas utile. C'était une initiative malheureuse. »

L'initiative était malheureuse pour lui parce qu'un article de presse avait tiré les bonnes conclusions du rapport et les conséquences de ce qui avait été publié en montrant que le sénateur Vanlerenberghe avait mis la lumière sur pratiquement 2,5 millions de numéros de Sécurité sociale frauduleux et donc sur autant de personnes qui n'existaient pas et qui touchaient des prestations. Ce qui était le but inverse de la volonté de ce sénateur dont les conclusions étaient que la fraude était marginale, circulez y a rien à voir !

La note de bas de page s'était transformée en : « 56,4 % des stocks, ce qui est en soi une donnée intéressante, l'échantillonnage ayant été réalisé à partir d'une requête se limitant aux assurés nés à l'étranger non enregistrés comme décédés. » Là arrivait un chiffre de 17,2 millions de personnes titulaires d'un NIR, que l'on ne voyait nulle part ailleurs dans aucun rapport ni document. Enfin cette analyse, censée tordre le cou à mon interview de la veille, avait été insérée : « Une extrapolation de ce pourcentage à l'ensemble du stock du SANDIA laisse supposer un nombre de dossiers touchant des prestations de l'ordre de 9,7 millions. À titre de comparaison, selon les dernières données encore provisoires d'Eurostat, environ 8,177 millions de personnes nées à l'étranger vivaient en France au 1er janvier 2018. »

Le sénateur Vanlerenberghe, le fonctionnaire du Sénat et peut-être les personnes du ministère et des organismes de protection sociale derrière la rédaction de ce rapport se rendaient bien compte que ce qu'ils avaient écrit les mettait en difficulté et démontrait que le rapport était « bidon ». Ils se demandaient alors comment faire et décidèrent manifestement de multiplier 17,2 millions par 56,2 % – une cote mal taillée –, ce qui faisait 9,7 millions.

Mais c'est toujours pareil quand les gens sont pris la main dans le sac. Ils vont continuer et il suffit de les laisser venir : ils s'enferrent tout seuls. Là, le sénateur Vanlerenberghe écrivait 9,7 millions d'un côté et 8,2 millions de l'autre. Sans même se rendre compte qu'ils établissaient, sans l'expliquer, un *écart* de 1,5 million de personnes qui n'existaient pas tout en touchant des prestations.

Contempler l'audition du sénateur Vanlerenberghe sur cette question précise devant la commission d'enquête est un moment qui se savoure avec gourmandise.

SCAN ME

Les députés interrogent ainsi le sénateur qui, n'écoutant que son courage, fait porter le chapeau à M. Bonnet, le fonctionnaire du Sénat : « Ce n'est pas moi qui ai fait les notes de bas de page. » Et le pauvre M. Bonnet de rire nerveusement, incapable d'expliquer l'écart. Le sénateur dit : « Oui, mais ce n'est pas nous. On nous a donné des taux. » Et derrière, il vient reprendre la parole en disant : « Oui, mais en fait, nous sommes partis sur 21 millions et quelques, sur l'ensemble du stock. » Mais, 56,4 % de 21 millions, cela fait 11,85 millions... Retour à la case départ. La scène est surréaliste : le sénateur Vanlerenberghe lui-même se remet dans les choux, évidemment incapable d'expliquer son propre rapport et encore moins de le défendre.

Depuis juin 2019, comme le sénateur Vanlerenberghe me mettait en cause nommément dans son rapport à plusieurs reprises, je lui avais proposé de débattre publiquement. Sud Radio avait notamment proposé d'organiser ce débat : il a toujours refusé. Le sénateur Vanlerenberghe n'a jamais voulu discuter de manière contradictoire de son rapport. On comprend aisément pourquoi. Entre-temps, le sénateur Vanlerenberghe n'ayant pas réussi à étouffer médiatiquement le sujet, le Premier ministre a décidé de prendre les choses en main.

En mai 2019, Édouard Philippe a nommé « parlementaires en mission » la sénatrice Nathalie Goulet, membre de l'UDI et la députée Carole Grandjean, membre de LREM, sur une mission d'évaluation de la fraude sociale, montant et moyens de lutte. Le sénateur Vanlerenberghe a très mal pris cette désignation de sa collègue Nathalie Goulet. Les parlementaires « en mission » sont en effet assimilés à des membres de l'exécutif, c'est-à-dire des ministres, le temps de leur mission et sur le sujet particulier qui leur est confié. Le fait de nommer deux parlementaires en mission sur le même sujet que celui sur lequel il était censé faire un rapport démontrait en effet que Matignon et le gouvernement tenaient M. Vanlerenberghe pour quantité négligeable.

Les travaux Goulet-Grandjean se chevauchant avec le rapport Vanlerenberghe, beaucoup de personnes entendues par la mission gouvernementale confiée aux deux parlementaires ont pu dire ce qu'elles pensaient du « rapport Vanlerenberghe ».

Ainsi Laurent Daculsi, expert lutte contre la fraude secteur public d'un grand opérateur de systèmes d'intelligence artificielle, expliquait le 19 juin 2019 :

« Il y a des points d'incohérence (...) Je pense que le chiffre me paraît biaisé par rapport aux prestations sociales de nos concitoyens (...) (le rapport Vanlerenberghe) ne trouve que 47 dossiers en anomalies critiques, sur les 1 500 (...) C'est sous-estimer les dossiers indéterminés. Ce qui me préoccupe dans ce rapport c'est qu'il y a 246 dossiers indéterminés à 15,6 % (...) Si on devait creuser, je considère à ce jour que les anomalies critiques et les indéterminés sont des dossiers sur lesquels il faut se pencher. Si on additionne les indéterminés et les critiques on est à 293 dossiers. On n'est plus très éloigné des 246 dossiers du rapport de 2011 (...) ça ferait 18,6 % et non pas 3 % de préjudices de fraude soupçonnée. »

Tout est dit par cet expert deux semaines après la sortie du rapport Vanlerenberghe : en réalité la situation de 2019 est aussi catastrophique que celle de 2011, voire pire. Et on ne peut pas soupçonner Laurent Daculsi d'être un suppôt de l'extrême droite : ce professionnel connu de tous les acteurs du ministère du Budget travaillait avec le député socialiste Yann Galut et a rejoint En Marche dès 2016, devenant l'expert de ce parti sur les questions de fraudes aux finances publiques.

SCAN ME

Que penser donc du « rapport Vanlerenberghe » ? Un peu la même chose que ce qu'en a pensé le sénateur Savary, qui fut président de conseil départemental, donc financeur de RSA et d'allocations handicapés. Dans la discussion sur le rapport de M. Vanlerenberghe, il a demandé quelle était la part du revenu de solidarité active (RSA) et quelle était la part de l'allocation aux adultes handicapés (AAH) dans l'évaluation financière effectuée. M. Vanlerenberghe lui a répondu : « Le RSA représentait 2 447 euros sur les montants frauduleux et l'AAH, 4 956 euros. » Il ne s'est même pas rendu compte qu'il donnait un montant très inférieur au montant plancher du RSA par an. M. Savary lui a évidemment répondu que cela paraissait impossible, parce que lui savait à combien s'élevaient les montants d'une AAH et d'un RSA. Tout le rapport était à l'avenant…

Les insuffisances du sénateur Vanlerenberghe ont également été mises à nu par le commissaire divisionnaire Fougeray, spécialiste reconnu de la lutte contre la fraude et conseiller pour les affaires intérieures et de sécurité à la représentation permanente de la France auprès de l'Union européenne au moment de son audition par la mission Goulet-Grandjean. Le commissaire Fougeray avait passé auparavant neuf ans au sein de la DNLF. Il est un de ceux qui a découvert la fraude aux NIR des personnes nées à l'étranger. Le sénateur Vanlerenberghe ne l'a jamais auditionné.

Reprenons une partie de son audition officielle par la mission gouvernementale Goulet-Grandjean, le 23 juillet 2019[1] :

1. Les extraits détaillés de cette audition du commissaire divisionnaire Fougeray figurent en annexe.

« **M. FOUGERAY** – Je reprendrai quatre ou cinq points du rapport de M. VANLERENBERGHE (...) J'ai l'impression qu'à chaque point évoqué, le rapport donne un coup de rabot sur le taux de fraude. Je voudrais "déraboter", si vous me permettez cette expression, vous dire pourquoi, à mon sens, le taux présenté est un taux qui techniquement n'est pas le taux proche de la réalité. (...)

Concrètement SANDIA a pour postulat que l'acte d'état civil d'un pays tiers fait foi. Si le pays tiers estime que l'acte n'est pas un vrai pour des raisons X ou Y, c'est un faux mais SANDIA va continuer de le considérer comme un vrai document. (...) »

Forcément, si le rapport Vanlerenberghe considère vrais de faux documents... Mais poursuivons avec le commissaire Fougeray :

« Je voulais faire ces critiques par rapport à ce qui est écrit dans le rapport. Il faut aussi prendre en compte deux moyens de fraude à l'identité qui sont des méthodes "hors champs" de la méthode de détection du SANDIA. L'usurpation d'identité et translittération. (...)

Plus les titres sont sécurisés plus les fraudeurs utilisent la méthode de l'usurpation d'identité. Si vous reprenez tous les documents favorables ou indéterminés, fraudes mineures ou fraudes majeures qui sont mentionnés dans le rapport, aucune évaluation de la fraude liée à l'usurpation d'identité n'est faite et pourtant le rapport pointe cette évolution dans les techniques de fraude. Peut-on imaginer que, dans ces chiffres impressionnants annoncés dans le rapport du Sénat, soit 11 millions de NIR actifs au SANDIA, personne n'ait pensé à utiliser la technique de l'usurpation d'identité pour utiliser frauduleusement ces numéros ? Il ne faut pas être complètement naïf. Je sais que vous ne l'êtes pas.

La deuxième méthode est la translittération. C'est le fait de se faire traduire son identité dans un autre pays. Prenons le cas d'une personne venant d'Éthiopie. Dans les langues officielles de l'Union européenne, vous avez quatre manières de traduire son nom. On ne traduit pas obligatoirement un nom en Allemagne comme en France et je ne parle ni de la Bulgarie ni de la Grèce qui ont des alphabets différents. Mais dans les vingt-six autres pays de l'Union européenne, vous allez en Angleterre ou en République tchèque vous ne traduisez pas forcément de la même manière un nom. Il y a quatre manières de traduire le nom d'un ressortissant et quatre manières de traduire aussi son prénom et quand il y a deux calendriers (le calendrier copte a treize mois contrairement au calendrier grégorien), il existe trente-deux combinaisons de traduction de l'identité d'une seule personne. C'est de la théorie. Évidemment la personne ne va pas faire traduire son nom de manière différente trente-deux fois. En revanche, et ce n'est pas de la théorie, une personne donnée peut avoir trois ou quatre traductions différentes de son identité. Le fait que la personne puisse faire une démarche avec plusieurs identités différentes officielles des pays de l'Union européenne et qu'elle puisse les transmettre ensuite au SANDIA est tout à fait possible. C'est important de le prendre en compte. » (...)

Un aspect que manifestement le sénateur Vanlerenberghe avait omis. Et le policier de poursuivre sur les montants de fraude ridiculement faibles cités par le rapport de ce sénateur :

« Enfin, j'ai évoqué la sous-évaluation des coûts pour l'Assurance maladie mais je pourrais en dire autant de l'évaluation faite dans le rapport de la fraude au RSA. Le rapporteur annonce le chiffre, avant l'extrapolation, de 2 447 euros. Le RSA c'est 550 euros par mois... Cela veut dire que la personne n'aurait touché le RSA que pendant quatre mois et demi ?

Mme GOULET – C'est impossible puisque c'est six mois.

M. FOUGERAY – Cela me paraît bizarre. Le montant de l'AAH est de 860 euros par mois, nous sommes à un peu moins de 5 000 euros. Cela veut dire que la prestation n'a été servie que six mois ? Nous ferions de grandes économies si les personnes ne demandaient le RSA ou l'AAH que pour cinq ou six mois. Ces chiffres m'étonnent. Je ne sais pas exactement comment ils sont sortis mais ils me laissent très songeur.

Mme GOULET – C'est important parce qu'il était supposé faire une évaluation financière.

M. FOUGERAY – Depuis 2011 on l'a toujours réclamée, cela a toujours été refusé.

Mme GOULET – C'est à cause de ce qu'il s'est passé, de la polémique en décembre sur 1 800 000 faux numéros. En 2016 quand j'ai posé une question d'"actu" là-dessus, on m'a répondu qu'on avait supprimé 500 numéros, etc. Personne n'a jamais critiqué le montant à ce moment-là. À partir du moment où le Premier ministre, le ministre de la Santé, de l'Économie et des Comptes publics ont décidé de me rendre responsable d'un rapport, il faut que maintenant nous puissions précisément expliquer la différence que nous allons peut-être voir par rapport à ce qu'a écrit le rapporteur général. C'est très important ce que vous nous dites.

M. FOUGERAY – Surtout que si vous prenez la situation six mois après, théoriquement, le montant double. Sauf si pour une raison qu'il faudra m'expliquer la fraude s'arrête au bout de quatre ou cinq mois.

Mme GOULET – Nous avons déjà l'article 47 du Code civil que nous avons identifié et nous avons aussi dans ce rapport des durées de prestations qui ne correspondent ni de près ni de loin à la moyenne.

M. FOUGERAY – C'est l'impression que cela m'a fait en lisant le chiffre. Comme technicien, quand on lit ce rapport, cela saute aux yeux. » (...)

Ça n'a pas sauté aux yeux du sénateur Vanlerenberghe. Mais c'est vrai qu'il n'est pas technicien du sujet.

Et, sur interpellation des parlementaires en mission, le policier conclut :

« **Mme GOULET** – Vous reconnaissez que les évaluations sont erronées.

M. FOUGERAY – Avec tout ce que je vous ai dit, il y a beaucoup de coup de rabots qui ont été faits. C'est ce que j'ai essayé de vous dire. »

Effectivement, tout était dit...

Jean-Marie Vanlerenberghe a invité à éviter toute interprétation abusive de son rapport et a même écrit : « J'insisterai sur le fait que des tribunes de presse ou des journalistes, par exemple M. Charles Prats, pourtant ancien magistrat, ont diffusé des chiffres faux, établis sur une base insuffisamment documentée, et ce sans aucune vérification : de tels procédés sont inacceptables. »

Le culot incarné ! Quatre rapports de Bercy, un rapport au Premier ministre, les réunions interministérielles, le passage au Conseil d'État, tout le travail qui avait été fait par tous les fonctionnaires pendant toutes ces années, je n'appelle pas cela « une base insuffisamment documentée, et ce sans aucune vérification ». En revanche, que le rapport de M. Vanlerenberghe soit insuffisamment documenté et qu'il n'ait procédé à aucune vérification, ça oui !

Un seul exemple. J'avais remis à Jean-Marie Vanlerenberghe le document « Réunion de conclusions au cabinet » du ministère du Budget du 12 décembre 2011. De nombreuses personnes étaient présentes à cette réunion. Regardez la liste des personnes entendues dans le rapport Vanlerenberghe et comparez... Jean-Marie Vanlerenberghe s'est bien gardé d'entendre les fonctionnaires qui ont travaillé sur le dossier à l'époque. Aucun des fonctionnaires qui étaient là, qui ont participé à ces réunions, aucune des personnes qui ont fait l'étude, n'ont été entendus par Jean-Marie Vanlerenberghe. Ce sénateur n'a pas hésité un instant à établir un rapport pour conclure à l'absence de fraude, en se gardant d'entendre toutes les personnes qui avaient travaillé sur le sujet !

Aucun journaliste ne l'a relevé. Nous nous sommes retrouvés avec une presse qui n'a pas fait son travail, qui a pris pour argent comptant ce que lui racontait ce sénateur, parce que cela intéressait aussi la Direction de la Sécurité sociale de s'appuyer sur ce qu'il avait fait, peut-être parce qu'il travaillait indirectement avec leurs services. Finalement, on peut se demander si M. Vanlerenberghe se contentait de mettre sa signature sur un travail qui avait été fait par d'autres.

Les conclusions du « rapport Vanlerenberghe », mises à jour à deux reprises, aboutirent à un taux de fraude documentaire, c'est-à-dire de dossiers de numéros de Sécurité sociale attribués sur la base de faux documents à des personnes nées à l'étranger, de 0,7 % puis de 0,13 %. En réalité un copier-coller des documents produits par la CNAV qui gère le SANDIA. C'est-à-dire pour parler en nombre de dossiers, un peu plus de 16 000 selon ce bon sénateur et les gens de la CNAV… Mais, en réalité, combien y a-t-il de documents frauduleux produits pour obtenir un numéro de Sécurité sociale alors ?

C'est le directeur central de la police de l'air et des frontières et son commissaire divisionnaire, patron du service national spécialisé dans la détection des faux documents, qui a répondu à la question. Attention, c'est du lourd et déclaré sous serment ! « Sur le fondement de notre propre appréciation on serait amené à rejeter un tiers des dossiers (…) à estimer qu'un tiers ne sont pas acceptables… » Tout est donc dit. 33 % de rejet par les spécialistes en détection de faux documents, alors que le sénateur Vanlerenberghe a publié son rapport en osant prétendre qu'il n'y avait que 0,7 % de faux et que les organismes sociaux ont encore réduit ce taux à 0,13 %…

SCAN ME

Qui croire ? Un sénateur en mission politique commandée ? Ou des fonctionnaires de police assermentés déposant sous serment ?

Le sénateur Vanlerenberghe a écrit que son échantillon « représentatif » permettait d'extrapoler que 9,7 millions de personnes avaient des droits ouverts et touchaient des prestations. Elles sont, en fait, 12,4 millions. C'est le ministère de la Santé qui nous le dit en novembre 2019, on l'a vu. Si l'échantillon Vanlerenberghe avait été réellement représentatif, il n'y aurait pas un tel écart de 28 %. Cela démontre simplement que l'échantillon qu'a utilisé le sénateur est totalement bidon, avec un écart par rapport à la réalité de 2,7 millions d'individus. Si l'échantillon n'est pas représentatif avec une telle distorsion, cela veut-il dire qu'il a été construit pour ne pas l'être ?

Enfin, quand M. Vanlerenberghe écrit que le taux de fraude est de 0,7 % voire fait sienne l'estimation finale de la CNAV de 0,13 %, cela veut dire que cela représente 150 000 dossiers environ, voire à peine 16 000. Je lui poserais bien la question, ainsi qu'à beaucoup de gens : qui sont les 2,5 millions au minimum de personnes nées à l'étranger qui sont là, touchant des prestations sociales dans notre pays, alors qu'elles sont censées ne pas s'y trouver ? Si ce n'est pas de la fraude, d'où sortent-ils ?

Nous avons vu que le problème ne concerne pas simplement les NIR des personnes nées à l'étranger. Nous verrons aussi ce qu'il en est pour la carte Vitale. J'avais suggéré à la commission d'enquête de faire les mêmes requêtes RNCPS sur l'ensemble de la population. J'étais sûr que nous allions avoir un certain nombre de problématiques et peut-être de surprises sur le nombre de gens qui touchent des prestations sociales et qui ont des droits ouverts dans ce pays, par rapport aux gens qui existent. Il n'y avait pas de raison qu'il n'y en ait que sur les gens nés à l'étranger.

Et bien j'avais malheureusement raison. Vous l'avez vu. La Direction de la Sécurité sociale l'a avoué le 27 juillet 2020 : nous avons 73,7 millions de personnes bénéficiaires de prestations sociales en France. Un « surplus » de 5 millions de fantômes gloutons… Rapporté à la dépense moyenne de protection sociale par personne, on flirte entre 50 et 60 milliards de surcoûts chaque année…

Qui avait intérêt à ce que tout cela ne se sache pas ? En réalité, ce ne sont pas les parlementaires, quel que soit leur bord d'ailleurs. Globalement on constate un consensus de la France insoumise au Rassemblement national sur le fait que nous avons un problème de finances publiques dans ce pays et qu'il vaut mieux aller chercher l'argent dans la poche des fraudeurs plutôt que dans celle des contribuables. Mais le sujet peut tout de même être pollué par des considérations électorales. C'était très clairement le cas de M. Vanlerenberghe. Sa mission n'était pas de faire la lumière sur la fraude. D'ailleurs, vous avez bien vu, il a dit que « c'était une initiative malheureuse » de faire la lumière sur des cas de fraude. « Ce n'était pas le sens de la mission. » Si, pourtant, sa mission portait sur les conséquences de la fraude documentaire sur la fraude sociale. C'est pour cela que j'ai expliqué aux députés de la commission d'enquête que la mission du sénateur Vanlerenberghe était d'éteindre l'incendie avant les élections européennes, parce que certains se sont imaginé que cette histoire-là allait faire monter Marine Le Pen. Ce n'est que cela, la réalité. Le sénateur Vanlerenberghe me l'a dit lui-même et l'a écrit à demi-mot dans son rapport.

Je vous le dis d'autant plus librement que c'est le discours que l'on nous a tenu en 2011-2012. À l'époque le ministre de l'Intérieur dirigeait également la campagne de Nicolas Sarkozy. C'était la grande panique, il ne fallait pas que cela se sache, il ne fallait pas trop en faire là-dessus, au motif que cela ferait monter le Front national. Sauf que les gens n'ont pas compris que ce qui fait monter le Front national, c'est de ne pas traiter les problèmes, c'est de les leur cacher. Ce n'est pourtant pas très compliqué de dire qu'il existe un problème de sécurisation des documents depuis le décret Jospin de 2000, que nous le savons, que nous allons le traiter, que nous le prenons à bras le corps et que nous nous donnons deux ans pour régler le sujet et pour nettoyer notre système social. Le politique qui fait cela gagnera 15 % à 20 % d'abord dans les sondages, puis dans les urnes s'il le fait réellement ensuite – car les paroles ne suffisent plus.

Malheureusement le « rapport Vanlerenberghe », qui apparaît aujourd'hui pour ce qu'il vaut réellement, aura participé à l'étouffement médiatique et politique d'un problème majeur pour les finances de la France. Et aura retardé d'autant les mesures énergiques à prendre pour réaliser d'importantes économies dans les dépenses publiques. Et ce, quelques mois avant la pire crise économique et financière que nous allons traverser depuis la Seconde Guerre mondiale.

La France ne vous dit pas merci, M. Vanlerenberghe. Les millions de titulaires de NIR « fantômes » qui touchent des prestations sociales, eux, en revanche...

CHAPITRE 7
Les fraudes sans état d'AME

La question de l'Aide médicale de l'État (AME) est l'une des plus polémique dans le débat public. « Le milliard le plus scruté de la dépense publique » d'après certains. Il convient donc de poser calmement les termes du débat et de savoir vraiment de quoi l'on parle.

QU'EST-CE QUE L'AME ?

L'AME est une dotation budgétaire qui ne relève pas de la Sécurité sociale, mais du budget de l'État. Elle est destinée à prendre en charge financièrement les dépenses de santé exposées par les étrangers en situation irrégulière. Pour rappel, par définition, un étranger en situation irrégulière est d'abord une personne qui est *hors la loi*.

L'AME permet l'accès :
- Aux consultations médicales : qu'elles soient dispensées en ville ou dans un établissement de santé ;
- Aux examens complémentaires ;
- Aux médicaments ;
- Aux soins infirmiers et dentaires ;
- Aux frais d'analyses ;
- Aux frais de vaccination ;

- Aux frais de contraception et d'IVG ;
- Aux prothèses dentaires et d'optique dans la limite du tarif de responsabilité ;
- À l'hospitalisation avec prise en charge du forfait journalier.

Les bénéficiaires de l'AME sont dispensés de l'avance des frais et choisissent librement leurs prestataires. Ils ont notamment le libre choix de l'établissement de santé. Ils bénéficient du tiers payant intégral et ce tant en secteur 1 qu'en secteur 2, les professionnels de santé ayant l'obligation de renoncer à leurs dépassements d'honoraires. Cela veut dire que les bénéficiaires de l'AME ne font aucune avance de frais. Ils sont pris en charge à 100 % pour l'ensemble de ces dépenses, y compris le dentaire et l'optique, même s'il s'agit de prestations « basiques » pour ces deux secteurs. Ils n'étaient pas soumis au parcours de soins, contrairement à tous les assurés sociaux. Enfin, l'AME permet au bénéficiaire de faire prendre en charge sa famille.

L'AME : UNE INJUSTICE ?

Contrairement à ce qui est prétendu par certaines associations complaisamment relayées par les médias, un bénéficiaire de l'AME est mieux pris en charge qu'un travailleur qui cotise et qui n'a pas accès à la couverture solidaire santé gratuite. Les bénéficiaires de l'AME sont remboursés à 100 % alors que le travailleur bénéficiaire « basique » de la sécu n'est pris en charge qu'à 70 % pour ses consultations et entre 15 % et 65 % pour les médicaments les plus répandus.

Un travailleur qui paye ses cotisations sociales obligatoires a donc une moins bonne couverture qu'un étranger en situation irrégulière bénéficiaire de l'AME. Pour avoir une protection équivalente, le travailleur est obligé de faire partie des bénéficiaires de la nouvelle CSS (ex-CMU-C) ou alors de payer en supplément sa mutuelle complémentaire, d'autant plus chère que sa famille est grande (conjoint et enfants).

Comparez deux situations à revenu égal, par exemple une femme de ménage à mi-temps qui gagne juste de quoi être sous le plafond pour la CSS, un peu moins de 750 euros par mois. Elle cotisera directement et indirectement plus de 3 500 euros par an ! Alors que l'étranger en situation irrégulière, en indiquant les mêmes ressources pour bénéficier de l'AME, ne cotisera rien du tout puisqu'il ne peut en tout état de cause que travailler illégalement, ne pouvant pas être déclaré comme salarié. À niveau de ressources équivalent, le travailleur régulier français ou étranger cotise donc directement et indirectement plus de 3 500 euros par an pour pouvoir bénéficier du même niveau de protection que l'étranger en situation irrégulière qui est pris en charge gratuitement par l'AME. Chacun peut faire le calcul sur le simulateur de l'URSSAF, c'est édifiant…

Si le travailleur régulier français ou étranger a des ressources supérieures à environ 750 euros pour une personne seule, il sera obligé de payer sa complémentaire santé dans le cadre du dispositif CSS, soit de 8 à 30 euros chaque mois selon son âge. Au-delà de 1 016 euros par mois, il sera exclu du dispositif et devra se débrouiller pour se payer sa mutuelle sur le marché. Ainsi, un salarié au niveau du seuil de pauvreté déterminé par l'INSEE paye directement et indirectement ses « charges sociales », part salariale et part patronale qui n'est autre qu'une amputation du salaire du travailleur et doit en plus payer plein pot sa complémentaire santé, avec souvent un contrat très basique qui permet à peine d'avoir une prise en charge équivalente à celle de l'AME, sans remboursement des dépassements d'honoraires en secteur 2, qui sont légalement interdits pour les bénéficiaires de l'AME.

Le coût d'une protection santé équivalente à celle de l'AME que supporte un travailleur au niveau du seuil de pauvreté, en le mettant à peine au-dessus de 1 016 euros mensuels de revenus est donc supérieur à 4 300 euros par an, toujours selon le calculateur de charges sociales de l'URSSAF. Auxquels il faut rajouter le coût de la mutuelle. On va donc dépasser 4 500 euros chaque année pour un travailleur pauvre, à rapprocher de la gratuité actuelle de cette protection pour un étranger en situation irrégulière… Le principal problème de l'AME, ce n'est donc pas la fraude éventuelle qui la gangrène. C'est son injustice flagrante vis-à-vis des travailleurs les plus modestes du pays.

L'AME, UNE DÉPENSE INCONTRÔLÉE ?

En 2008, la dotation budgétaire (loi de finances initiale) de l'AME était de 413 millions d'euros. En 2019, elle était de 935 millions d'euros. En à peine plus de dix ans, le coût de la prise en charge des frais médicaux des immigrés clandestins a donc plus que doublé : elle a augmenté de 126 % !

Pour mémoire, l'objectif national de dépenses de l'assurance maladie (ONDAM) pour 2008 était de 152 milliards d'euros, celui pour 2019 de 200 milliards d'euros, soit une progression sur la même période de 31 %. En comparant ce qui est comparable et en neutralisant l'inflation, le coût de l'AME a donc augmenté *quatre fois plus* que l'objectif de croissance des dépenses de santé !

Le second problème de l'AME, avant la fraude, c'est donc que le coût global des soins des immigrés clandestins augmente quatre fois plus vite que celui des citoyens.

L'AME : UNE FRAUDE POTENTIELLE ?

Les contrôles effectifs effectués en 2009 par cent-six Caisses primaires d'assurance maladie sur 5 % des bénéficiaires de l'AME avaient permis de déterminer que près de 50 % d'entre eux avaient fait des fausses déclarations de ressources, qui avaient dû être rectifiées par les Caisses d'assurance maladie suite aux enquêtes menées.

Avec un taux de découverte de fausses déclarations de ressources de 49,81 % en 2009 sur les dossiers effectivement contrôlés, il avait été démontré que les conditions de définition et d'attribution de l'AME en font une prestation potentiellement fraudogène.

Le rapport annuel de performance présenté au parlement en juin 2010, dans les documents relatifs à la « mission 183 santé », présentait cet indicateur « 2,2 relatif au contrôle de l'aide médicale de l'État ». Quand les parlementaires l'ont découvert, il y a eu un gros flottement et une intervention musclée de Claude Goasguen dans l'hémicycle... Flottement qui a abouti assez rapidement à la suppression de cet indicateur par le ministère : pour éviter que les députés et sénateurs, chaque année, ne connaissent le taux de fraude dans les documents de la loi de finances, le thermomètre a été cassé. Simple, non ?

Un rapport conjoint de l'inspection générale des finances et de l'inspection générale des affaires sociales de décembre 2010, s'il se refusait de manière surprenante à prendre position sur l'ampleur des fraudes, permettait néanmoins de déterminer que ces fraudes étaient en augmentation très importante. Les deux inspections avaient ainsi déterminé que sur la CPAM de Paris qui représentait alors environ 40 % des titulaires de l'AME en France, si ces étrangers illégaux ne représentaient que 4,1 % des personnes gérées, on constatait que 12,4 % des fraudeurs détectés étaient des titulaires de l'AME. L'IGF et l'IGAS avaient donc montré que les titulaires de l'AME fraudaient en moyenne trois fois plus que les assurés sociaux !

Sur le même ressort de Paris, en 2008 les plaintes pénales pour fraudes commises par les titulaires de l'AME représentaient 2,9 % de l'ensemble des plaintes déposées par la CPAM ; en 2009 ce taux avait grimpé à 9,8 %.

L'IGF et l'IGAS avaient finalement démontré qu'il y avait à Paris, qui représentait 40 % de la population AME en France, une surreprésentation de ces titulaires dans les fraudes, démontrant par la même le caractère fraudogène du système. En effet, les personnes à l'AME ne représentaient que 4,1 % des personnes gérées par la CPAM mais 12,4 % de l'ensemble des fraudeurs, avec 16,2 % des plaintes pénales pour trafic de substitut à l'héroïne et 7,3 % des plaintes pénales pour fraudes à l'assurance maladie autre que trafic de Subutex (par exemple escroqueries, faux et usages de faux, etc.).

Mais comme toujours, pour que la fraude apparaisse, encore faut-il qu'elle soit qualifiée comme telle. Et l'on sait que la CNAM pratique la dilution des fraudes en utilisant des définitions multiples, notamment de fautes ou d'abus, ce qui permet confortablement de nier la prévalence des comportements frauduleux.

Un grand pas dans la lutte contre la fraude à l'AME a été la suppression des attestations papier, remplacées par la délivrance d'une « carte AME » avec plus de « sécurité » comme sont venues le rappeler l'IGF et l'IGAS dans leur rapport de 2019 sur l'AME. La vie des faussaires est devenue plus compliquée.

C'est certainement ce qu'a dû se dire ce fraudeur interpellé par les policiers de Dijon qui se procurait du Subutex – et oui, toujours le Subutex – à l'aide d'une fausse carte AME et des ordonnances falsifiées, comme le rapportait *Le Bien Public* le 24 janvier 2017.

Rappelons-nous également cette enquête de la journaliste Odile Plichon dans *Le Parisien* du 23 juin 2014, « Une filière bien rodée pour les tuberculeux géorgiens » :

« Ils ont commencé à arriver il y a deux ans et certains sont encore hospitalisés dans des hôpitaux parisiens ou des sanatoriums de banlieue. Ils, ce sont des Géorgiens d'une trentaine d'années. La plupart sont d'anciens détenus, parfois frères, ont tâté de la drogue, appartenu à des gangs. "Ils peuvent faire peur", résume sobrement un médecin, qui a payé la télé à l'un d'eux pour qu'il arrête de se faire la malle. Tous, surtout, sont porteurs d'une forme grave et résistante aux antibiotiques (la forme XDR) de la tuberculose, sûrement attrapée en prison. "Leur pronostic est d'autant plus mauvais que, dans leur pays d'origine, leur traitement a été arrêté", souligne le chef de service des maladies infectieuses de la Pitié-Salpêtrière, le professeur François B. "Dès qu'ils arrivent à la Pitié, Lariboisière ou Bichat, on analyse leurs crachats... et les ennuis commencent", confirme un autre médecin : dans la version soft, cette pathologie nécessite six mois de soins. Dans le pire des cas, deux ans. Le traitement mobilise six ou sept médicaments, dont certains ne sont parfois même pas commercialisés en France. Autre contrainte : tant qu'ils sont contagieux (plusieurs mois), il faut les placer dans des chambres spéciales, dites à pression négative – seuls quatre hôpitaux parisiens en sont équipés. Pourquoi, dans leur cas, parler de filière ? "La plupart viennent directement dans mon service, sans passer par les admissions", témoigne François B., à qui plusieurs malades ont confié qu'ils avaient payé "plusieurs milliers d'euros à une association locale pour venir". Autre indice : "Beaucoup arrivent avec un visa de touriste, délivré par l'ambassade de France en Géorgie, et attendent le dernier jour de validité pour débarquer à l'hôpital", détaille une autre blouse blanche. Et pour cause : s'ils sont soignés alors que leur visa est valide, les frais d'hospitalisation sont à leur charge. Sinon, c'est l'hôpital qui finance ces soins vitaux, au 91e jour, l'Aide médicale de l'État (AME) prend le relais. "L'un de mes patients m'a dit en anglais : En Géorgie, il y a un "protocole France"", atteste le professeur G., de Lariboisière. Dès leur arrivée, ces patients, qui ne parlent que leur langue maternelle, connaissent deux mots : "social worker", car ils savent que c'est l'assistante sociale de l'hôpital qui gérera leur cas, et "Bligny", du nom du centre de l'Essonne qui abrite encore une dizaine de ces convalescents de longue durée particulièrement difficiles à tenir. Combien sont-ils en tout ? "Leur nombre a un temps augmenté car nous disposions d'une nouvelle molécule pas disponible chez eux", décrypte le professeur Y., de Bichat, mais "aujourd'hui, ça se calme". En pointe dans la lutte contre ce type de fraudes, la Caisse nationale d'assurance maladie (Cnam) a répertorié cinquante-sept cas. La durée moyenne d'hospitalisation de ces patients est d'un an et revient à 240 520 euros à la Sécurité sociale.

Le coût total annuel de ces cinquante-sept dossiers avoisinerait 13,6 millions d'euros. »

La Cour des comptes s'est émue assez récemment des conditions d'attribution de l'AME, dans le rapport de certification des comptes de la Sécurité sociale pour 2018, constatant l'insuffisance des contrôles réalisés pour garantir la fiabilité de l'ouverture des droits de ces personnes, relevant que très peu de contrôles étaient ensuite réalisés lorsque l'AME était attribuée. Une manière douce de dire qu'une fois la porte d'entrée passée, c'est *open-bar*...

L'AME ET LE TRAFIC DE MÉDICAMENTS ET DE STUPÉFIANTS

L'AME facilite les trafics illicites de médicaments et principalement d'une certaine catégorie de produits stupéfiants. Les enquêtes de police ont ainsi clairement démontré depuis plus de quinze ans que l'AME est utilisée par les réseaux de trafic de médicaments mais aussi de drogue pour alimenter le marché illégal en Subutex (produit de substitution à l'héroïne).

En effet, le bénéficiaire de l'AME n'ayant pas de carte vitale, il lui est facile de « faire la tournée » des pharmaciens et de récupérer gratuitement en grandes quantités (puisqu'en tiers payant sans avance de frais) ce produit stupéfiant qui a une très forte valeur sur le marché.

Dans un article paru dans *Le Figaro* en mai 2007, le patron de l'antifraude de l'assurance maladie avouait la réalité des choses tout en les niant formellement : « Nous surveillons de très près les anomalies, raconte le directeur de la répression des fraudes de l'assurance maladie, Pierre Fender, mais il ne faut pas exagérer les chiffres. Pour

90 000 bénéficiaires de Subutex entre septembre 2004 et décembre 2006, nous avons relevé des anomalies pour 12 000 personnes seulement. Et nous n'avons déposé qu'une centaine de plaintes. »

Soit des « anomalies », comme le terme est suave, pour plus de 13 % des personnes... Et des « anomalies » directement en lien avec les fraudes à l'AME d'après un policier cité dans le même article : « Dans les enquêtes en cours, nous avons trouvé des centaines et des centaines de vrais certificats d'AME ou de CMU chez les médecins ou les pharmaciens en cause. Et certaines officines délivraient des milliers de boîtes par mois. » Les CPAM (Caisses primaires d'assurance maladie) sont dans l'impossibilité d'endiguer ce trafic puisque tout se fait via des attestations papier ou la nouvelle carte AME. Il s'agit d'un exemple frappant des dérives du « panier de soins » généralisé offert par l'AME.

L'ONU avait mis en garde la France depuis plusieurs années contre ces dérives. En mars 2007, le rapport pour 2006 de l'OICS (organe international de contrôle des stupéfiants de l'ONU) a indiqué que 20 à 25 % du Subutex délivré dans le système français était détourné vers le marché illicite. En mars 2010, l'ONU, dans le rapport pour 2009 de l'OICS, rappelait une fois encore que la consommation de comprimés de Subutex acheminés clandestinement depuis la France, issus de ce trafic, continuait d'être une source de préoccupation pour les autres pays européens et dans d'autres régions de la planète. L'OICS priait d'ailleurs « instamment » les gouvernements concernés, dont bien évidemment au premier chef la France, de surveiller toutes les étapes du mouvement de ces produits pour prévenir leur détournement.

Le rapport de l'IGF et de l'IGAS de décembre 2010 pointait également l'explosion du trafic de Subutex par le biais de l'AME : à Paris, multiplication par six en un an des affaires de trafic de substitut à l'héroïne par les titulaires de l'AME ; en Seine-Saint-Denis, multiplication par trois du nombre de bénéficiaires de l'AME impliqués dans le trafic de substitut à l'héroïne. Au total, le rapport de l'IGF et de l'IGAS de décembre 2010 recensait quatre-vingt-deux affaires de trafic de substitut à l'héroïne imputables à la fraude à l'AME pour la seule année 2009 à Paris et Bobigny.

L'utilisation frauduleuse de l'AME constitue aujourd'hui encore et toujours la principale source du trafic international de buprénorphine (Subutex) à tel point que les instances de l'ONU continuent de s'en inquiéter. Ce produit stupéfiant n'est évidemment pas le seul à faire l'objet de fraudes : le « panier de soins » généralisé et le tiers payant intégral sont deux principes qui facilitent évidemment l'alimentation de tous les trafics de médicaments.

RESTREINDRE L'AME : UNE DEMANDE FORTE DE L'OPINION PUBLIQUE

Suite aux débats de 2010 sur la nécessité de mettre en place un ticket d'entrée à l'AME de 30 euros par an, l'IFOP a réalisé du 2 au 4 novembre 2010 auprès d'un échantillon représentatif de 1 007 personnes une étude des attentes des Français concernant l'AME. C'est la seule qui ait été publiée à ce jour, d'après mes informations.

Les résultats étaient éloquents : 80 % des Français étaient favorables, soit à l'instauration d'une contribution financière à la charge des étrangers en situation irrégulière pour qu'ils bénéficient de l'AME, soit à la suppression pure et simple de l'AME. Même chez les gens se classant à gauche, cette volonté de restriction ou de suppression recueillait 60 % d'avis favorables. En définitive seules 20 % des personnes souhaitaient le maintien d'une AME gratuite pour les étrangers en situation irrégulière. On voit à quel point l'opinion publique a été écoutée. Ou pas...

Alors, débattons de l'AME. Malheureusement, dès que l'on aborde ce sujet, la discussion devient vite polémique. D'abord, on dit parfois que restreindre l'AME entraînerait des catastrophes en termes de santé publique à cause du report de l'accès aux soins et créerait des risques d'épidémie, par exemple de tuberculose. Rétablissons la vérité : tout le monde se souvient que la France était submergée par les cas de tuberculose et les grandes épidémies dignes du Moyen Âge avant l'instauration de l'AME en 2000 ! Nous avions tous des crécelles et on se demande bien pourquoi notre pays fut dans un tel état d'urgence face au coronavirus puisque nous aurions dû être des grands habitués des pandémies... Cet argument n'est donc pas sérieux. Il ne s'agit pour certains que de jouer à la fois sur les peurs, l'angélisme et les bons sentiments, afin de justifier un certain soutien à l'immigration clandestine. Avant une réforme entrée en vigueur en 2003, les étrangers en situation irrégulière bénéficiant de l'AME n'avaient pas accès à la médecine de ville et n'étaient pris en charge qu'à l'hôpital. Pourtant, à cette époque, on ne traitait pas Lionel Jospin de fasciste sur la question de l'AME...

On dit parfois aussi que « la fraude massive à l'AME est un fantasme ». Rétablissons encore la vérité : le taux de fraudes découvertes était de 49,81 % dans les données transmises au Parlement ! Par ailleurs, concernant les trafics de médicaments, les deux rapports officiels de l'ONU précités pointaient le détournement du système français par les organisations criminelles : 20 à 25 % des produits de substitution à l'héroïne étaient ainsi détournés en France, notamment grâce aux facilités offertes par l'AME. L'OICS (Organe international de contrôle des stupéfiants de l'ONU) avait demandé à la France de prendre les mesures utiles pour enrayer ce trafic. On a vu à quel point ce fut un succès puisque la simple lecture des volumes de vente de ce produit en France, comparés aux besoins théoriques des patients concernés, fait apparaître un risque de détournement de 50 % dix ans après ces alertes de l'ONU...

On dit également que « prétendre que les bénéficiaires de l'AME ont une meilleure couverture est un mensonge éhonté. C'est le contraire, ils n'ont notamment pas d'accès aux soins dentaires et d'optique. » Rétablissons à nouveau la vérité : l'AME offre une prise en charge à 100 %, sans avance de frais et avec suppression des dépassements d'honoraires. Les soins dentaires et d'optique sont pris en charge par l'AME dans la limite du tarif de responsabilité, comme pour le régime de base de la Sécurité sociale. La Sécurité sociale classique sans mutuelle complémentaire offre une prise en charge à 70 % pour les actes médicaux, et entre 15 % et 65 % pour la plupart des médicaments, avec en sus les tickets modérateurs, forfaits et dépassements d'honoraires. Pour avoir une couverture équivalente à celle de l'AME, un Français ou un étranger en situation régulière doit payer de ses deniers une complémentaire santé, ou gagner moins de 750 euros mensuels pour bénéficier de la CSS gratuitement. Et dans tous les cas, sauf s'il est bénéficiaire du RSA, il doit payer des cotisations sociales. Souvenez-vous qu'à même niveau de ressources (environ 750 euros par mois), une personne doit payer directement ou indirectement environ 3 500 euros par an de cotisations pour avoir le même niveau de protection qu'un titulaire de l'AME pour qui cette protection est gratuite. Et un travailleur au niveau du seuil de pauvreté (un peu plus de 1 000 euros par mois) devra payer de la même manière environ 4 500 euros par an pour atteindre ce niveau de protection qu'offre gratuitement l'AME. Il est donc incontestable que les bénéficiaires de l'AME ont un avantage net en matière de prise en charge, surtout au regard de leur participation financière à celle-ci, qui est nulle.

On dit aussi qu'« il est faux d'affirmer que les dépenses de l'AME dérapent ». Rétablissons ici encore la vérité. C'est d'abord une question d'injustice sociale. Les Français ne comprennent pas qu'un hors la loi – car un étranger en situation irrégulière, c'est quelqu'un qui ne respecte pas la loi – soit pris en charge gratuitement alors qu'eux-mêmes consacrent un budget important à leurs dépenses de santé et soient souvent obligés de différer leurs soins pour raison financière. Par ailleurs, il est incontestable que les dépenses de l'AME dérapent : elles augmentant quatre fois plus vite que l'ensemble des dépenses d'assurance maladie.

On dit également que « s'attaquer à l'AME, c'est xénophobe ». À nouveau, rétablissons la vérité : l'AME a été créée en 2000 par le gouvernement Jospin. Et jusqu'en 2003, les étrangers en situation irrégulière n'avaient pas le droit, au titre de l'AME, d'aller consulter en médecine de ville, s'ils ne justifiaient pas de trois ans de résidence en France. Les conditions étaient donc très restrictives et limitées de fait à une prise en charge à l'hôpital pour des soins urgents. Pourtant personne n'a accusé le gouvernement Jospin de xénophobie... Par ailleurs, le sondage IFOP réalisé en 2010 fait apparaître que

80 % des Français (et 60 % des sympathisants de gauche) étaient favorables à une restriction de l'AME (paiement d'un droit d'entrée ou même suppression pure et simple). Doit-on considérer que 80 % des Français sont xénophobes ?

On répète, enfin, que « la France tournerait le dos à sa tradition de patrie des droits de l'homme si elle restreignait l'AME ». Rétablissons donc une dernière vérité : avant 2000, l'AME n'existait pas. Les personnes indigentes et nécessitant des soins étaient prises en charge au titre des soins urgents. Et cela continuera toujours : le serment d'Hippocrate fait obligation aux médecins de soigner celui qui en a besoin. Jusqu'en 2003, les étrangers en situation irrégulière devaient ainsi aller à l'hôpital pour être pris en charge. On ne disait pas alors que les droits de l'homme étaient violés par le gouvernement Jospin !

En définitive, le sujet de l'AME n'est pas le sujet de fraude aux finances publiques le plus important en termes de montants engagés. Les grandes fraudes à l'AME, tous les professionnels vous le diront, dont moi qui ai eu à les traiter depuis la « tour de contrôle » qu'était la DNLF puis, le nez dans le guidon, dans le cadre d'une information judiciaire avec développements internationaux lorsque j'exerçais comme juge d'instruction à Créteil, ce sont celles liées aux trafics de médicaments, principalement de Subutex. Ce sont des fraudes massives, qui rapportent beaucoup aux réseaux qui les pratiquent, mais avec un impact budgétaire certes significatif mais pas parmi les plus lourds. L'enjeu, c'est un peu moins de 17 euros la boîte de Subutex pour un volume « suspect » de 5 millions de boîtes par an, à répartir sur l'AME, mais aussi sur les anciennes CMU-C et maintenant PUMA.

Le vrai problème, découvert en 2010, concernait le mécanisme budgétaire de l'AME. La vérité, c'est que 25 % du coût annuel de l'aide médicale de l'État était la conséquence d'un mécanisme de surfacturation que pratiquaient les hôpitaux publics au détriment du budget de l'État. Nous avions découvert cela au détour d'un rapport de l'IGF. Lorsque j'ai fait passer l'information à quelques députés, qui ont trouvé à l'époque dans cette anomalie un gisement d'économie évalué entre 130 et 170 millions d'euros annuels, ils se sont empressés de déposer un amendement qui instaurait l'égalité de tarif de remboursement entre tous les malades, quels qu'ils soient.

Figurez-vous qu'à l'époque, par exemple, une séance de dialyse coûtait 349 euros pour les assurés sociaux en général mais 990 euros à l'Assistance publique de Paris et 1 815 euros à l'Assistance publique de Marseille pour les patients de l'AME ! Et tout cela payé par le budget de l'État. Manifestement pour les hôpitaux publics, les reins des sans-papiers valaient de l'or... Et surtout ce petit mécanisme de surfacturation leur permettait d'engranger des rallonges discrètement par ce jeu comptable. L'amendement de retour à l'égalité a été voté à l'unanimité à l'Assemblée nationale, tous les bancs se félicitant de cette mesure si évidente... Celle-ci a provoqué néanmoins la fureur des directions des hôpitaux publics concernés. Une fureur très efficace, à tel point que le gouvernement a proposé au Sénat de revenir en arrière, en prévoyant un décret pour garantir une petite surfacturation et une trajectoire de convergence étalée sur plusieurs années. Lobbying efficace des professionnels de l'hôpital public.

L'AME c'était d'abord, à l'époque, une affaire budgétaire de gros sous pour les plus grosses structures, sous couvert de bons sentiments. C'est ce qu'on ne vous a jamais dit. C'est sûr que « militer pour aider les migrants », c'est plus sexy sur un plateau télévisé que « préserver le principe de la facturation majorée spécifique dérogatoire selon le tarif journalier de prestation pour une population de patients par nature captive ». Quand on aborde les choses calmement, il n'y a rien de scandaleux à soigner les gens malades, qu'ils soient français, immigrés clandestins ou même visiteurs de la planète Mars. En revanche, il est dommage d'avoir masqué des années durant les vrais enjeux financiers de la question, aujourd'hui normalement réglés. C'est d'ailleurs ce qui rend d'autant plus inquiétante l'augmentation du coût de ce dispositif.

Mais surtout il est dévastateur pour la cohésion du pays de ne pas tenir compte du fait qu'on ne peut décemment pas offrir gratuitement des prestations à des personnes qui ne respectent pas la loi alors que les travailleurs les plus modestes du pays voient un quart de leur rémunération réelle partir dans le financement de leur Sécurité sociale. Il est encore pire de le revendiquer en cherchant à culpabiliser ceux qui oseraient lever un sourcil de bon sens. Dans cette optique, l'extension continue des mutuelles complémentaires pour tous depuis quelques années et la mise en place cette année d'un plan de maîtrise de l'AME vont dans le bon sens. Un retour à la situation de l'an 2000 serait encore plus adapté…

CHAPITRE 8
Les doyens du Cartel des Fraudes

Savez-vous quel âge a le doyen des Français ? Si l'on en croit Wikipédia, cent-onze ans pour Jules Théobald, résident de Fort-de-France... Mais on vous a déjà dit de ne pas croire tout ce qui est écrit sur Wikipédia !

En effet, figurez-vous que si l'on en croit notre système d'assurance maladie, nos trois doyens sont âgés de... cent-vingt-huit ans !

Dépassée, Jeanne Calment et ses cent-vingt-deux printemps ! Renvoyées à la maternelle ces Japonaises doyennes de l'humanité depuis plusieurs années, avec leurs cent-dix-sept petites années... Et oui mes amis, nous avons trois porteurs de cartes Vitale actives nés en 1892... Et un total de deux-cent-cinquante-deux porteurs de cartes Vitale actives avec droits ouverts âgés de plus de cent-vingt ans... Deux cent-cinquante-deux anciens soldats ou ayants droit de militaires, car c'est du régime d'assurance maladie des armées dont il s'agit, qui semblent bien fringants en tout cas au regard de la Sécurité sociale. On nous aurait donc menti sur la disparition du dernier poilu. Nous pouvons aujourd'hui reconstituer un régiment complet de la bataille de Verdun et aller les chercher avec les taxis de la Marne... Si on étend ce petit jeu aux « centenaires », on dénombre 41 665 cartes Vitale actives attribuées à des personnes nées avant 1920 dans ce seul régime des personnes dépendant de nos armées. Pour un décompte officiel de 21 000 centenaires en France... Sans commentaire. Y a pas à dire, l'armée ça conserve. Engagez-vous ! Rengagez-vous !

Plus sérieusement, l'existence de ces cartes Vitale actives de – très très très – vieux soldats, donc de l'ouverture des droits sociaux pour leurs porteurs, laisse craindre que ces NIR pourraient toucher également les retraites ou d'autres prestations. Car si leur décès avait été pris en compte dans un autre régime, l'ensemble des organismes sociaux auraient eu l'information via le passage de leur NIR en « décédé ». Non ? Ce n'est pas ainsi que ça marche ? Ou que cela devrait fonctionner ?

La députée Carole Grandjean a eu, on l'a vu, l'idée de poser la question des centenaires. Comme souvent quand on fait de l'audit ou du contrôle ou une enquête, elle a fait preuve de curiosité. Elle avait reçu cette réponse : 3,1 millions de centenaires réputés en vie, alors qu'il y en a 21 000 recensés. Honnêtement, à l'époque, j'avais éclaté de rire. C'était tellement sidérant que c'en était drôle. La direction générale de l'INSEE nous disait que 84 millions de personnes étaient réputées en vie, dont 3,1 millions de centenaires : 1,6 million de centenaires nés à l'étranger – dont on peut comprendre que nous n'ayons pas les certificats de décès – et 1,5 million en France. La même direction disait en même temps que les données étaient mises à jour toutes les semaines !

Évidemment, il n'y a pas 1,5 million de centenaires dans le pays, ou 3 millions qui perçoivent des prestations, parce que la CNAV le verrait et dirait que nous avons un souci, enfin, je l'espère. C'est pour cela que les requêtes RNCPS par tranches d'âge peuvent être assez intéressantes... Je n'étais donc pas trop inquiet sur ce sujet des centenaires touchant des prestations... jusqu'à ce que l'on découvre nos braves soldats âgés de cent-vingt-huit ans et leurs 41 000 copains centenaires bardés de leurs cartes Vitale actives... donc avec des droits ouverts. Ce qui signifiait qu'il allait vraiment falloir aller y regarder de près !

Lançons maintenant notre regard sur l'autre rive de la Méditerranée, allons voir ce qui se passe en Algérie, par exemple. Nous sommes en juillet 2010. La présidente de la sixième chambre de la Cour des comptes, Rolande Ruellan, a remis un rapport à l'Assemblée nationale et s'est exprimée devant la mission d'évaluation et de contrôle des comptes de la Sécurité sociale : « Il faudrait aussi que les caisses utilisent mieux les données dont elles disposent et soient plus actives face à certaines anomalies statistiques. Notre rapport cite par exemple l'étonnante longévité des ressortissants algériens bénéficiant d'une retraite française en Algérie : le nombre de pensionnés centenaires, selon les chiffres de la Direction de la Sécurité sociale, serait supérieur au nombre de centenaires recensés par le système statistique algérien... Certes il est difficile d'aller contrôler dans le monde entier s'il y a "fraude à l'existence" des pensionnés auxquels est servie une retraite française, mais il est néanmoins possible d'agir. »

Le scandale des retraites frauduleuses versées alors que les retraités sont décédés venait d'éclater. Déjà à l'époque il a été qualifié de *fake news* avant l'heure, alors même que l'information émanait de la Cour des comptes...

Nous voici, dix ans plus tard... Excellcium est une société spécialisée dans la recherche et la détection des fraudes concernant les retraités décédés pour lesquels d'autres individus continueraient à percevoir des prestations de retraite. Elle réalise en 2018 et 2019, pour le compte de certains organismes de gestion de retraite complémentaire, une mission de vérification sur 1 000 personnes en Algérie et 500 au Portugal, âgés de quatre-vingt-cinq ans et plus. Pour l'Algérie, 500 personnes sur les 1 000 ont été retrouvées… soit décédées, soit avec une forte suspicion de décès ! Sur les 50 % restants non retrouvés, les représentants d'Excellcium expliquaient à la commission d'enquête parlementaire sur la fraude sociale qu'ils avaient de fortes raisons de penser que ces « retraités » étaient décédés hors d'Algérie, notamment en France où plusieurs dizaines de milliers d'Algériens viennent se faire soigner chaque année et parfois y décèdent, situation confirmée par une enquête menée sur les quatre hôpitaux de Marseille. L'analyse par Excellcium du circuit des documents de décès survenus en France montrait que ceux-ci n'arrivaient pas dans les registres de décès algériens. Excellcium avait alors proposé à son commanditaire de conduire gratuitement des recherches supplémentaires en France sur une centaine de dossiers pour vérifier… Offre gracieuse qui a été refusée ! Il ne fallait pas soulever un nouveau lièvre…

Comment les choses se passaient-elles concrètement en Algérie suite à ces investigations ? Une fois le défunt identifié par Excellcium, les familles s'empressaient évidemment d'adresser en France un certificat de décès qui venait bien entendu de survenir… Ainsi, pas d'indus, pas de poursuites, pas de remboursement d'indus, pas de pénalités et une pension de réversion préservée. Car bien sûr en matière de retraites, c'est le double effet Kiss Cool : après avoir grugé la retraite du défunt, on remet ça avec la pension de réversion ! Le bilan global de la mission, réalisé en juin 2019, permettait donc à Excellcium d'estimer la fraude globale en Algérie entre 45 et 50 %, voire plus sur certaines tranches d'âge, alors que les organismes retiennent en général un taux de fraude de 0,6 % dans ce pays...

Comment arriver à un taux aussi faible ? Comme toujours avec les organismes sociaux : en utilisant une méthode de calcul qui amenuise la mesure de la fraude. Ainsi, pour qu'il y ait fraude qualifiée, il faut que le certificat de décès mentionne une date de décès antérieure de plus de six mois par rapport à sa date d'établissement. Or quasiment tous les certificats récupérés par Excellcium étaient datés de trois à quatre mois, comme par hasard... Les organismes de gestion des retraites sont évidemment confrontés à la problématique de validation des certificats de vie en provenance de certains pays, notamment d'Afrique du Nord, où compte tenu de l'âge des bénéficiaires et de la durée de vie moyenne, on peut légitiment supputer qu'un certain nombre soit décédé et que d'autres perçoivent indûment cette retraite. Ce n'est pas un scoop, la Cour des comptes l'avait relevé il y a déjà plusieurs années. Les parlementaires se sont emparés régulièrement du sujet, notamment la députée Valérie Boyer. Et pourtant rien ne bouge...

Ainsi la Cour des comptes expliquait en 2017 que l'envoi annuel de demandes de certificat d'existence à retourner par une autorité compétente du pays de résidence ne permettait pas de réduire les risques de fraude de manière suffisante. Le principal pays à risques est évidemment l'Algérie et dans une moindre mesure le Maroc et la Tunisie, ces trois pays représentant environ 40 % des versements effectués pour les retraites à l'étranger.

Croyez-vous que ces trois pays étaient prioritaires pour mettre en place des conventions d'échanges d'information pour réduire les risques de fraude ? Évidemment, en toute logique, c'est d'abord avec l'Allemagne, la Belgique, le Luxembourg, l'Espagne, le Danemark l'Italie et le Portugal que des conventions ont été signées ou sont en cours de signature. Les quatre autres pays avec lesquels des négociations de convention seront engagées prochainement sont les États-Unis, le Canada, la Suisse et les Pays-Bas. On voit donc où sont les priorités…

Pour répondre à cette problématique de fraude à l'existence des retraités, la société Excellcium a élaboré et proposé des solutions opérationnelles sur la base d'enquêtes de terrain sur place pour retrouver les allocataires de retraites décédés. Il faut en effet bien prendre conscience qu'on peut être en face de complicité dans les administrations des pays visés. Ainsi en Algérie, sur les trois premiers mois d'enquête d'Excellcium, les administrations répondaient toujours que la personne recherchée était en vie… Avant de reconnaître un peu plus tard qu'elle était décédée, avec un très grand nombre d'incohérences et d'approximations sur les actes de décès, délivrés systématiquement au bout de deux ou trois mois, délai particulièrement long pour l'extraction d'un acte administratif. La date de décès indiquée sur les certificats qui étaient remis était toujours inférieure à six mois avant la date d'établissement du document. Et le certificat était envoyé entretemps de son côté à la caisse de retraite par la famille. Du coup l'organisme de retraite ne retenait pas la suspicion de fraude qui portait pourtant sur des volumes très significatifs.

Excellcium précisait à la commission d'enquête parlementaire qu'on ne pouvait se fier aux seuls certificats de vie, aisément falsifiables et n'apportant aucune sécurité ni sur l'identité, ni sur la qualité de statut vivant ou décédé des bénéficiaires. Pour apporter plus de sécurité aux certificats de vie émis d'Algérie, il faudrait multiplier les éléments administratifs à présenter, pièce d'identité, attestation de domicile, de téléphone, d'assurance ;

rechercher la cohérence et la concordance entre ces documents et utiliser des détecteurs de documents falsifiés par informatique… Excellcium comparait avec la situation trouvée au Portugal avec un état civil émettant des documents fiables : un seul fraudeur identifié sur 500 personnes recherchées. CQFD.

Au regard de l'enjeu financier pour les retraites versées par la France, cette société spécialisée avait sollicité la CNAV. L'organisme national n'a pas donné suite, ni demandé d'offre tarifaire. De même, les organismes de retraite complémentaire qui avaient commandité l'enquête en Algérie ont refusé par la suite de mettre en contact ces spécialistes avec les chargés de la lutte antifraude au sein des autres organismes… Plus grave, le directeur général de la CNAV s'est répandu devant la commission d'enquête sur le coût et l'utilité selon lui toute relative de faire appel à une société de services extérieure pour détecter des fraudes dont il conteste au demeurant l'ampleur. Pourtant des auditeurs privés ayant une connaissance approfondie de la culture et du terrain seraient d'une aide primordiale pour lutter efficacement contre la fraude dans des pays tels que l'Algérie ou le Maroc, avec des recherches de terrain pour trouver la bonne information… Ce n'est pas comme si la fraude aux retraites n'existait pas. Je sais bien que c'est ce qu'affirme globalement le directeur général de la CNAV. Mais la réalité est moins rose…

Reprenons la petite histoire de tout à l'heure. Si nous avons plus de 40 000 centenaires avec un NIR actif qui ont des droits ouverts à l'assurance maladie du régime des militaires, on peut par exemple se demander s'il ne faudrait pas regarder si nos braves soldats âgés de plus de cent-vingt ans continuent de percevoir également leur pension… La CNAV a très vite refusé de procéder à des évaluations des fraudes dont elle pourrait être victime. On sait qu'en réalité seule la CNAF joue le jeu de cette évaluation.

La Cour des comptes est assez sévère avec cette démarche passive de la CNAV. Elle relève qu'alors même que les prestations de retraite sont exposées à des risques importants en matière de fraude, ceux-ci ne sont pas évalués et les résultats des contrôles sont plus que limités. La mission Goulet-Grandjean avait eu accès aux travaux de la Cour des comptes. Celle-ci relevait en premier lieu les risques de fraude à l'identité, puisque la CNAV est positionnée en première ligne dans le dispositif d'immatriculation sociale, travaillant au profit de tous les organismes.

On a vu à quel point la CNAV présente des faiblesses dans le dispositif d'immatriculation sociale. Rappelez-vous qu'un tiers des dossiers des personnes nées à l'étranger devraient être rejetés selon les spécialistes en faux documents de la police, entendus sous serment par la commission d'enquête. Une situation encore plus grave que celle que je dénonçais depuis plusieurs années, lorsque j'indiquais que nos travaux de 2011 mettaient en lumière 1,8 millions de NIR attribués sur la base de faux documents aux personnes nées à l'étranger. Un volume de fraude qui s'avère en réalité bien plus élevé puisque nous avons vu qu'il y a au moins 2,5 millions d'individus soi-disant nés hors de France qui touchent réellement des prestations en plus de ceux qui sont censés exister dans le système social. Et cela sans même tenir compte de l'ensemble des 73,7 millions d'individus percevant des prestations...

Un autre risque auquel les prestations de retraite sont confrontées est celui de la carrière, plus précisément de l'exactitude des périodes de travail transmises aux organismes pour que ceux-ci calculent et payent votre retraite. La fraude documentaire, en l'espèce la production de faux bulletins de salaires ou d'attestations, peut dans ce cas s'avérer très payante pour le fraudeur... et coûteuse pour les finances publiques. Ceux qui vous diront que cela n'existe pas ont la mémoire courte. Je me souviens des interminables réunions de travail que j'ai eu avec l'inspection générale des finances, la Direction de la Sécurité sociale et les organismes de retraite lorsqu'il a fallu monter le dispositif de détection, d'interrogatoires et de sanction des fraudeurs à la reconstitution des carrières longues qui avaient profité de la loi Fillon de réforme des retraites de 2003 pour « reconstituer » des carrières à l'aide d'attestation bidonnées.

Nous avons alors fait face à des milliers de dossiers. À tel point que nous avons dû construire des procédures alternatives pour reprendre ces situations frauduleuses, misant sur la peur des retraités de se retrouver convoqués par l'administration car je savais pertinemment que jamais nos tribunaux correctionnels ne pourraient absorber autant de procédures délictuelles pour escroquerie. Parce qu'il s'agissait bien de cela, selon la définition du code pénal. Des milliers d'escroqueries aux prestations de retraite. Vous savez, la fraude qui n'existe pas...

Au printemps 2012, nous avons réussi à cibler ainsi environ 1 500 fraudeurs. Immédiatement nous avons eu la CGT sur le dos, à la pointe de la défense des retraités qu'elle qualifiait alors de « recalculés ». Une novlangue pour éviter d'appeler un chat, un chat et un fraudeur, un fraudeur. Il a fallu quelques années pour convaincre la CNAV d'agir fermement sur le dossier, alors que dès 2007 les alertes se multipliaient et que 120 000 personnes avaient à ce moment-là bénéficié du dispositif potentiellement fraudé.

Relisons cette enquête d'Olivier Auguste, « Longues carrières, petits arrangements » dans *Le Figaro* du 27 novembre 2007 :

« 120 000 personnes ont fait valider des trimestres douteux en profitant du dispositif des carrières longues.

C'est un ami travaillant à la Sécurité sociale qui m'a alerté le premier. Il a racheté trois années de cotisations pour à peine plus de 1 000 euros. Il a trouvé deux témoins, deux agriculteurs qui ont certifié que, dans sa jeunesse, il avait régulièrement "castré le maïs" dans une ferme voisine. Une fiction totale qui lui a permis de prendre sa retraite à cinquante-sept ans. » François C. ne décolère pas contre les salariés qui « pèsent sur les comptes du régime de retraite » en faisant une « application déloyale » du dispositif des carrières longues. Ce système permet aux personnes ayant commencé à travailler très tôt de partir en retraite avant soixante ans.

Délégué syndical dans une entreprise de services du sud de la France, représentant la CFDT – le syndicat même qui a obtenu ce mécanisme, en échange de son soutien à la réforme des retraites en 2003 –, François C. ne manque pas d'exemples sur les dérives de cette mesure : « Je peux vous citer aussi cet homme dont le beau-père, artisan, a rempli une attestation certifiant l'avoir employé autrefois comme saisonnier. Un faux qui lui a permis de valider trois années ! La régularisation rétroactive des cotisations lui a coûté à peine 3 000 euros. Quant à mon ancien employeur, chez qui j'ai travaillé deux mois d'été, payé 30 francs la semaine, en 1964, il serait prêt à me signer une attestation – cette fois bien réelle – qui me permettrait de valider quatre trimestres. D'après le barème de l'URSSAF, il m'en coûterait seulement 581 euros pour régulariser les cotisations. » (...)

Selon la Caisse nationale d'assurance vieillesse (CNAV), sur les 430 000 départs anticipés pour carrières longues qui auront été enregistrés entre l'ouverture du dispositif, début 2004, et la fin de cette année, presque 120 000 font suite à une validation de trimestres arriérés (...) En réalité, aucun texte réglementaire ne précise les documents à fournir. « Par définition, il s'agit de valider des périodes de travail anciennes. Les bulletins de paye ont souvent été perdus, quand ils ont existé. Parfois un simple bout de papier griffonné de la main de l'employeur a fait office de feuille de paye, rappelle Annie R. Les URSSAF – ou les caisses locales de la MSA pour les salariés du régime agricole – ont donc la possibilité de valider des trimestres sur la base d'une déclaration sur l'honneur de deux témoins. »

La responsable de la CNAV ajoute pudiquement : « On peut penser qu'une partie de ces déclarations sont activées pour les besoins de la cause. » En clair, la porte est ouverte à toutes les dérives. « Les attestations fantaisistes sont très faciles à faire. Ceux qui les produisent cachent à peine la supercherie. Ils les présentent avec un petit sourire en coin, raconte le délégué syndical François C. Ils ont le sentiment de ne courir aucun risque, même si l'URSSAF ou la MSA commencent à faire quelques contrôles, depuis peu de temps. Je dirais que, dans mon entreprise, un cas sur deux relève de la fraude. » Directeur du Crédit agricole Centre France, Bernard L. va bien plus loin : « Je pense que neuf régularisations sur dix sont douteuses. On a l'impression que toute l'Auvergne a fait les foins ! »

Difficile, par définition, d'évaluer le nombre global de cas « tangents » ou franchement frauduleux. « C'est loin d'être marginal », assure un expert gouvernemental. La peur que ce dispositif si souple disparaisse un jour pousse en tout cas de nombreux salariés à tenter leur chance au plus vite. »

Trois ans plus tard, panique à tous les étages de la Direction de la Sécurité sociale, qui convoque alors dans un groupe de travail l'inspection générale et la Délégation nationale à la lutte contre la fraude. Pourquoi ? regardez ce titre du *Parisien* du 14 juin 2010 :

« Retraites anticipées : le taux de fraudes atteindrait les 50 %.

À la veille de la présentation de sa réforme des retraites, voilà un chiffre dont le gouvernement se serait bien passé. La fraude sur les rachats de trimestres, permettant à des salariés ayant commencé à travailler jeunes de partir à la retraite avant soixante ans, avoisinerait... 50 % sur un échantillon de dossiers, d'après les premiers résultats des enquêtes lancées en octobre 2009 (...) Selon plusieurs estimations, pour un dispositif ayant coûté environ 10 milliards d'euros depuis son lancement officiel en 2004, le préjudice financier serait compris entre 200 et 400 millions d'euros. »

À part cela, la fraude à la retraite n'existe pas...

Un autre risque auquel sont confrontées les caisses de retraite a trait à la régularité du séjour et à l'effectivité de la résidence sur le sol national pour certaines prestations : l'allocation de solidarité aux personnes âgées (ASPA) et l'allocation de solidarité invalidité (ASI). Cette fraude à la résidence est massive, on le verra dans l'exemple donné dans le chapitre 10 dans la région PACA. Le versement des prestations est en effet conditionné à la présence en France six mois par an et huit mois pour les aides au logement.

Évidemment, un grand nombre de bénéficiaires ne restent pas sur notre sol. Et le dispositif de contrôle est trop souple. Ainsi la Cour des comptes a relevé que des fausses déclarations fiscales de personnes non imposables du fait de leurs revenus faibles, ce qui est le cas des demandeurs à bénéficier des minimas sociaux, existaient, afin d'obtenir des avis de non-imposition. Cela n'est que la constatation par les magistrats de la rue Cambon de ce que nous appelions à l'époque les « nids de surpeuplement », locaux de type hôtels où l'on retrouvait domiciliées fictivement des dizaines de personnes dans le seul but pour elles d'obtenir le précieux avis de non-imposition et de justifier fictivement des mois nécessaires de résidence en France. Cela a déclenché ce que l'on a appelé la « bataille des chibanis », bataille qui a été médiatiquement et donc politiquement perdue car, en mettant en avant quelques cas humainement difficiles, un certain nombre d'irresponsables ont permis que cette fraude perdure jusqu'à aujourd'hui, au détriment des finances sociales.

En plus de la fraude à la résidence et aux carrières longues, la principale fraude à laquelle doit faire face la branche vieillesse est donc la fraude à l'existence avec les non-déclaration de décès. Mais également – il faut en tenir compte dans tout calcul – la fraude à l'obtention frauduleuse du NIR car, on l'a vu, la loi prévoit l'arrêt du paiement de toute prestation sociale, y compris les retraites, en un tel cas, quand bien même la personne aurait cotisé régulièrement. Et l'on a vu que le taux de fraude documentaire pour les personnes nées à l'étranger bénéficiant de prestations vieillesse était de l'ordre de 10 % dans l'évaluation de 2011. Ce qui signifierait statistiquement qu'environ 400 000 bénéficiaires de prestations vieillesses devraient voir celles-ci suspendues puisque nous avons 4,1 millions de NIR de personnes nées à l'étranger qui bénéficient aujourd'hui de telles prestations... 400 000 retraites en moins à payer aux fraudeurs, voilà une marge de manœuvre intéressante à l'heure où l'on veut nous imposer une réforme aboutissant à ratiboiser nos futures pensions.

CHAPITRE 9
Faux papas, vraies fraudes

« Dieu les bénit et Dieu leur dit :
Soyez féconds, multipliez,
remplissez la terre… »

Certains fraudeurs sont de grands lecteurs de la Genèse. Ils ont bien écouté l'Éternel : ils sont très féconds et ont des enfants par dizaines. Ce sont nos fraudeurs champions de la « fausse reconnaissance de paternité », un subterfuge destiné à favoriser l'immigration illégale, utilisé par les demandeurs d'asile ou tout simplement les clandestins, pour obtenir un titre de séjour.

Cela se passe en général dans un milieu communautaire, comme cette affaire dans le milieu nigérian dans laquelle plus de cent-cinquante familles nigérianes avaient eu recours à un réseau très structuré, un « père » ayant même reconnu à lui seul quarante-quatre enfants ! Comme nous le rappelait à l'époque France Info, l'organisation de ces filières est très simple, les mères étant mises en contact avec de faux pères français, appelés à reconnaître leur enfant, né ou non sur le territoire, moyennant rémunération. Un certificat de nationalité française est ensuite remis à la mère qui peut du coup prétendre à un titre de séjour. Et à des allocations sociales pour elle-même et pour ses enfants. Et à un logement social. Le coût d'une fraude à la fausse reconnaissance de paternité s'étale sur plus de vingt ans, jusqu'à la limite d'âge pour la perception des allocations familiales. Faites le calcul, vous allez voir qu'il donne le vertige.

Fin 2019, l'une des femmes bénéficiaires de ce réseau nigérian comparaissait au tribunal de Caen, accusée d'avoir ainsi touché à tort 20 658 euros de la CAF : allocation de base, allocation de soutien familial, prime de naissance, RSA majoré... Le procureur expliquera au tribunal que « l'homme participait à un véritable réseau industriel, il avait son bureau au fond d'un bar et était payé pour faire de fausses reconnaissances de paternité ». Pour sa défense, la femme plaidera : « Je ne savais pas qu'il avait autant d'enfants (note de l'auteur : 44 !) mais il est bien le père du mien. » Le tribunal l'a-t-il crue selon vous ?

C'est une pratique qui touche tous les profils de fraudeurs, comme ce sexagénaire condamné à Angers en juin 2020 : Français d'origine algérienne, il avait frauduleusement reconnu l'enfant d'une marocaine de vingt-quatre ans en situation illégale pour permettre à celle-ci de rester en France... Et donc de percevoir la kyrielle d'allocations qu'offre notre pays à ses résidents légaux. *Le Courrier de l'Ouest* nous raconte que ces fraudeurs ont été confondus par la vigilance d'un agent de la mairie de Tonnerre dans l'Yonne et par une enquête menée, avec test ADN. L'homme a été rattrapé par la justice mais la femme semble s'être évaporée au Maroc.

Vous croyez que cela ne marche que dans un seul sens, et ne permet qu'à des femmes d'immigrer illégalement tout en bénéficiant des prestations sociales *ad vitam* en France ? Vous n'y êtes pas du tout, ça marche aussi dans l'autre sens ! En effet, comme le racontait

Europe 1, les hommes en situation irrégulière peuvent aussi reconnaître l'enfant d'une femme française. Comme ce Tunisien qui avait reconnu frauduleusement un bébé pour obtenir des papiers – la mère de l'enfant, une Française qui avait été payée en retour. Ils ont été condamnés à de la prison ferme par le tribunal correctionnel de Marseille. Cette femme de vingt-sept ans avait exigé 4 000 euros pour accompagner l'homme tunisien dans une mairie d'arrondissement de Marseille, afin qu'il reconnaisse la petite fille née six jours plus tôt et obtienne un livret de famille. Le témoignage de la jeune femme est assez pittoresque : « Un dimanche matin, au marché aux puces, un homme surnommé Couscous m'a demandé si j'étais gitane et si je voulais faire de fausses reconnaissances par des Maghrébins, moyennant finances. » La jeune femme a avoué avoir ainsi monnayé des reconnaissances de paternité pour deux autres de ses enfants, tous pourtant nés de son mari. La Police aux Frontières avait ensuite enclenché une enquête sur le dénommé Couscous, membre présumé d'un gros réseau. À 4 000 euros, la complice de Couscous cassait les prix, car certains réseaux facturent plutôt entre 5 000 et 10 000 euros la « prestation ».

Ces affaires se sont multipliées sur tout le territoire depuis une dizaine d'années. Nous avions commencé à repérer ces fraudeurs grâce au travail de la Direction du renseignement de la préfecture de police de Paris (DRPP), les ex-Renseignements généraux de la PP, une équipe à l'époque sous l'impulsion opérationnelle du commissaire Gérard Willemin. En août 2010, ces agents d'élite ont stoppé un Français de cinquante-quatre ans d'origine sénégalaise qui avait procédé à cinquante-cinq fausses reconnaissances de paternité, comme nous le racontait *Le Figaro*. La perquisition avait permis de découvrir qu'il avait domicilié chez lui une cinquantaine de personnes. Il avait reconnu monnayer ses reconnaissances entre 150 et 200 euros, trouvant ses « clientes », principalement camerounaises, dans la rue, les bars, les discothèques ou directement en Afrique. Un préjudice en termes de prestations sociales fraudées établi à un million d'euros annuels par les enquêteurs de la DRPP comme le rappelait le journal.

Le coût global pour la société française d'une reconnaissance frauduleuse de paternité avait ainsi été évalué par les enquêtes de la DRPP : 20 000 euros par an et par enfant. En comptant tous les coûts induits : allocations, éducation, logement, etc. Sur une durée de vingt ans donc. En clair, si l'enfant était étranger, dans le cas d'une fausse reconnaissance de paternité au bénéfice d'une femme clandestine, le coût pour la collectivité pouvait être estimé à 400 000 euros par enfant... Un des réseaux démantelés par la DRPP portait sur deux-cents enfants pour une douzaine de pères frauduleux. Un réseau à 80 millions d'euros de préjudice donc...

Heureusement que face à la multiplication de ces affaires, la législation a bougé : une loi asile et immigration a été votée en 2018 et une circulaire d'instruction du garde des Sceaux publiée en mars 2019. La Chancellerie a donné des instructions et aujourd'hui les officiers d'état civil sont invités à une grande vigilance et les procureurs de la République ont instruction de mettre en œuvre en urgence des procédures d'opposition devant les juridictions en cas de soupçons avérés. Mais combien de personnes ont pénétré le territoire et profité du système social frauduleusement avant que cette réaction de l'État n'intervienne ?

CHAPITRE 10
Petit catalogue du Cartel des Fraudes

À la Délégation nationale à la lutte contre la fraude, nous avions, début 2010, établi une typologie des fraudes aux finances publiques sous la coordination du commissaire divisionnaire Fougeray. Elle reste, malheureusement, toujours d'actualité.

LES FRAUDES TOUCHANT À L'IDENTITÉ

Il s'agit pour le fraudeur de présenter une identité fictive, usurpée ou échangée. C'est une pratique qui recouvre un grand nombre de comportements frauduleux, par exemple l'utilisation de l'identité d'un tiers pour bénéficier des avantages liés à cette identité.

À l'époque nous avions ainsi découvert un exemple intéressant. Un monsieur, appelons-le Albert, titulaire du RMI, s'est rendu compte que la CAF lui avait réduit le montant de son allocation. Il a alors contacté la CAF et cette dernière lui a indiqué que son RMI avait été réduit pour tenir compte de sa pension d'invalidité, versée par la Caisse d'assurance maladie d'une autre région de France. Albert recevait également des relevés de dépenses médicales auprès d'un médecin qu'il n'avait jamais consulté, localisé dans la même région qui versait cette pension d'invalidité dont Albert n'avait bien entendu jamais vu la couleur sur son compte bancaire, n'ayant jamais demandé de pension pour une invalidité inexistante. Nous avons alors ouvert une enquête.

Investigations menées, il est apparu que le médecin certifiait avoir reçu « Albert » plusieurs fois en consultation… cet Albert étant un monsieur d'origine subsaharienne, très différent du *vrai* Albert. Le pot aux roses découvert, l'enquête a démontré que le faux Albert a touché des indemnités d'arrêt de travail durant trois ans en usurpant l'identité du véritable Albert, puis a obtenu une pension d'invalidité, en plus de la prise en charge de tous ses soins. Une jolie petite arnaque qui lui a rapporté 125 000 euros.

Dans la série identités fictives, on ne manquera pas de rappeler cette autre fraude rapportée en février 2018 par *Les Dernières Nouvelles d'Alsace* : « Un Algérien de quarante-neuf ans a comparu hier devant le tribunal correctionnel de Strasbourg pour s'être fait délivrer par la préfecture du Bas-Rhin un titre de séjour en produisant un faux acte de naissance irakien. Ce document lui avait permis d'effectuer des démarches auprès de la CAF du Bas-Rhin afin de percevoir des prestations sociales. En l'espace de deux années et demie, le quadragénaire avait ainsi touché plus de 32 000 euros d'allocation adulte handicapé et d'aide au logement. » Pour la petite histoire, le tribunal le relaxera au motif que les documents délivrés par la préfecture portaient la mention de « X se disant… » pour l'identité du fraudeur de sorte que la CAF savait qu'il y avait une incertitude sur son identité… En tout cas il n'y avait pas eu d'incertitude sur le fait de lui payer des prestations !

Il n'y a pas qu'en matière de fraude sociale que la fraude à l'identité prospère. Elle sert aussi à escroquer les entreprises privées. Mais elle est aussi un levier spécifique de fraude fiscale et de blanchiment, sur lequel l'OCDE a attiré l'attention avec des rapports d'alerte spécifiques, expliquant comment les fraudeurs procédaient. On a par exemple la création ou l'usurpation de l'identité d'un individu dans le but d'adresser de fausses demandes de remboursements et de dégrèvements, ou pour créer des entreprises éphémères pour commettre notamment des fraudes à la TVA, une technique notamment utilisée dans les fraudes « carrousel ». L'OCDE pointe également la création d'une fausse identité à partir d'un document d'identité dérobé ou utilisé frauduleusement pour obtenir un numéro d'identification national, le fameux NIR en France, lequel sert à présenter des demandes de prestations sociales, à des fins d'identification fiscale ou d'immatriculation d'une entreprise, pour ouvrir un compte bancaire, imprimer des factures... Ces fausses identités sont également très utiles pour blanchir les fonds provenant des fraudes, notamment grâce à l'ouverture de comptes bancaires. L'OCDE alerte également sur l'utilisation par des membres d'une même famille ou d'autres personnes de l'identité d'immigrants qui sont repartis dans leur pays d'origine, afin de pouvoir continuer à percevoir des prestations sociales en leur nom, voire même après leur décès...

Contrairement à ce que nous racontent les organismes sociaux pour qui ces fraudes à l'identité sont marginales, ces fraudes sont malheureusement très répandues et les services d'enquête tombent parfois sur de jolis cas d'escroquerie, un peu partout en France.

Un superbe exemple de fraude aux multiples identités fictives nous est ainsi apparu à Montigny, en

Meurthe-et-Moselle. Un ressortissant espagnol s'était ainsi créé pas moins de sept identités fictives, lui ayant permis d'obtenir sous ces multiples alias allocations d'adulte handicapé et RSA, utilisant un total de trente-six comptes bancaires pour détourner 120 000 euros en trois ans.

Mais le record récent appartient à ce réseau originaire de Roumanie qui opérait récemment dans le nord de la France, comme nous le raconte *Le Figaro* : « La procédure était devenue routinière pour ces jeunes femmes roms utilisées par le réseau. Dans un premier temps, elles s'inscrivaient en tant qu'autoentrepreneuses dans le recyclage des métaux et se déclaraient à la Caisse d'allocations familiales. Puis, ces jeunes femmes notifiaient de fausses grossesses prises en charge par le régime social des indépendants (RSI), avec la constitution de dossiers fictifs comportant notamment de faux papiers d'identité et de faux certificats de naissance roumains. L'argent était ensuite directement envoyé en Roumanie, et investi dans l'immobilier en Moldavie roumaine. » Un total de mille-deux-cents fausses grossesses appuyées de faux papiers d'identité, d'autant d'immatriculations frauduleuses à la Sécurité sociale et de faux certificats de naissance ont ainsi permis au réseau d'escroquer 1,7 million d'euros en très peu de temps.

LA FRAUDE RELATIVE À LA COMPOSITION FAMILIALE

L'exemple précédent est aussi un exemple de fraude à la composition familiale, dont le principe est de mentir sur le nombre de personnes à charge dans un foyer pour minorer les impositions dues ou bien obtenir des prestations sociales indues.

Les impôts sont en effet moins élevés lorsqu'il y a plus de personnes à charge dans le foyer et donnent droit à des allocations spécifiques comme les allocations familiales.

À l'inverse se déclarer isolé permet de toucher des prestations spécifiques ou d'en augmenter le montant, notamment en matière de RSA.

La DNLF avait ainsi détecté un cas assez typique. Une femme élevait seule sa fille mineure en métropole. Elle percevait ainsi aide au logement, allocation de soutien familial et allocation de rentrée scolaire durant plusieurs années. La jeune fille devenue majeure fait alors une demande d'allocation à la CAF d'un département d'outre-mer, qui signale le cas à la CAF de métropole. L'enquête menée va alors faire apparaître que depuis près de dix ans la jeune fille vivait en réalité chez ses grands-parents en outre-mer et que la maman dissimulait le fait de vivre en couple en métropole avec son nouveau conjoint dont elle s'était bien gardée de déclarer les revenus à la CAF. Une « petite » fraude qui aura coûté tout de même 12 000 euros à la Sécurité sociale.

LA FRAUDE À L'ISOLEMENT

Ce cas de fraude était aussi un cas de « fraude à l'isolement » comme on vient de le voir.

La fraude à l'isolement est un classique de la fraude aux allocations : la Caisse nationale d'allocations familiales considérait en 2010 qu'un tiers des fraudes dont elle était victime étaient des fraudes à l'isolement. Cette proportion s'est fortement réduite dix ans plus tard.

Il s'agit tout simplement de dissimuler son statut de vie en couple ou en concubinage, pour bénéficier principalement des allocations spécifiques ou des majorations prévues, ou pour minorer les revenus pris en compte afin de pouvoir prétendre au versement des prestations.

Ces fraudes se repèrent aujourd'hui aussi à travers les réseaux sociaux. C'est ce qu'a appris à ses dépens un couple de fraudeurs du sud de la France. La femme, quinquagénaire, se déclarait mère célibataire isolée. Mais en parcourant son profil Facebook, les contrôleurs ont rapidement vu qu'elle vivait en couple et ne s'en cachait pas. La femme et son conjoint ont été attrapés et condamnés : ils avaient détourné ainsi plus de 25 000 euros d'aides sociales indues.

Parfois les procédures s'éternisent durant de longues années, comme pour cette fraudeuse de l'Orne qui avait détourné plus de 22 000 euros d'allocations handicapé et logement en faisant croire à une séparation d'avec son mari. Une longue enquête, notamment patrimoniale au travers d'un réseau de sociétés civiles immobilières et bancaire en retraçant les comptes joints, a permis de confondre le couple qui a néanmoins fait durer la procédure durant sept années, avant d'être condamné par la cour d'appel.

CACHER LES LIENS DE PARENTÉ

Il s'agit d'une fraude spécifique relative aux allocations logement. En effet, vous ne pouvez pas prétendre à ces aides sociales si votre loueur est quelqu'un de votre famille, ce serait un peu trop facile.

Du coup nos amis fraudeurs omettent simplement de déclarer ces liens, le but étant pour le locataire ou le bailleur de toucher les allocations logement.

Cependant certains liens de parenté n'excluent pas le droit aux allocations logement : frères et sœurs, oncles et tantes, cousins, neveux et nièces.

On retrouve donc surtout ces fraudes entre ascendants et descendants, notamment couplées avec des loyers fictifs.

NE PAS DÉCLARER LES DÉCÈS

Voici une fraude célèbre, qui a fait couler beaucoup d'encre, notamment en lien avec un pays en particulier, l'Algérie, qui semble particulièrement touché par ces fraudes.

Il s'agit pour le fraudeur de percevoir la pension d'une personne décédée. Pour cela rien de plus simple : il suffit de ne pas informer la caisse qui verse la retraite du décès de son allocataire. Et de s'être débrouillé pour avoir une procuration sur le compte bancaire recevant les versements.

Pour les pensionnés résidant à l'étranger, des faux certificats d'existence sont produits avec souvent une attestation validée par une autorité administrative locale corrompue.

La fraude peut aussi concerner la dissimulation d'un décès en France d'un résident français. Nous avions notamment beaucoup de cas chez les cheminots retraités.

Une affaire avait notamment défrayé la chronique il y a quelques années à Montpellier, mais le fraudeur ne l'avait pas emporté au paradis. Il était décédé assez jeune, à l'âge de soixante-et-un ans, comme nous le rapporte le *Midi Libre*. Et ses deux sœurs, nettoyant son appartement, avaient découvert une jolie somme de 156 000 euros en cash, ainsi que la carte d'identité, la carte bancaire et la carte Vitale, bien actives, de leur père pourtant décédé quinze ans plus tôt… Les deux sœurs, honnêtes, elles, ramenèrent le magot au commissariat qui mena l'enquête : le frère décédé avait dissimulé le décès du père aux banques et organismes sociaux pour continuer à toucher sa retraite durant ces quinze années, utilisant frauduleusement carte bancaire et carte Vitale. Biens mal acquis ne lui ont pas profité pour ses vieux jours…

LA FRAUDE À LA NATIONALITÉ

Le fraudeur s'octroie une nationalité qui n'est pas la sienne avec l'utilisation de faux papiers.

La fraude consiste à se procurer une pièce d'identité falsifiée d'un État membre de l'Union européenne, ou à se déclarer de nationalité française et présenter une fausse carte nationale d'identité.

Un travailleur déclaré par son employeur obtient des droits et la demande d'immatriculation du salarié au régime général de la Sécurité sociale permet au salarié d'obtenir un NIR et de pouvoir ainsi prétendre, avec sa fausse carte de séjour ou d'identité d'un pays de l'Union européenne, à des prestations sans éveiller les soupçons des organismes de protection sociale.

Gros avantage des faux papiers « européens » : un ressortissant de l'Union n'a pas besoin de solliciter une autorisation de travail. Et l'obtention d'un NIR est plus facile avec des faux papiers étrangers qu'avec des documents français car les contrôles sont moins faciles pour les organismes d'immatriculation.

Par ailleurs le fraudeur peut aussi choisir de ne pas travailler et profiter des diverses allocations. Il peut aussi, ayant découvert le bon filon, multiplier les identités fictives, comme ce fraudeur espagnol dont nous avons déjà parlé.

Un joli exemple a été détecté en 2017 dans le Gard, comme l'a rapporté à l'époque le *Midi Libre* : « La police aux frontières vient de résoudre une affaire de faux documents et de fraude sociale (...) d'environ 120 000 euros. » L'expert de la police a réussi à détecter l'usage par le fraudeur de nationalité guinéenne d'une fausse carte de résident qui lui donnait le droit de séjourner en France durant dix ans. Immatriculé dans le système social avec cette fausse carte de séjour, il percevait les aides au logement puis une allocation en tant qu'adulte handicapé. « Mais si légalement, cette personne était en droit de bénéficier de ces aides sociales, l'utilisation de faux papiers a rendu l'affaire frauduleuse. » On remarquera que le journaliste s'était un peu laissé emporter en expliquant que ce fraudeur était « en droit de bénéficier » des aides sociales concernées : en situation d'immigré clandestin sur notre territoire, il n'avait « droit » à rien du tout, à part l'aide médicale de l'État pour la prise en charge de ses frais médicaux ! Et le fait d'utiliser des faux documents constituait une manœuvre frauduleuse transformant la perception des allocations en escroquerie aggravée, de même que l'attribution de son numéro de Sécurité sociale, son NIR, sur la base de ces documents. Il est bon parfois de rappeler certaines évidences juridiques de droit pénal à ceux qui nous expliquent que la fraude est marginale. Dans cet exemple, un unique fraudeur avait volé 120 000 euros à la collectivité : cela représente l'équivalent de 1,5 million de masques chirurgicaux, vous savez, ces masques qui ont manqué cruellement à nos soignants au début de l'épidémie de coronavirus...

LES FRAUDES À LA RÉSIDENCE EN FRANCE

Le fraudeur déclare faussement habiter en France de façon stable et régulière, souvent à l'aide de faux documents. Une variante de cette fraude consiste à indiquer que toute sa famille réside en France alors qu'une partie de ses membres est à l'étranger.

Il s'agit là de frauder les prestations soumises à condition de résidence sur le territoire national : l'assurance maladie, la protection maladie universelle, la couverture santé de solidarité, l'allocation de solidarité aux personnes âgées (le minimum vieillesse), les prestations familiales, les aides au logement, le RSA... Quasiment toutes les prestations sociales sont « non exportables » à part les pensions de retraite.

C'est un cas massif de fraude, dont on peut estimer qu'il pourrait coûter des milliards d'euros. Selon les déclarations de la Cour des comptes devant la commission d'enquête sur la fraude aux prestations sociales, la non déclaration du départ à l'étranger pourrait être la source principale du surnombre de personnes prises en charge par l'assurance maladie – 5 millions de personnes en 2020 semble-t-il – et de cartes Vitale actives en plus du maximum théorique.

Ainsi dans un article du 16 septembre 2011, *Le Parisien* nous apprenait que les investigations menées sur les personnes s'étant expatriées avaient permis de déterminer que 40 % d'entre elles revenaient se faire soigner en France en violation des règles. Quelles ont été les actions menées depuis lors pour stopper cette fraude à la résidence en France ? Parce qu'un taux de fraude de 40 %, cela commence à faire beaucoup...

La fraude à la résidence en France rend également possible une fraude massive au minimum vieillesse, bien identifiée. Pourquoi massive ? Regardons donc l'exemple de contrôles réalisés dans le Var sur une période de trois ans entre 2013 et 2016. La CAF du Var et la CARSAT du Sud-Est (la caisse locale servant les prestations retraite, comme le minimum vieillesse) y avaient mis en place une action commune de lutte contre la fraude sous l'égide du comité opérationnel départemental antifraude (CODAF) du Var, présidé par le procureur de la République.

L'objectif de la CAF visait à s'assurer que les bénéficiaires des allocations logement (APL) séjournaient bien en France le temps minimum prévu par la loi. La CARSAT devait s'assurer que les bénéficiaires de l'allocation de solidarité aux personnes âgées (ASPA) respectaient également la condition de résidence effective en France. La CAF du Var avait ainsi contrôlé 580 allocataires dans les foyers de travailleurs immigrés entre 2013 et 2016. Elle avait détecté 275 fraudeurs dans cet échantillon, soit un taux de fraude à la résidence de 47,4 % ! Cette opération de contrôle avait permis de notifier 857 828 euros d'allocations logement fraudées !

La CARSAT avait quant à elle contrôlé quatre-vingt-cinq individus sur trois ans, détectant soixante-et-un cas de fraude à la résidence pour les bénéficiaires du minimum vieillesse : 71,8 % de taux de fraude ! Pour 820 722 euros de préjudice financier déjà subi et 3 358 729 euros de préjudice financier évité : la démonstration que la fraude à la résidence concernant le minimum vieillesse coûte très cher aux organismes sociaux, en l'espèce près de

70 000 euros par fraudeur si l'on tient compte des préjudices subis et évités.

Un travailleur sur deux vivant en foyer fraudant les allocations logement et sept « retraités » sur dix fraudant le minimum vieillesse, voilà des taux concrètement détectés qui devraient faire sérieusement réfléchir...

LES FRAUDES À LA RÉSIDENCE À L'ÉTRANGER

Dans ce cas, le fraudeur déclare à l'inverse qu'il a quitté la France, alors qu'il y réside.

C'est une fraude classique pour échapper aux impôts et aux cotisations sociales en France. Cependant, le fraudeur peut toujours déclarer aux organismes sociaux qu'il réside en France, ou plutôt ne rien leur dire concernant un changement de situation, de façon à continuer à bénéficier des prestations sociales soumises à condition de résidence.

Les services fiscaux de contrôle regorgent de cas de fraude de ce type. Nous touchons là au fameux calcul des cent-quatre-vingts jours de présence ou pas en France pour établir la résidence fiscale. Une fraude vieille comme le principe de territorialité de l'impôt.

C'est aussi une des principales fraudes au chômage. Combien de bénéficiaires d'allocations de Pôle emploi sont-ils en réalité à l'étranger, sans rechercher effectivement du travail et profitant des allocations ?

C'est un sport national, notamment chez les jeunes cadres dynamiques, comme le racontait Philippine Robert dans *Capital* le 11 décembre 2019. Ses témoins appellent cela la « gestion stratégique des allocations chômage ». Bel euphémisme pour désigner une fraude caractérisée, voire une escroquerie.

Et c'est un sujet très compliqué car il peut concerner tout un chacun et ne rencontre pas une grande désapprobation. J'indiquais ainsi dans cet article que « les demandeurs d'emploi estiment que, comme ils ont travaillé et cotisé, ils ont désormais bien le droit d'en profiter un peu ».

La fraude consiste en général à faire effectuer les démarches d'actualisation des droits par des proches restés en France, afin de ne pas se faire attraper avec l'utilisation d'une adresse IP à l'étranger… ou d'avoir les compétences informatiques adéquates pour ne pas se faire attraper. Et quand les démarches exigent la présence du fraudeur, il fera un aller-retour, ce n'est pas bien coûteux.

LES FRAUDES DES BAILLEURS AU LOGEMENT

Le bailleur ne déclare pas les loyers aux impôts, notamment pour les locations courtes type Airbnb ou saisonnières. Le bailleur peut aussi se rendre complice d'un fraudeur qui sollicite auprès d'un organisme social une aide au logement en fournissant des faux baux ou quittances de loyer.

Comme la loi le prévoit, le propriétaire du logement peut obtenir des organismes sociaux que les allocations logement de ses locataires lui soient directement versées en « tiers payant ».

Une autre fraude répandue consiste à obtenir l'allocation logement en tiers payant sans remplir les conditions : logement insalubre, voire inexistant ou fictif (si, ça s'est déjà vu !) ; absence de locataire, déménagement du locataire sans avertir la caisse, locataire décédé, faux contrat de bail et fausses quittances de loyer notamment pour percevoir une allocation logement d'un concubin ou parent, comme on l'a vu précédemment.

Par la fourniture de baux et/ou de quittances de loyers, un bailleur peut permettre à un couple de dissimuler une vie commune en créant fictivement deux foyers distincts, ce qui permet de toucher des prestations sociales ayant un critère d'isolement ou de ressources (RSA, APL...).

Concernant les prélèvements fiscaux cette dissimulation peut également majorer le nombre de parts de chaque foyer.

Les exemples d'acquisitions de logements délabrés et loués à des personnes plus ou moins indigentes avec demande à la CAF de se faire verser les aides aux logements en tiers payant sont assez fréquents. Notamment avec des appartements inhabitables et nécessitant des gros travaux que le propriétaire ne compte pas faire. Sur la base de faux (baux, quittances de loyers...), le propriétaire prétendra louer les appartements inoccupés dans le seul but de percevoir l'allocation logement en tiers payant.

Parfois de gros dossiers contentieux de ce type finissent en fiasco judiciaire. Ainsi l'affaire de Perpignan qui avait défrayé la chronique en 2009 s'est-elle terminée par une quasi relaxe générale devant le tribunal correctionnel, comme nous l'a rappelé Laure Moysset dans *L'Indépendant* le 9 avril 2019 : « Six membres d'une même famille avaient été jugés mi-mars pour blanchiment et escroqueries en bande organisée entre 2006 et 2009. Une arnaque qui était estimée à un montant total d'1 million d'euros. "Ce qui choque moralement, qui vous choque certainement dans la salle et qui nous choque aussi, n'est pas répréhensible légalement", a résumé le président du tribunal correctionnel de

Perpignan Jean-Luc D. Un tribunal "contraint" de prononcer la relaxe des six prévenus et des 7 SCI visées. »

Ces prévenus étaient propriétaires de 130 appartements dans le centre historique de Perpignan et avaient sollicité des subventions de rénovation. Ils étaient accusés d'une fraude aux aides versées par la CAF qui expliquait qu'ils avaient loué fictivement des logements à des ressortissants étrangers, astreints à une obligation de résidence en France pour bénéficier de ces allocations, touchées directement par les bailleurs.

« Or, un vide juridique "ne peut obliger un propriétaire de confirmer que son locataire habite le domicile loué", précise encore le président, ce qui pourrait être considéré comme "de l'ingérence ou une atteinte à la vie privée" », a rapporté la journaliste.

Cette affaire était emblématique des fraudes organisées multiples.

LES FRAUDES DE LA PART DES LOCATAIRES

Ici le locataire sollicite une aide au logement à la CAF ou à la Mutualité Sociale Agricole (MSA). Il fournira des renseignements ou des documents ne correspondant pas à la réalité.

Par exemple en déclarant un logement à une fausse adresse. Plusieurs procédés sont utilisés :

- Logement de complaisance voire inexistant, documents falsifiés ou déclarations « sur l'honneur » d'un faux bailleur ou faux hébergeant complice. Parfois seule une boîte aux lettres au nom de la personne, dont le courrier lui est retransmis, peut se trouver à l'adresse indiquée ;

– Non-déclaration d'un déménagement : une personne a réellement occupé le logement et ne déclare pas le changement d'adresse tout en percevant l'allocation en produisant des faux.

Les fraudeurs peuvent aussi utiliser ces techniques pour dissimuler une vie commune en créant fictivement deux foyers distincts, ce qui permet de toucher des prestations sociales soumises à critère d'isolement ou de ressources comme le RSA majoré ou les APL. Ce genre de dissimulation peut également permettre de majorer le nombre de parts du foyer fiscal pour payer moins d'impôts ou bénéficier d'avantages divers calculés sur le quotient familial.

Il est aussi possible avec ces techniques de bénéficier d'aides sociales départementales dans un département plus généreux que celui où l'on habite, ou s'acquitter d'impôts réduits, par exemple en outre-mer ou dans les « zones franches ».

Ces fraudes au logement, qu'elles utilisent la technique du côté des bailleurs ou du côté des locataires, voire des deux en même temps, peuvent rapporter gros aux fraudeurs… et parfois leur coûter cher quand ils se font attraper.

Ainsi en décembre 2014, la *Charente Libre* nous informait que « trois hommes, poursuivis pour une escroquerie de 130 000 euros en prestations logement auprès de la Caisse d'allocations familiales (CAF), ont été condamnés lundi par le tribunal correctionnel de Bordeaux respectivement à cinq, quatre et trois ans de prison ferme ». La CAF de Gironde avait détecté environ soixante-dix dossiers douteux avec des noms revenant régulièrement. Des faux propriétaires de logements étaient créés avec des faux papiers pour percevoir sur des comptes bancaires ouverts avec ces mêmes faux papiers des allocations logement de locataires eux aussi fictifs. Les faux dossiers d'aide au logement avaient été montés avec des faux bulletins de salaire, des faux justificatifs de domicile, des fausses attestations d'assurance et des faux documents d'identité. Des boîtes aux lettres aux fausses identités étaient utilisées. Les CAF de Gironde, des Bouches-du-Rhône, de la Drôme, des Hauts-de-Seine, de Seine-Saint-Denis, de la Dordogne, de l'Isère et de la Vienne étaient victimes de l'escroquerie, aux côtés des opérateurs de téléphonie et des banques.

« Le tribunal est allé au-delà des réquisitions du parquet en prononçant le maximum de la peine, cinq ans de prison, pour celui qui était considéré comme le principal instigateur de l'escroquerie, un homme d'origine algérienne qui vivait grand train. Ses deux autres complices, d'origine algérienne et irakienne, ont été condamnés à quatre et trois ans de prison ferme avec pour l'ensemble des trois hommes un mandat d'arrêt, une interdiction définitive du territoire français et le remboursement des sommes indûment perçues », nous apprenait le journal. Des sanctions sévères... si l'on réussit à rattraper ces fraudeurs.

Quelque temps auparavant, *Le Parisien* se faisait l'écho d'une jolie arnaque du même style, démantelée par les CAF et la PJ : durant sept ans, à la tête de plusieurs associations censées venir en aide à des locataires dans le besoin, un escroc avait détourné les fonds versés par les CAF victimes en fournissant des adresses fictives de locataires. Ayant créé une association chargée de loger les gens en difficulté il se faisait verser les aides au logement avant de virer l'argent sur ses propres comptes en France et à l'étranger. Les services de contrôle des CAF ont fini par s'apercevoir que les adresses fournies correspondaient à de simples boîtes aux lettres. En garde à vue, l'escroc s'était justifié en indiquant avoir fait ces faux dossiers pour permettre à des personnes nécessiteuses de continuer à bénéficier des prestations sociales alors qu'elles étaient parties s'installer à l'étranger...

OBTENTIONS INDUES DE DROITS À L'ASSURANCE MALADIE ET USAGES FRAUDULEUX DE CARTES VITALE OU AME

Ces fraudes incluent les obtentions indues de droits à l'assurance maladie et les usages frauduleux soit des cartes Vitale, soit de l'AME.

Le fraudeur obtient indument une ouverture de droits et donc une carte vitale ou une carte d'aide médicale de l'État (AME) sur la base de faux documents ou de fausses déclarations.

On rappellera, comme on l'a vu précédemment, qu'au moins 2,4 millions de personnes nées à l'étranger ont des droits ouverts à l'assurance maladie alors qu'elles ne sont pas censées exister sur le territoire français ; que les rapports de la DNLF estimaient que 10 % des numéros de Sécurité sociale des personnes nées à l'étranger avaient été obtenus par la production de faux documents ; et que les dernières investigations de la commission d'enquête de l'Assemblée nationale ont permis de déterminer que, selon les spécialistes en faux documents de la police de l'air et des frontières, c'était en réalité *un tiers* des dossiers d'immatriculation à la Sécurité sociale des personnes nées à l'étranger qui devraient être rejetés au regard des critères d'authenticité des pièces produites, soit 7 millions de personnes, dont plus de 4 millions parmi celles qui ont des droits ouverts et perçoivent des prestations !

L'AME est quant à elle accordée sous trois conditions peu ou non-vérifiables : l'identité pouvant être prouvée « par tout moyen » ; la présence en France depuis au moins trois mois qui peut également être prouvée par tout moyen ; ne pas dépasser un plafond de ressources, ce qui reste purement déclaratif puisque les étrangers clandestins n'ont pas le droit de travailler légalement.

Le fraudeur présentera souvent une attestation papier de carte Vitale ou d'AME qui ne lui appartient pas ou qui est falsifiée. Cela fait en général partie du « kit » que les réseaux de faux documents vendent à leurs clients.

Cela permet, notamment à des clandestins, de bénéficier de soins auxquels ils n'ont pas droit ; de bénéficier d'une meilleure prise en charge, s'il utilise une attestation à 100 % ; ou encore, en tiers payant, de se faire délivrer gratuitement des médicaments avec une ordonnance réelle ou falsifiée, ce qui est l'une des sources du trafic de médicaments, voire de produits considérés comme des stupéfiants dans d'autres pays comme le Subutex.

LES FRAUDES AUX PRESCRIPTIONS

Ces fraudes incluent les fausses ordonnances, feuilles de soins et faux certificats médicaux. Dans un système souvent combiné avec la fraude précédente, il s'agit de se faire délivrer des médicaments en tiers payant en utilisant un document emprunté, volé ou falsifié. Les vols d'ordonnances vierges chez les médecins ou la fraude via ordinateur permet cela.

Une autre technique consiste à consulter en peu de temps plusieurs médecins et se faire délivrer autant de prescriptions puis de médicaments en quantités importantes, proportionnelles aux prescriptions obtenues.

Ces fraudes permettent donc de se faire délivrer des médicaments, par exemple des substituts de produits de toxicomanie, pour sa propre consommation ou pour en tirer profit à la revente.

Ceci permet notamment dans le cadre de réseaux organisés de récupérer gratuitement – c'est la Sécu qui paye ! – en un temps très court un volume considérable de médicaments et ensuite de les écouler sur des marchés parallèles, notamment à l'étranger.

Le principal exemple de ce type de fraudes est le trafic de Subutex. Ce substitut à l'héroïne est utilisé en France pour aider les toxicomanes en manque à se sortir de la spirale de la drogue. Il est donc en vente sur ordonnance et est remboursé à 100 % en tiers payant pour les personnes titulaires de l'ex-CMU complémentaire, appelée maintenant CSS, ou pour les immigrés clandestins titulaires de l'AME. Or le Subutex est classé comme stupéfiant interdit dans de nombreux pays, notamment en Europe de l'Est ou du Nord, ou encore à l'Île Maurice. Et ces cachets de Subutex obtenus gratuitement en France grâce à la générosité de la Sécu se revendent au marché noir plusieurs dizaines d'euros le cachet, voire jusqu'à 400 euros le comprimé dans certains pays ! Vous avez compris l'intérêt du trafic ?

Et évidemment les organisations de fraude se ruent depuis de nombreuses années sur le Subutex français : c'est facile, il suffit de frauder à la CMU ou à l'AME, de multiplier les ordonnances bidon et de faire la tournée des pharmaciens, plus ou moins complaisants. C'est la fortune garantie à chaque exportation en contrebande réussie ! Dix-mille comprimés tiennent dans un sac de voyage... qui représente plusieurs centaines de milliers d'euros de bénéfices sans gros risque, avec une mise de fonds minimale de la part des trafiquants puisque c'est la Sécurité sociale qui régale en délivrant les cachets gratuitement en tiers payant…

J'avais lancé des investigations internationales importantes en 2013 sur les réseaux de trafic de ce produit vénéneux entre la France et l'Île Maurice lorsque j'occupais les fonctions de vice-président chargé de l'instruction au tribunal de Créteil, compétent pour l'aéroport d'Orly d'où partaient les vols pour ce pays, organisant une coopération intéressante avec les services d'enquêtes mauriciens. Nous avions à l'époque beaucoup de « mules » françaises qui s'étaient faites intercepter par les services anti-drogue de ce pays à l'arrivée. Il ne m'appartient pas ici de donner des informations sur des enquêtes peut-être encore en cours sur place mais les éléments réunis à l'époque, qui avaient permis notamment de stopper des livraisons sur le point de partir, faisaient remonter la filière jusque très haut dans les autorités locales. Quand autant d'argent est brassé par le crime organisé, la corruption n'est jamais bien loin…

En faisant quelques recherches pour la rédaction de ce livre, j'ai découvert que le Subutex qui se vendait à l'époque déjà très cher sur le marché illégal avait encore vu son prix augmenter, incitant donc les trafics à perdurer. À plusieurs reprises la France avait pourtant été montrée du doigt à l'ONU comme étant la plaque tournante du trafic mondial de cette drogue du fait de notre système de Sécurité sociale qui la distribuait généreusement et gratuitement sans aucun contrôle réellement efficace.

Ainsi le 29 mai 2019, *Le Parisien* nous apprenait que quatre trafiquants ukrainiens s'étaient constitué un petit magot de 10 millions d'euros en détournant pour 500 000 euros de Subutex, obtenu gratuitement grâce à des fraudes à la Sécurité sociale : plus de 200 000 cachets détournés en un an, revendus parfois jusqu'à 60 euros l'unité. Des amateurs cependant à côté des filières d'Europe du Nord...

L'année précédente, *Le Monde* rappelait ainsi que la France était la pourvoyeuse de ce trafic pour toute l'Europe, donnant l'exemple d'un réseau démantelé avec la Finlande : les fraudeurs avaient détourné pour 1,7 million d'euros de Subutex, vendu en pharmacie 16,82 euros la boîte de sept cachets, mais intégralement remboursée par la Sécu ; les « collecteurs » chargés de récupérer les boîtes dans les pharmacies en jouant les patients revendaient 10 euros les boîtes obtenues en tiers payant aux « acheteurs » de rue, deuxième maillon du trafic ; ceux-ci les revendaient 15 euros la boîte aux « exportateurs » ; en récupérant 2 000 boîtes par semaine, l'acheteur avait généré pour son propre compte 540 000 euros de bénéfices annuels ; les exportateurs revendaient aux dealers en Finlande la boîte à 35 euros, ce qui leur avait rapporté 3,6 millions d'euros ; et enfin les dealers revendaient les cachets de Subutex à l'unité au marché noir entre 70 et 240 euros ; ce trafic rapportait donc près de 51 millions d'euros de bénéfices annuels à ses organisateurs, avec une fraude initiale, on l'a vu, d'un peu moins de 2 millions d'euros au préjudice de la Sécurité sociale française. Jolie culbute !

Ce même article du *Monde* donnait une information intéressante : 97 000 personnes étaient traitées à la buprénorphine, la molécule active du Subutex ou de ses génériques. Une boîte de ces médicaments permet de tenir une semaine d'administration selon la posologie normale, un cachet par jour. L'article nous apprenait que 9,9 millions de boîtes avaient été écoulées sur le marché français en 2016. Or le besoin annuel de 97 000 patients, sur cinquante-deux semaines donc, culmine à 5 millions de boîtes... Qu'en déduisez-vous donc chers lecteurs ?... Que la moitié du Subutex et de ses génériques diffusés en France part dans des trafics ? Mais qu'allez-vous donc chercher là ! Ce n'est qu'une histoire à un peu moins de 30 millions d'euros pour la Sécu, la moitié du remboursement annuel de ce produit, une paille... Mais si on applique à cette valeur de « marchandise de fraude » le multiplicateur réalisé par les fraudeurs et trafiquants dans l'exemple finlandais cité par le journal, on arriverait à 850 millions d'euros de bénéfices criminels annuels générés par ce seul trafic qui n'existe que parce que le système de Sécurité sociale français est fraudé à tous les étages. Cela fait réfléchir, non ?

Ne restant pas les bras croisés, le 9 janvier 2020, la Gendarmerie nationale a annoncé un partenariat avec les entreprises de santé pour lutter contre ce phénomène de trafic de médicaments... bien connu pourtant depuis des années. Les gendarmes rappelaient que le record de revente au marché noir du cachet de Subutex se situait toujours en Finlande, avec un prix qui avait grimpé à 400 euros l'unité : c'est-à-dire que le « sac de voyage » passé en contrebande en Finlande rapporte en ce moment 4 millions d'euros aux fraudeurs ! Avec les compliments involontaires de la Sécurité sociale française !

LES FRAUDES AUX SOINS À L'ÉTRANGER

Ce type de fraude consiste pour un assuré social à produire des faux documents, factures et autres prescriptions médicales avec ou sans la complicité de professionnels de santé situés à l'étranger. Ces soins inopinés à l'étranger peuvent effectivement être pris en charge par la Sécurité sociale française, dans la limite des sommes réellement payées et du remboursement au tarif prévu en France.

Il peut également s'agir d'une usurpation d'identité : la personne non affiliée auprès d'une caisse de Sécurité sociale française se fait soigner sous le nom d'un assuré social qui a des droits ouverts, soit avec sa complicité, soit en usurpant à son insu son identité. On peut être face à de faux actes, juste destinés à obtenir un remboursement, ou encore à obtenir le remboursement de soins non pris en charge en France, comme certaines opérations de chirurgie esthétique.

La DNLF a ainsi rapporté un exemple de tentative de fraude de cette nature. L'intéressé vivait en France depuis son enfance. Il déclara avoir été victime d'un grave accident de la circulation lors d'un voyage d'un mois en Afrique. Polytraumatisé, il fut pris en charge par le SAMU local et hospitalisé sur place où il subit plusieurs interventions chirurgicales. Quelques jours plus tard, son état de santé s'améliorant, les médecins lui signèrent un billet de sortie. Il demanda le remboursement des soins au Centre National des Soins à l'Étranger (CNSE), dépendant de la CPAM de Vannes, joignant à sa déclaration le rapport médical retraçant les circonstances de l'accident et surtout la facture de l'hôpital africain de 5 500 euros. Tous les documents fournis étaient rédigés sur papier à en-tête du ministère de la Santé publique du pays concerné et comportaient un tampon du ministère et la signature soit d'un agent comptable, soit d'un médecin. Mais tout était faux ! L'examen attentif du dossier par le CNSE fit apparaître des anomalies comme la date du billet de sortie de l'hôpital antérieure à la survenance de l'accident… L'enquête a confirmé la suspicion de fraude : tous les faits étaient faux et les pièces justificatives fournies aussi. Il n'y avait jamais eu ni accident, ni hospitalisation.

LES FRAUDES À L'ÉTAT DE SANTÉ

Le diagnostic de certaines pathologies est difficile à établir (lombalgie, état dépressif...) et l'assuré qui souhaite obtenir un arrêt de travail, alors qu'il est en état de travailler, peut simuler une pathologie auprès de son médecin (certains ne sont pas très regardants). C'est la classique fraude aux arrêts de travail.

Il s'agit évidemment de disposer d'un temps de repos rémunéré par les indemnités journalières et souvent d'avoir en même temps un travail non déclaré. Il s'agit de l'une des fraudes à l'assurance maladie les plus coûteuses et l'une des plus répandues.

Certaines estimations, relayées au niveau gouvernemental indiquent que 15 % des arrêts de travail seraient injustifiés. La journaliste Philippine Robert précise dans un article d'enquête du 31 octobre 2019 dans le journal *Capital* que « tout laisse à croire cependant que ce chiffre de 15 % est largement sous-estimé ». Et de citer le témoignage de sociétés spécialisées dans les contrôles. « Selon nos statistiques, 15 % des personnes sont bien en état de reprendre le travail lorsque nous les rencontrons, précise Émeline M., responsable clientèle chez Verilor, une entreprise qui effectue des contre-visites médicales dans toute la France. Mais comme nous enregistrons un taux d'absence de 30 % lors des contrôles et 5 % de fausses adresses, la vraie proportion d'abus est probablement supérieure. »

La journaliste rapporte cette estimation basse de 15 % au coût global des arrêts de travail : 7 milliards d'euros pour le secteur privé et un coût d'absentéisme de 10 milliards dans la fonction publique selon un chiffrage de l'IFRAP, l'Institut pour la recherche sur les administrations publiques. En restant sur ce plancher de 15 %, le coût des arrêts maladie frauduleux – car appelons les choses par leur nom – serait donc de l'ordre de 2,5 milliards d'euros par an. Pour être rigoureux cela n'est pas au seul préjudice de la Sécurité sociale puisque c'est l'État qui est son propre assureur pour ses fonctionnaires. Mais c'est toujours le contribuable qui paye à la fin, l'argent sort de la même poche...

Un exemple nous avait été remonté à la DNLF. Un trentenaire, sportif de bon niveau et magasinier dans une grande surface, avait pris rendez-vous chez son médecin. Portant régulièrement des objets lourds, il se plaignait d'avoir mal au dos. Le docteur lui a alors délivré un arrêt de travail pour une durée limitée de sept jours. Au terme de cet arrêt de travail, il retournait voir le même médecin pour le même motif. Le mal au dos était tenace. Il s'est vu octroyer un deuxième arrêt de travail d'une semaine. Puis un troisième pour les mêmes raisons. Même cause, même effet. Le trentenaire reprend son activité à la veille des fêtes de Noël. Le mal est enfin passé. À la lecture de la presse régionale, l'employeur de ce monsieur constate que le nom de son salarié figure dans la liste des participants à un duathlon organisé dans la région à la mi-décembre c'est-à-dire à une période où il est en arrêt maladie à cause de son mal de dos. Le duathlon est une activité sportive combinant une épreuve de course à pied suivie d'une épreuve de cyclisme puis d'une dernière manche de course à pied, le tout dans le même esprit que le triathlon. L'arrêt de travail a donc permis de bien s'entraîner et de s'octroyer une phase de récupération pour cette période de trois semaines où il a perçu les indemnités journalières de la Sécurité sociale. Le directeur de la Caisse d'assurance maladie a sanctionné avec sévérité le fraudeur : il a adressé une mise en garde à Monsieur le duathlète !

Les gens du sud m'avaient initié en la matière à la fraude dite « à la marseillaise ». Une version tout-terrain de l'arnaque à l'état de santé. Laissez-moi vous l'expliquer. Il s'agissait pour un individu d'être – à l'époque – au RMI, le revenu minimum d'insertion. Cette allocation, versée par le département via la CAF, comportait un volet « insertion » plus ou moins obligatoire. Les départements cherchaient à aider l'insertion et donc se proposaient de verser des « aides directes », c'est-à-dire des subventions, aux bénéficiaires du RMI/RSA qui créaient leur entreprise, financées à l'époque – désolé pour la technicité comptable – par les crédits inscrits au compte 959 du budget départemental au titre de l'insertion de ces bénéficiaires. Par ailleurs, le subventionnement par les départements d'organismes spécialisés dans l'aide à la création ou au développement d'entreprises, notamment par ces bénéficiaires, telles l'agence départementale d'insertion ou les plateformes d'initiative locale, était autorisée et encouragée.

Pour le fraudeur, il s'agissait alors de créer sa propre entreprise, en bénéficiant de ces subventions. Il importait aussi qu'il se salarie dans cette même entreprise. Car si le dirigeant de l'entreprise en est salarié, il bénéficie alors de la protection du régime général de la Sécurité sociale... donc des indemnités journalières en cas d'arrêt de travail ! C'est à ce moment qu'intervient le début de l'arnaque : le fraudeur se signe à lui-même, puisqu'il est le dirigeant de l'entreprise, un contrat de travail avec un très haut niveau de rémunération.

À peine l'activité de l'entreprise débutée, et donc avant même que le premier salaire mensuel ne soit versé, paf ! L'accident bête ! Accident de travail bien sûr... genre chute d'une échelle. On appelle les pompiers, ça fait mieux dans le dossier. Et donc on a « mal au dos ». La pathologie classique des arnaques aux arrêts de travail. Et pour peu qu'il ait un médecin complaisant, voilà notre fraudeur qui aura pompé les subventions départementales pour créer une entreprise, osons le dire, fictive, pour laquelle il va se salarier fictivement à un haut niveau, salaire et cotisation qu'il ne versera pas puisque dès le début il sera – malchance – en accident du travail et payé par la Sécurité sociale. Bingo ! Et un tel fraudeur, s'il est malin, aura multiplié les crédits automobiles, voire immobiliers. Car s'il arrive à basculer en incapacité temporaire de travail pour faire jouer ses assurances, il se fera ainsi payer maison et voiture par les assureurs ! Bingo bis !

Vous pourriez croire que ces fraudes sont anecdotiques ? L'exemple donné par *Corse-Matin* en 2014 va vous montrer combien cela peut coûter pour ces « petits arrangements » et « passe-droits » dans un esprit de « copinage » : après six ans d'investigations et le passage au crible de nombreux dossiers sur la période 2003-2008, cent-soixante-neuf dossiers avaient été identifiés, pour lesquels on a pu évaluer un préjudice global : 4,3 millions d'euros qui auraient été injustement versés à des assurés sociaux sous forme d'indemnités journalières (arrêts maladie, accidents du travail) et de rentes d'invalidité indues. C'est donc une moyenne de plus de 25 000 euros par fraudeur de préjudice pour l'assurance maladie dans cette typologie…

LES FAUX JUSTIFICATIFS D'OUVERTURE OU DE MAINTIEN DE DROITS

Le fraudeur utilise des faux bulletins de paye, de fausses attestations d'emploi ou de fin de contrat, etc., pour se faire ouvrir des droits auprès de Pôle emploi, de l'assurance vieillesse pour augmenter sa pension de retraite ou de l'assurance maladie dans le cadre de faux accidents du travail ou d'indemnités journalières calculées sur des bases erronées. En ce qui concerne les prestations familiales, il peut fournir un faux certificat de scolarité, très facile à falsifier. Pour l'aide au logement, la fraude peut impliquer le bailleur comme on l'a vu précédemment. Ces faux documents vont permettre au fraudeur de toucher des prestations chômage indues, des prestations familiales et d'autres prestations maladie que l'on appelle « en espèces » : indemnités journalières de maladie ou de maternité. Ou de faire, on l'a vu, gonfler ses droits à pension.

Un exemple : un homme a pris sa retraite à soixante ans après avoir cotisé cent-quarante-huit trimestres. Grâce à un signalement de Pôle emploi, la CNAV a découvert que huit trimestres pris en compte pour le calcul de la retraite étaient frauduleux. En effet, pendant deux ans, l'une des sociétés qui a déclaré embaucher ce retraité était en réalité une « coquille vide » qui employait fictivement des faux salariés – dont celui-ci – sans s'acquitter du paiement des cotisations sociales mais en établissant tout de même des feuilles de paye. Puis la société a licencié tous ses salariés qui ont pu ainsi percevoir une indemnité chômage pendant une période assimilée à une période de travail pour le calcul de la retraite. Le fraudeur a ainsi perçu pendant quelques années un « bonus de retraite » d'environ 6 000 euros avant de se faire rattraper par la patrouille.

LES CUMULS DE PRESTATIONS ET D'ACTIVITÉ RÉMUNÉRÉE FRAUDULEUX

Certaines prestations sociales sont prévues pour être versées au bénéficiaire pour lui permettre de continuer à vivre pendant la durée de leur versement alors qu'il est empêché d'exercer une activité rémunérée du fait de son état de santé ou de la recherche d'emploi, par exemple. Une personne percevant ce type de prestations peut alors frauder en exerçant une activité rémunérée avec un employeur ou à son propre compte sans la signaler alors que le cumul de la prestation et d'une activité rémunérée est interdit.

En cas d'arrêt maladie, il faut savoir que l'employeur peut pratiquer ce que l'on nomme la « subrogation des indemnités journalières », c'est-à-dire qu'il touche les indemnités de la Sécurité sociale à la place du salarié tout en continuant à lui payer son salaire pendant l'arrêt de travail pour maladie. L'employeur va frauder s'il ne déclare pas la reprise d'activité du salarié. En effet, il continue alors à percevoir les indemnités journalières et diminue, de facto, le coût du salarié pour l'entreprise. Facile, non ?

Il faut préciser que souvent l'employeur n'a pas connaissance de la prestation perçue par son salarié et peut très bien être de bonne foi en l'employant. Cette fraude peut également être associée à du travail dissimulé concernant la rémunération versée au salarié sur la période où il est prétendument sans activité. L'absence de déclaration, une fois détectée, peut être présentée comme involontaire par le bénéficiaire. Le caractère intentionnel de cette pratique est difficile à prouver.

Par suite d'une dissimulation sur sa situation (état de santé, activité, etc.), le fraudeur obtient le versement de prestations indues, en cumulant une activité et une prestation non cumulable avec elle. Les prestations concernées peuvent être, par exemple, les indemnités journalières pour maladie, accident du travail, les pensions d'invalidité versées à des personnes déclarées comme ne pouvant plus travailler, le chômage versé suite à la perte d'un emploi à temps plein, le cumul d'une retraite de fonctionnaire titulaire et d'un emploi de titulaire. D'autres prestations peuvent se cumuler dans une certaine limite : pensions d'invalidité des personnes déclarées comme pouvant encore travailler, chômage pour un emploi à temps partiel, pension de retraite et activité dans le même régime.

Une affaire datant de 2011 est assez représentative de tout cela. À la suite d'un accident du travail, un homme a fait établir un certificat par sa sœur, qui est aussi son associée, expliquant que cet accident était consécutif à une chute au sein de son entreprise spécialisée dans la revente de pièces automobiles. Avantage : aucun témoin. Mais des rumeurs se répandent : l'accident du travail aurait pu se produire le soir même, au sein d'une discothèque où l'homme travaille également comme portier. Or en matière d'indemnité, le lieu où s'est produit l'accident est fondamental pour le calcul des indemnités. S'il touche un salaire de 5 000 euros au sein de sa société, il ne perçoit que 400 euros pour son job à la boîte de nuit. L'accident du travail ayant été déclaré au sein de sa société, l'homme va percevoir une indemnité journalière de près de 150 euros soit plus de 4 000 euros par mois durant trois années ! La CPAM, qui a porté plainte pour fraude au bout de quatre ans, évaluait son préjudice à 173 000 euros. Les enquêteurs se penchèrent également sur les comptes bancaires de cet individu qui, pendant sa « convalescence », y a fait transiter d'importantes sommes d'argent, en chèques ou liquide, alors qu'il était supposé ne pas être en activité. 70 000 euros rien qu'en 2011, qu'il justifiera par des chèques familiaux ou des gains de poker. Bref, un joli florilège d'infractions pénales pour illustrer ces types de fraudes aux faux justificatifs et aux cumuls d'activité.

Mais un des plus beaux cas d'espèce est celui de ce médecin des quartiers nord de Marseille qui s'était prescrite à elle-même des arrêts maladie et avait escroqué 820 000 euros à la Sécurité sociale en falsifiant les ordonnances et les certificats d'autres médecins. Un petit jeu qui avait duré huit ans. Huit longues et tranquilles années à empocher les indemnités de la Caisse primaire d'assurance maladie et le complément de la mutuelle, tout en continuant à exercer dans son cabinet et donc à percevoir ses honoraires.

LA FRAUDE À L'ASSURANCE GARANTIE DES SALAIRES

Lorsqu'une entreprise est placée en procédure collective, c'est-à-dire en liquidation judiciaire, il existe une « assurance garantie des salaires », les fameuses AGS, qui assure les derniers paiements des salaires et indemnités aux salariés. La fraude consiste à monter un faux dossier au nom d'une société fictive ou non, avec des faux contrats de travail ou faux accords individuels pour obtenir des versements indus. Il s'agit d'obtenir des AGS le paiement de sommes escroquées, les salaires et accords étant fictifs. De plus, ces salaires peuvent ouvrir des droits aux autres organismes de protection sociale, notamment Pôle emploi.

Le commissaire Fougeray avait identifié un cas à l'époque de la DNLF : un homme « d'affaires », connaissant les arcanes des procédures de liquidation judiciaire, constitua une vaste escroquerie au préjudice de l'assurance chômage. Les investigations de la police judiciaire démontrent qu'il avait acheté à bas prix en plusieurs années une quarantaine de sociétés du BTP. Dans un deuxième temps, il y plaçait des hommes de paille, et faisait transférer le siège social des sociétés dans le ressort d'un autre tribunal de commerce. Dans un troisième temps, les nouveaux dirigeants licenciaient le personnel et embauchaient des proches qui en réalité ne travaillaient pas mais bénéficiaient d'un salaire fictif conséquent sur le papier, bien entendu jamais versé. Puis, les gérants de fait, sur les ordres de l'homme « d'affaires », déclaraient leur entreprise en cessation de paiement. Les faux salariés complices de l'escroquerie percevaient alors des allocations chômage de Pôle emploi ainsi que des arriérés de salaires et des indemnités de licenciements des AGS. Enfin, le cerveau du réseau recevait des chèques de tous les faux salariés qui avaient perçu indûment des allocations. Le préjudice pour l'assurance chômage (Pôle emploi et AGS) était proche des 3 millions d'euros.

Une variante massive du procédé des « kits Assedic », ces fameux faux dossiers de salariés destinés à escroquer Pôle emploi, consistait également à arnaquer les AGS. Nous avions eu le cas avec le procureur général de la cour d'appel de Versailles, dont dépendait le tribunal de Pontoise. Des escrocs avaient été pris à construire leurs kits fictifs de faux salariés de sociétés coquilles vides. Les salariés fictifs entamaient des procès devant les conseils de prud'hommes compétents pour faire condamner les sociétés fictives qui les avaient tout autant fictivement employés et fictivement payés. Évidemment non comparantes devant le tribunal, ces sociétés étaient facilement condamnées à payer les salaires arriérés réclamés et diverses sommes... qui étaient prises en charge par les AGS, les escrocs présentant leurs dossiers avec *la* pièce ultime pour le faussaire : un *vrai* jugement d'une juridiction lui octroyant les sommes qu'il cherchait à escroquer. Autant vous dire que les AGS ne revoyaient jamais la couleur de leur créance. Soupçonnant des manœuvres d'un groupe communautaire bien connu dans ces escroqueries en lien avec le BTP dans le département du Val-d'Oise, le procureur général avait donné instruction aux parquets, fait rare, d'aller requérir devant les prud'hommes pour s'opposer à ces procédures quand on soupçonnait une procédure participant à cette escroquerie.

LA FACTURATION D'ACTES FICTIFS À L'ASSURANCE MALADIE

Il s'agit pour le professionnel de santé de se faire payer, le plus souvent en tiers payant d'où l'intérêt pour lui des cartes Vitale en surnombre, des actes qu'il n'a pas réalisés ou des produits qu'il n'a pas délivrés. Sauf à examiner attentivement son décompte d'assurance maladie, il est très difficile au patient de découvrir la fraude, puisqu'il n'a rien payé. Le professionnel de santé peut représenter plusieurs fois une demande de remboursements à la caisse. Si le premier acte n'est pas fictif, les autres le sont (pratique des doubles voire des multiples paiements).

Par exemple, un pharmacien peut utiliser des cartes Vitale de personnes âgées qu'il conserve par-devers lui, pour se faire payer par l'assurance maladie des médicaments qu'il ne fournit pas au titulaire de la carte. Il peut également facturer deux fois les mêmes médicaments en scannant à deux reprises les vignettes correspondantes. Ces fraudes sont d'autant plus aisées qu'il est très difficile à l'assurance maladie de comparer les ordonnances papier collectées périodiquement avec la liste des médicaments délivrés et facturés. Pour le fraudeur, c'est du chiffre d'affaires ne correspondant à aucune activité réelle.

Et cela peut rapporter gros, comme nous le raconte Frédéric Naizot dans *Le Parisien* du 8 avril 2019, relatant le procès tenu après une enquête de la « CELTIF 95 », la cellule antifraude du groupement de gendarmerie nationale du Val-d'Oise, avec qui j'ai d'excellents souvenirs du temps où je pilotais les actions des CODAF (comité opérationnel antifraude) :

« La facture est salée pour les escrocs à la Sécurité sociale, condamnés ce mercredi par le tribunal correctionnel. La justice a reconnu coupable le couple qui dirigeait XX et ZZ, deux sociétés de soins à domicile d'Ennery, mais aussi l'ex-oncologue de Gonesse et trois infirmières libérales, les condamnant à des peines allant d'un à deux ans de prison avec sursis. À l'exception de deux voitures, la justice a confisqué tous les biens qui avaient été provisoirement saisis dans le cadre de l'enquête des gendarmes du Celtif 95 (cellule de lutte contre le travail illégal et la fraude). (...) Noura Z. a été qualifiée de "chef d'orchestre" de l'escroquerie par le procureur S., qui a dirigé l'enquête dans le cadre du CODAF. Condamnée à deux ans de prison avec sursis, elle devra indemniser la CPAM à hauteur de 1 655 000 euros au titre de son activité au sein de XX, avec son conjoint qui a écopé de dix-huit mois avec sursis. S'ajoutent pour elle 276 619 euros pour ZZ et 99 500 euros pour son activité d'infirmière libérale. Elle doit enfin verser 10 000 euros pour indemniser l'ordre des pharmaciens. L'ancien oncologue de G., qui exerce aujourd'hui en Angleterre, devra quant à lui rembourser 1 236 000 euros. Il a écopé d'un an avec sursis, comme les trois infirmières libérales qui devront indemniser la CPAM à hauteur, respectivement, de 281 810 euros, 278 694 euros et 225 149 euros. Toutes avaient déclaré 150 000 euros de revenus annuels.

Le préjudice a été évalué à 3 millions d'euros pour l'assurance maladie du Val-d'Oise, à 4,8 millions d'euros si l'on ajoute les abus de biens sociaux. L'enquête avait dévoilé une escroquerie méthodique, avec des soins facturés mais jamais effectués, du matériel de perfusion livré en quantité industrielle, des ordonnances falsifiées et manifestement préparées à l'avance…

Les investigations ont montré que l'oncologue de soixante-et-un ans orientait ses patients, pour la plupart en fin de vie, vers les sociétés de soins à domicile. À titre d'exemple, 2 700 perfuseurs avaient été prescrits à un patient, alors que 426 suffisaient ; 1 348 pour un autre au lieu de 270…

Il avait été découvert des prescriptions trop longues, des soins infirmiers dispensés alors que le patient était à l'hôpital, soixante-dix-sept ordonnances signées par l'oncologue un 1er mai… "Des faits gravissimes avec pour vecteur la vulnérabilité des patients", avait souligné le procureur, dont les réquisitions du 31 janvier ont été suivies par le tribunal.

"Cette audience était un sketch phénoménal, le summum de l'injustice", a réagi à la sortie de la salle, Noura Z., qui qualifie la décision "d'irrationnelle". Elle avait contesté les faits à l'audience, comme les autres prévenus. "Nous allons faire appel", précise-t-elle. Ce qui nous est infligé, on le fait pour des narcotrafiquants. Or, nous avons soigné des patients. La France a décidé d'attaquer les professionnels de santé. Tout le monde ici a sacrifié sa vie de famille pour eux. La justice française est l'image de la France : antidémocratique. »

Tout de suite les grands mots ! Nous verrons ce qu'en dira la cour d'appel de Versailles.

Autre exemple, classique, à Toulouse en 2019 : un médecin condamné à dix-huit mois de prison avec sursis pour escroquerie au préjudice de l'assurance maladie. Plus de 400 000 euros détournés. Le médecin effectuait cent-quinze consultations par jour. Soit cinq minutes par patient. Le médecin a contesté avoir « escroqué » la Sécu mais a reconnu avoir utilisé d'autres noms pour soigner des étrangers sans-papiers... Ben voyons. Outre la prison, il a été condamné à rembourser 380 000 euros à l'assurance maladie et à payer 100 000 euros d'amende.

Niort. Une pharmacienne. Fausses ordonnances par dizaines – quarante-et-une très exactement – pour se faire payer matériels médicaux et médicaments notamment contre le cancer à 5 000 euros la boîte, produits qu'elle n'a en réalité jamais fournis ou commandés. Presque 470 000 euros d'escroquerie. « La pharmacie, ce n'est plus ce que c'était », dira à la barre du tribunal la prévenue.

Bordeaux. Un couple d'infirmiers condamné pour escroquerie pour avoir fraudé un million d'euros à l'assurance maladie en quatre ans. Deux ans de prison dont un an ferme pour lui et huit mois avec sursis pour elle. Ils inventaient des actes ou les surfacturaient à la CPAM, avec une activité six fois supérieure à la normale, générant 500 000 euros de chiffre d'affaire annuel quand la moyenne locale s'établissait à 82 000 euros. En reprenant les actes déclarés à la Sécu, l'infirmier aurait dû travailler 20 heures par jour tous les jours de l'année, week-ends et jours fériés inclus... Comme quoi quand le système informatique de l'assurance maladie est bien utilisé, on détecte vite les professionnels fraudeurs. Ce que la Cour des comptes répète – dans le vide – depuis des années.

Rennes. Trois médecins et deux kinésithérapeutes arrêtés et placés en garde à vue. La Sécurité sociale s'est aperçue qu'un grand nombre de demandes de remboursement de soins avaient été prescrites par ces trois médecins et réalisés par ces deux kinésithérapeutes. Actes fictifs, escroquerie : 300 000 euros.

Chartres. Une infirmière libérale. Grâce à de fausses ordonnances, 400 000 euros d'escroqueries. Une moyenne de vingt-et-une heures quotidiennes de travail… si on en croit l'activité déclarée. Selon l'enquête, l'infirmière aurait falsifié des ordonnances pour y ajouter des actes supplémentaires qui n'auraient pas tous été réalisés, mais en revanche bien facturés à la Sécurité sociale. Elle avait déjà été condamnée par le passé pour faux et usage de faux…

Lille. Un orthophoniste arnaque la Sécu avec des remboursements fictifs à hauteur de 246 000 euros en trois ans… Avec une méthode rodée d'actes fictifs facturés au nom de titulaires de la CMU qui n'avancent pas de frais et ne font donc pas attention aux décomptes.

Évreux. Un autre grand classique des actes fictifs : les transports sanitaires. Ici des transports fictifs d'un chauffeur de taxi facturés près de 380 000 euros à la CPAM durant plus de trois ans. Plus de trois-mille factures épluchées par le service antifraude, 95 % d'anomalies… Avec des poursuites correctionnelles pour blanchiment de fraude fiscale au regard des dissimulations effectuées et réinvesties dans l'immobilier.

Il ne s'agit pas d'un fantasme. Si l'on exclut la question de la fraude à la résidence et à l'ouverture des droits sous-tendue par la question des NIR dont nous avons longuement parlé, des professionnels de santé sont les premiers fraudeurs à l'assurance maladie.

Et force est de constater que les CPAM ne se bousculent pas pour les contrôler. Constat que fait régulièrement la Cour des comptes.

La Cour identifie ainsi les indicateurs potentiels de fraude, assez simples à comprendre : l'activité manifestement trop importante pour un seul professionnel ; ou bien une activité atypique, notamment avec un taux de patients en « tiers payant » de type CMU ou AME beaucoup plus important que la moyenne.

Avec la généralisation du tiers payant, la Cour des comptes a d'ailleurs tiré le signal d'alarme car les fraudes vont en être facilitées, le patient n'exerçant plus de « contrôle » de premier niveau, car regardant rarement ses relevés s'il n'a pas d'avance de frais à faire.

L'assurance maladie s'est dotée de programmes informatiques pour détecter ces professionnels de santé atypiques... mais les contrôle peu.

Ainsi la Cour des comptes a calculé à 126 000 euros par an la limite de remboursements qu'un infirmier libéral peut atteindre en respectant les règles, avec une très forte activité. Plus de 13 % des infirmiers libéraux dépasseraient cette limite sur le territoire français. Combien de centaines de millions d'euros de fraudes ? Le record identifié, hors cas déjà évoqués tout à l'heure, serait à plus de 600 000 euros, dans un département d'outre-mer.

La Cour des comptes a effectué le même travail pour les masseurs kinésithérapeutes. Pour eux, le seuil serait à 122 000 euros par an pour les remboursements. Plus de 5 % des praticiens seraient au-delà. Avec un recordman toutes catégories à presque 1 800 000 euros en banlieue sud de Paris !

Pour les médecins généralistes, le calcul de la Cour des comptes donne un seuil de remboursements de l'assurance maladie de 251 000 euros au-delà duquel le comportement frauduleux peut être quasi certain. Un peu plus de 3 % des médecins généralistes sont concernés. Avec le recordman dans le même département d'outre-mer que l'infirmier, avec plus de 900 000 euros de remboursements.

Sans vouloir stigmatiser ces professions, force est de constater que les investigations menées par la Cour des comptes et transmises aux parlementaires des diverses missions récentes font ressortir un véritable problème. Que la Cour dénonce depuis des années, s'étonnant rapport après rapport que la CNAM ne contrôle pas assez les professionnels « méga actifs ».

LA FACTURATION D'ACTES RÉELS NON REMBOURSABLES

Dans cette fraude le professionnel de santé effectue ou fait effectuer des actes médicaux non remboursables qui lui permettent d'augmenter son activité sans utilité médicale ou hors du cadre des règles de prise en charge : chirurgie esthétique, médicaments non remboursables, actes ne respectant pas les règles particulières de remboursement. Ces actes, qui sont souvent dissimulés sous une substitution de numéro de nomenclature, peuvent être soit payés par le patient qui se fait alors rembourser, soit être remboursés directement au professionnel par l'assurance maladie. Le patient peut également se rendre dans un pays étranger, pour y profiter de soins de confort, tels que la thalassothérapie ou la chirurgie esthétique, qui seront ensuite présentés au remboursement de la Sécurité sociale en France sous l'appellation de « soins inopinés » c'est-à-dire normalement un acte indispensable et urgent pendant le voyage.

Pour le professionnel, c'est un gain de chiffre d'affaires correspondant à une activité réelle, mais ne rentrant pas dans le cadre réglementaire du remboursement. Cette technique permet notamment de prendre des patients pour des actes qu'ils n'auraient pas fait faire s'ils avaient dû les payer eux-mêmes, notamment en chirurgie esthétique, car la chirurgie plastique recouvre deux choses : la chirurgie réparatrice qui est prise en charge par l'assurance maladie et la chirurgie esthétique qui ne l'est pas.

Ce n'est pas totalement anecdotique car selon les données de fraudes à la Sécurité sociale que nous avions constatées en 2006, près de 10 % étaient liées aux opérations de chirurgie esthétique. Un dossier sur deux concernait la prise en charge d'une opération qui ne relève pas de la chirurgie réparatrice. Le docteur Pierre Fender, alors directeur de la répression des fraudes à la CNAM, expliquait dans *L'Express* que « trois grands organes sont touchés par les tentatives de fraude et d'escroquerie à l'assurance maladie. Le premier, c'est le ventre, le deuxième le nez et le troisième le sein ».

LA « SURCOTATION » D'ACTES RÉELS

Il s'agit d'une variante dans laquelle le professionnel de santé effectue des actes médicaux remboursables, mais les « surcote », c'est-à-dire qu'il modifie leur classement dans la « tarification », ce qui lui permet d'augmenter son chiffre d'affaires en dehors des règles de la nomenclature et de faire payer plus cher ses patients : facturation d'une prothèse de la hanche au lieu du genou réellement opéré, plusieurs dates de visite chez le dentiste pour un seul soin, déclaration d'une visite à domicile alors que la consultation a eu lieu au cabinet du médecin par exemple. Ces actes basculés sous un numéro de nomenclature différent peuvent être soit payés par le patient, soit être rémunérés en paiement direct, ce qui est de plus en plus le cas. Ils sont très difficiles à détecter : l'acte a été réellement effectué et le patient, s'il est remboursé, n'y voit pas malice, si tant est qu'il se rende compte de la fraude, plutôt transparente pour ce qui le concerne. Il s'agit encore et toujours pour le professionnel de santé de maximiser son chiffre d'affaires en diminuant le risque de se faire attraper puisque l'acte correspond à une activité réelle.

La DNLF avait identifié ainsi le cas d'un médecin spécialiste en rééducation fonctionnelle qui ne respectait pas la nomenclature de l'assurance maladie et surcotait ses actes à certains de ses patients, principalement ceux qui n'avaient pas à faire d'avances de frais. Il s'agissait de coter des actes « simples » en actes plus rares, beaucoup plus avantageux pour le professionnel. L'enquête a montré que le docteur pratiquait aussi les actes fictifs facturés à l'assurance maladie et la rédaction de rapports et certificats médicaux de complaisance. Cela permit à l'un de ses patients d'obtenir frauduleusement une pension d'invalidité. Bref, 200 000 euros de préjudice pour l'assurance maladie en deux ans d'activité frauduleuse...

LA FACTURATION D'ACTES RÉALISÉS SANS AUTORISATION OU PAR DES TIERS

Dans un cas, le professionnel de santé fait effectuer par une autre personne des actes qu'il est censé avoir accomplis lui-même et les fait prendre en charge par la Sécurité sociale. Ce détournement lui permet de cumuler les actes. Dans un autre cas, un établissement de soins exécute des actes qu'il n'est pas autorisé à pratiquer car ils sont soumis à des règles particulières et les facture. Il s'agit de multiplier les actes et donc la rémunération du professionnel de santé ou de l'établissement médical.

C'est un grand classique dans la suractivité des infirmiers libéraux. J'ai le souvenir de ce dossier en Guadeloupe où cette infirmière avait un niveau d'activité humainement impossible. Mais les actes n'étaient pas fictifs : elle les faisait pratiquer par de nombreuses « petites mains » et les présentaient au remboursement de la Sécurité sociale sous son nom. Une petite entreprise tranquille...

Mais les praticiens libéraux ne sont pas les seuls à faire cela. Un hôpital public a même été mis en examen et renvoyé en tant que personne morale devant le tribunal correctionnel pour avoir, de la même manière, employé en tant qu'infirmiers des personnes qui ne l'étaient pas... avant d'être sauvé par le fait qu'entre la fin de l'instruction et la comparution devant le tribunal, cet hôpital avait fusionné avec son voisin : fusion qui lui faisait perdre la personnalité juridique et donc a fait obstacle à son jugement, puisqu'il était « décédé » au moment du procès...

LES PRESCRIPTIONS DE COMPLAISANCE

Encore un grand classique, qui va de la production en petite ou grande série d'arrêt de travail aux ordonnances servant de support à des trafics de médicaments. Le professionnel de santé fraudeur va développer une activité de certificats de complaisance, en complément de véritables actes médicaux.

La palme ne revient-elle pas à cette psychiatre parisienne arrêtée par la police en 2016 après dénonciation par l'agence régionale de santé ? Pendant de longues années, elle avait revendu à 200 euros l'acte des fausses consultations et faux certificats médicaux permettant à des immigrés illégaux d'obtenir des titres de séjours provisoires pour « raison médicale ». Une fraude commise environ cent fois par jour en moyenne ! Et qui, au-delà de la fraude sur les remboursements d'actes fictifs, a permis des fraudes gigantesques puisque ces immigrés illégaux frauduleusement « régularisés » ont donc pu escroquer les organismes de protection sociale en excipant de titres de séjour. Rassurez-vous, la CNAM n'avait rien relevé. Cette fraude perdurerait donc peut-être si l'ARS n'avait pas bougé.

LA DISSIMULATION DE REVENUS

Il n'y a pas qu'en matière fiscale que le fraudeur peut minorer ses revenus déclarés. Il peut aussi le faire pour pouvoir percevoir davantage de prestations sociales ou pour éviter ou limiter un prélèvement social, comme par exemple la contribution relative à l'ancienne CMU et à la nouvelle PUMA. À l'occasion d'une déclaration de ses ressources le fraudeur omettra de déclarer tout ou partie de ses revenus, issus de son travail ou de ses placements, pour que ceux-ci soient ignorés ou sous-estimés.

Pour un salarié, c'est plus compliqué à cause des déclarations sociales et fiscales de l'employeur, sauf si bien entendu il y a travail dissimulé et que ses rémunérations sont occultes. C'est en général le point que personne ne veut évoquer, le salarié travaillant « au noir » étant toujours la « victime » pour certains. Ce qui, du reste, est vrai juridiquement.

Cependant, même s'il n'est pas juridiquement auteur du délit de travail dissimulé, le salarié est un fraudeur en ne déclarant pas ce revenu aux impôts ou aux organismes sociaux. La fausse déclaration est réalisée pour conserver ou augmenter le montant d'une prestation, ou minorer le prélèvement payé. Ce type de fraude concerne potentiellement toutes les prestations sous condition de ressources.

On a eu un cas de fraude globale s'inscrivant dans ce schéma. Un réseau organisé de fraude au sein d'une communauté permettait à ses membres, pour la plupart salariés non déclarés dans le BTP, d'escroquer les organismes sociaux, les banques et de frauder le fisc en toute tranquillité, tout en se constituant un patrimoine immobilier. La technique est reproduite encore aujourd'hui et très répandue.

Il s'agit d'acheter des biens immobiliers à l'aide de crédits bancaires qui seront octroyés sur la base de fausses fiches de paye et d'imposition. On a alors une première escroquerie, dont les banques sont les victimes. Ensuite, les rémunérations du travail au noir sont versées sur les comptes bancaires et servent à rembourser le crédit : il s'agit dans un premier temps de ne pas être défaillant dans ses remboursements. Les revenus ne sont soumis à aucune charge sociale et ne seront évidemment pas déclarés aux impôts. Fraude aux cotisations sociales et fraude à l'impôt sur le revenu, bienvenue ! Et bien sûr, la fraude va consister alors à ne surtout pas déclarer ces ressources pourtant bien réelles aux organismes sociaux. Pourquoi ? Car cela va permettre de solliciter les allocations logement qui concernent aussi les acquisitions immobilières, et pas seulement les locations, ce que les gens ne savent pas forcément. C'est ainsi que la CAF avait dans ce cas pris en charge environ la moitié des remboursements des crédits sur les appartements achetés en banlieue parisienne. Et en poursuivant la logique, comme les fraudeurs produisent des déclarations fiscales très réduites, voire potentiellement à zéro, ils peuvent également prétendre aux minimas sociaux. RSA et CSS. Là où il y a de la gêne, il n'y a pas de plaisir…

Reprenons les éléments publiés à l'époque par le procureur de la République. La police judiciaire saisie conjointement avec le GIR était dirigée par la commission rogatoire du juge d'instruction concernant une plainte d'une banque pour escroquerie en bande organisée commise avec la complicité d'un ancien employé. Les recherches préalables effectués par les enquêteurs de la PJ et du GIR permettaient de confirmer le mécanisme de l'escroquerie mis en place avec la complicité de l'employé indélicat qui avait transmis dans les dossiers des justificatifs de revenus faux ou falsifiés permettant ainsi aux demandeurs d'obtenir des prêts avantageux sur la base de dossiers tronqués. L'étude de plus de trois-cents comptes bancaires appartenant aux suspects, diligentée par le GIR, montrait que les mis en cause bénéficiaient de revenus réels bien supérieurs aux revenus déclarés, mettant à jour une opération de blanchiment de fraude fiscale et sociale. Et ces revenus minorés avaient permis à certains bénéficiaires de percevoir des allocations de la CAF auquel normalement ils ne pouvaient avoir droit. Ce stratagème a permis à plus d'une soixantaine d'individus, épouses comprises, d'investir dans l'immobilier en région parisienne.

Le montant du blanchiment de la fraude fiscale établi par le GIR s'élevait à plus de 4 millions d'euros. 800 000 euros de fraude au préjudice de la CAF était démontrée. Quant au préjudice potentiel pour la banque victime d'escroquerie, il s'élevait à environ 9 millions d'euros. Au cours des opérations d'interpellation étalées sur deux semaines avaient été découverts 5,2 kilos de bijoux en or 22 carats valant plus de 200 000 euros cachés dans neuf coffres forts distincts. Une assurance vie de plus de 72 000 euros ainsi que près de 60 000 euros en espèces seront saisis. Le juge d'instruction a mis en examen cinquante-deux personnes et saisi quarante-et-un biens immobiliers d'une valeur de près de 10,5 millions d'euros.

Une fraude moins sophistiquée mais très coûteuse pour les CAF fait par exemple l'objet depuis 2016 d'un programme spécifique de travail des contrôleurs : rechercher les propriétaires de logement titulaires du RSA et qui les louent. Une opération pas si anecdotique car de nombreux bénéficiaires du RSA seraient par ailleurs bailleurs de logements dont les locataires percevraient eux-mêmes les allocations logement, les bailleurs allocataires du RSA « oubliant » évidemment de déclarer leurs revenus locatifs dans leurs déclarations à la CAF…

En 2018, environ un millier de ces personnes ont été contrôlées : 81 % de cas à problèmes ! Plus de 5,3 millions d'euros de fraudes constatées, le record du fraudeur dans cette catégorie cette année-là s'établissant à près de 72 000 euros.

On y retrouve plusieurs schémas de fraude : de la classique et simple non déclaration des revenus locatifs à la dissimulation de la vie en couple entre le bénéficiaire du RSA qui se déclare isolé alors même que le bailleur du logement est son conjoint, en passant par la constitution de faux dossiers d'aide au logement, ce qui caractérise l'escroquerie au sens pénal.

LA SURÉVALUATION DES REVENUS OU DES RÉMUNÉRATIONS

Le fraudeur, pour bénéficier d'une prestation sociale plus importante, va réaliser une déclaration fausse en surévaluant le montant de ses revenus avec souvent de faux justificatifs, notamment de salaires. Le caractère intentionnel de la fraude est ici caractérisé puisqu'il y a usage d'un faux document. Le salarié et l'employeur peuvent être complices pour fournir un avantage indu au salarié, notamment concernant les indemnités de chômage surévaluées en compensation d'une absence d'indemnité de licenciement, ou par pure complaisance. La fraude est réalisée dans le but d'augmenter le montant d'une prestation sociale versée en fonction du montant des rémunérations. Ce sont les revenus de remplacement : indemnités journalières pour maladie, maternité ou accident du travail, pensions d'invalidité, rentes d'accident du travail, indemnités de chômage, pensions de retraite.

LES FRAUDES INTERNES

Et bien sûr, il reste les fraudes les plus graves, celles qui font le plus mal aux organismes sociaux : les fraudes internes. C'est-à-dire les fraudes réalisées par les agents de l'organisme à leur profit propre ou au profit de tiers. Ce ne sont peut-être pas les plus coûteuses en masse financière globale. Mais ce sont celles qui dénotent une trahison de la confiance mise dans son personnel. En cela elles sont terribles. Et les organismes, de manière bien compréhensible, ne communiquent pas beaucoup dessus.

On voit passer de temps en temps des informations à ce sujet, comme lorsque le tribunal correctionnel de Brest a condamné fin 2015 une conseillère de Pôle emploi à deux ans de prison dont six mois fermes, pour avoir détourné 412 000 euros en quatre ans, en créant dix dossiers fictifs et en versant les allocations d'abord sur le compte de ses enfants, puis sur des comptes à son nom. Elle créait de faux chômeurs sans avoir besoin de fournir de carte d'identité ou de carte Vitale, inventait un nom, une date de naissance, donnait une adresse réelle, prenait le numéro SIREN d'un véritable employeur pour créer un parcours professionnel et entrait un numéro de Sécurité sociale incomplet, sachant comment débloquer le dossier malgré ce numéro tronqué. La direction de Pôle emploi s'était refusée à tout commentaire.

CHAPITRE 11
Mais le Cartel des Fraudes, il nous coûte combien ?

Comme l'indiquait Laurent Daculsi, spécialiste des systèmes informatiques de lutte contre les fraudes, « le meilleur élève, c'est la Caisse nationale des allocations familiales ». Les CAF ont en effet débuté plus tôt que les autres la modernisation des techniques de détection des fraudes, notamment avec la mise en place de ce que l'on appelle le *data mining*.

Les CAF ont versé en 2018 des sommes très importantes : 74,5 milliards d'euros servis à 12,7 millions d'allocataires, un allocataire pouvant toucher des prestations pour plusieurs personnes, conjoint et enfants. Les CAF versent ainsi de très nombreuses allocations, également pour le compte de l'État ou des départements. Les plus connues sont le RSA, les allocations familiales, les allocations logement, la prime d'activité, l'allocation adulte handicapé... Les prestations de la branche famille sont, comme le rappelle la Cour des comptes, parmi les plus exposées aux risques de fraude du fait de leurs caractéristiques : elles sont soumises à condition de revenus pour la plupart et également à une condition de résidence sur le territoire national, ainsi qu'à une définition précise de la cellule familiale. Autant de critères d'instabilité dans le temps et aussi de potentialités de fraude, en plus des erreurs.

Les CAF ont surtout fait l'effort de mener des travaux d'évaluation de la fraude dont elles étaient victimes. Car il ne faut pas perdre de vue la différence fondamentale entre fraude « détectée » et fraude « estimée ». Dans un cas, on parle de ce que les contrôleurs ont réussi à identifier ; dans l'autre, il s'agit d'évaluer le total des fraudes dont l'organisme estime être victime, y compris et surtout les fraudes dont il n'a pas réussi à identifier les auteurs. Pour autant, la fraude aux prestations sociales est estimée par la CNAF à 2 milliards d'euros annuels, selon l'enquête interne « paiement à bon droit et fraude ». Soit 2,7 % du total des prestations, avec une estimation haute de 3,1 % du montant des prestations et 5,7 % des allocataires.

La Cour des comptes a analysé les dispositifs de lutte contre la fraude des CAF et en a fait rapport aux parlementaires de la mission Goulet-Grandjean ainsi qu'à la commission d'enquête de l'Assemblée nationale sur la fraude aux prestations sociales. Pour les magistrats financiers, les CAF sous-estiment leur évaluation des fraudes, du fait d'applications hétérogènes des consignes de travail mais aussi en ne qualifiant pas des fraudes comme telles. En 2018, les CAF ont caractérisé près de 45 000 fraudes pour un peu plus de 300 millions d'euros. C'est trois fois plus que par rapport à 2010, mais très en dessous du niveau des fraudes estimé par la Caisse nationale : à peine 15 % du montant évalué...

La Cour des comptes va d'ailleurs plus loin et prend comme référence le « risque financier résiduel à vingt-quatre mois sur les indus », terme assez technique mais qui établit un véritable taux de pertes financières estimées sur les prestations sociales versées par les CAF à 4,2 % en

« valeur centrale » selon les derniers rapports officiels, c'est-à-dire un taux de 5,1 % des montants versés en fourchette haute ! La Cour des comptes souligne que les CAF se limitent à une évaluation financière des indus à vingt-quatre mois alors qu'en matière de fraudes ils devraient rechercher les sommes volées sur une période de cinq ans en arrière. De là à dire qu'il faudrait multiplier par deux l'estimation de la fraude aux prestations sociales ? On serait alors sur un taux situé à plus de 8 % des sommes versées annuellement... Le montant des fraudes « classiques » aux CAF serait donc de l'ordre de 3 à 4 milliards d'euros annuels, voire environ 5 milliards si on tenait compte du risque financier à cinq ans, compte non tenu de la fraude à l'immatriculation sociale.

On l'a vu dans la typologie des fraudes transversales définies par la DNLF, il existe une grande diversité de mécanismes possibles de fraude pour les prestations servies par les CAF. On a ainsi la classique sous déclaration des revenus pour pouvoir se voir attribuer une prestation ou bien en augmenter le montant. Il existe aussi la non-déclaration d'une activité professionnelle pour permettre de majorer les sommes reçues. On peut imaginer à l'inverse la déclaration de revenus fictifs dont l'existence est nécessaire pour bénéficier d'une prestation comme par exemple la prime d'activité. Certains fraudeurs omettent de déclarer la présence de leur conjoint ou bien le départ de leurs enfants afin de conserver le versement de prestations ou bien d'en augmenter le montant ; cela marche par exemple pour les aides au logement, l'allocation de soutien familial, le RSA... On retrouve l'absence de réalité d'un logement ou d'une location au titre duquel un locataire ou un propriétaire en tiers payant bénéficie d'une aide au logement. Toujours en matière de fraude aux aides au logement il faut noter l'absence d'occupation en tant que résidence principale ou une occupation pour une durée inférieure à huit mois par an. La branche famille est également victime de la fraude à la résidence en France, toutes les prestations étant soumises à une condition de résidence sur le territoire national mais parfois de durée variable de six à neuf mois. La falsification d'identité et la multiplication des identités fictives sont également des fraudes caractérisées dont sont victimes les CAF.

En matière de fraudes détectées, les CAF repèrent principalement des fraudes au RSA, avec un taux d'indus frauduleux de 9,4 %. La prime d'activité et les aides au logement sont également fraudées de manière significative, respectivement environ 5 et 3 %. Les autres prestations apparaissent fraudées de manière résiduelle, même si en ce qui concerne l'allocation adulte handicapé, les CAF ne sont pas en mesure de contrôler le principal risque qui est celui d'avoir affaire à une manipulation du taux d'incapacité. L'organisme social est en effet peu armé pour lutter contre des escroqueries de ce type.

L'un des soucis principaux de la lutte contre la fraude, notamment au RSA, est que le pouvoir de sanction appartient au conseil départemental, instance politique composée d'élus, dont seulement une minorité semble avoir donné délégation aux CAF pour prononcer les sanctions en matière de fraude lorsqu'il a été décidé de ne pas poursuivre le fraudeur devant le tribunal pénal. À l'époque où je coordonnais les CODAF, il n'était pas rare de voir le directeur de la CAF se plaindre de l'inaction volontaire du conseil départemental qui refusait par idéologie de sanctionner les fraudeurs qui, pourtant, avaient volé son argent. Enfin, plutôt l'argent du contribuable... Bref, si le fraudeur n'a pas l'assurance de se faire sanctionner s'il se fait attraper, ne vous étonnez pas qu'il continue à frauder.

Sans parler des condamnations pénales, la pénalité administrative moyenne aujourd'hui pour une sanction administrative infligée pour fraude par une CAF est d'environ 700 euros. Le taux de récidive avoisine les 6 %. Mais quoi qu'il en soit, on peut estimer que les CAF font plutôt bien leur travail et sanctionnent soit administrativement soit par le biais de poursuites pénales les fraudes qu'elle détectent. Les effectifs de contrôleurs agréés et assermentés de l'ensemble des CAF sont aujourd'hui de cinq-cent-quatre-vingt-dix emplois.

À côté du bon élève en matière de lutte contre la fraude que sont les CAF, l'assurance maladie, la CNAM, se fait régulièrement montrer du doigt par la Cour des comptes pour son inertie, notamment en matière de travaux d'évaluation de la fraude.

On a vu tout à l'heure que lorsque la Cour des comptes commence à faire des constructions d'indicateurs de taux potentiels de fraude par les professionnels de santé, elle arrive à 13 % des infirmiers, 5 % des kinésithérapeutes et 3 % des médecins généralistes... Des niveaux très – trop – importants, sans même parler, par exemple, de la fraude aux arrêts de travail, dispositif totalement non sécurisé.

Alors même qu'il avait été décidé dès 2008 que l'ensemble des branches de la Sécurité sociale devait évaluer le montant des fraudes dont elles étaient victimes, l'assurance maladie a toujours refusé de le faire. Ainsi la Cour des comptes relevait en avril 2010 que, malgré les annonces répétées d'amélioration prochaine, la CNAM et la CNAV ne publiaient ni n'effectuaient d'estimation de la fraude et se bornaient à recenser et enregistrer l'impact financier des fraudes qu'elles avaient découvert avec des approches méthodologiques très hétérogènes. Un constat qui n'a pas évolué depuis dix ans.

Du côté de Pôle emploi c'est à peu près la même chose, ainsi que dans les autres régimes de Sécurité sociale. Bref, si vous voulez avoir une évaluation de la fraude aux prestations sociales vous ne pouvez que vous baser sur les travaux effectués par la CNAF, la branche famille ou bien raisonner à partir du taux moyen de fraude constaté dans toutes les organisations, qui tourne autour de 6 à 7 %.

On sait par ailleurs que la fraude aux cotisations sociales c'est-à-dire globalement le travail au noir et la sous-déclaration par les entreprises des heures travaillées coûtent aux finances publiques des sommes importantes. Là aussi il y a une certaine polémique entre les données d'une part de l'agence centrale des organismes de Sécurité sociale (ACOSS), la maison-mère des URSSAF et d'autre part de la Cour des comptes. Pour l'ACOSS, la fraude aux cotisations sociales se monterait au maximum à environ 9 milliards d'euros par an. Pour la Cour des comptes, une estimation avait été publiée il y a quelques années qui chiffrait ces fraudes aux cotisations sociales dans une fourchette allant de 20 à 25 milliards d'euros par an.

Les méthodologies d'évaluation étaient très différentes et on peut se demander si la vérité n'est finalement pas entre les deux, ce que d'ailleurs la Cour des comptes a suggéré lorsqu'elle a été entendue par la mission conduite par Nathalie Goulet et Carole Grandjean. Si l'on prend le point milieu entre ces deux évaluations on arriverait à environ 17 milliards d'euros par an de cotisations sociales fraudées.

Si on veut avoir un premier élément d'évaluation de la fraude globale aux prestations sociales, on peut alors comparer les résultats des actions de contrôle avec ceux réalisés en matière de lutte contre le travail dissimulé et de fraude aux cotisations. En reprenant les derniers rapports annuels et bilans de la lutte contre la fraude, on s'aperçoit depuis plusieurs années que les contrôleurs sur le terrain détectent, en termes de montant, plus de fraudes aux prestations sociales (maladie, allocations, RSA, chômage, etc.) que de travail au noir et de fraudes aux cotisations sociales. Un tout petit peu plus. Et avec moins de contrôleurs sur le terrain puisque les URSSAF emploient pratiquement 2 000 inspecteurs alors que les CAF par exemple utilisent moins de six-cents contrôleurs et les CPAM environ un millier d'agents.

On peut donc fort logiquement se dire que si l'on détecte un peu plus de fraudes en matière de prestations sociales qu'en matière de fraudes aux cotisations sociales, c'est que le montant global des fraudes aux prestations est supérieur au montant des fraudes aux cotisations. Logique imparable. Qui amène donc à situer le montant des fraudes aux prestations sociales dont est victime la France à au moins 20 milliards d'euros chaque année...

On sait que plusieurs travaux d'évaluation sur la fraude à l'assurance-maladie ont été menés au niveau européen avec des fourchettes situées entre 3 et 10 %. Ce qui laisse penser qu'un chiffre de 6 à 7 % est assez cohérent. Cela représenterait donc déjà 12 à 14 milliards d'euros rien que pour la branche maladie. Et on a vu que plusieurs acteurs estiment par exemple que la fraude aux arrêts de travail était de plus de 15 %. Mais en définitive le seul travail d'évaluation statistique qui s'est voulu rigoureux en matière d'évaluation de la fraude aux prestations sociales a été celui de la CNAF qui évaluait la fraude à plus de 3 % et l'impact financier à 4,2 % de la masse des prestations servies, comme on l'a vu. Si l'on extrapole ce taux à l'ensemble des prestations sociales servies chaque année en France, 787 milliards d'euros en tenant compte des frais de gestion, on arriverait à la somme astronomique de 33 milliards d'euros de fraude...

Est-ce cohérent ? Malheureusement, oui. Si vous reprenez la problématique principale exposée dans ce livre, la fraude à l'immatriculation dans le système social et la découverte d'une masse de 5 millions de personnes percevant des prestations alors qu'elles ne le devraient pas, vous arrivez à une somme encore plus importante : à la dépense moyenne de protection sociale, ces millions de fantômes représenteraient plus de 52 milliards d'euros de dépenses par an ! En effet, faites le calcul : 4,9 millions de « fantômes » sur 73,7 millions de personnes percevant des prestations sociales pour un coût global de 787 milliards d'euros, cela représente un enjeu de 52,3 milliards chaque année...

Nous sommes donc très au-delà des 14 milliards d'euros qui m'effrayaient il y a encore seulement deux ans. Et peut-être encore plus loin que les 30 milliards que j'évoquais en mars 2020 devant la commission d'enquête. Car depuis on a découvert que le problème porte sur pratiquement 5 millions d'individus suspects...

À côté de cela, on en vient à se dire que même la fraude fiscale apparaît comme un enjeu moindre. En effet, même si la communication administrative et la presse se complaisent à vous expliquer que l'on détecte environ 20 milliards d'euros de fraude fiscale chaque année, il s'agit là d'une information tronquée. En réalité ce chiffre n'est pas celui de la fraude mais celui des redressements notifiés, avec pénalités incluses. Et donc de l'ensemble des dossiers relatifs aux divergences d'interprétation de la loi fiscale entre les contribuables et l'administration. Si vous voulez avoir le « vrai » chiffre de la fraude fiscale détectée, il faut aller chercher les dossiers ayant entraîné l'application de pénalités fiscales dites « répressives », supérieures à 40 %. Et là les résultats sont moins mirobolants. Car en réalité seuls 20 % des contrôles relèvent de cette qualification, donc de ce que l'on appelle la « fraude fiscale ». Et le montant des impositions fraudées constaté chaque année tourne entre 3 et 4 milliards d'euros. Il est même tombé à 2,9 milliards d'euros de fraude fiscale constatée en 2019... En clair, en 2019, les services de contrôle des impôts, avec environ 9 000 fonctionnaires, ont détecté un peu moins de 3 milliards d'euros de fraudes. Alors que les services de contrôle des organismes sociaux, avec beaucoup moins d'agents, ont détecté environ 1,5 milliard d'euros de fraudes sociales, cotisations et prestations confondues. La question du montant de la fraude fiscale est d'ailleurs intéressante et pourrait faire l'objet à elle seule d'un livre entier. Mais laissez-moi vous livrer quelques réflexions.

Je dois confesser que j'ai été de ceux qui ont expliqué publiquement que la fraude fiscale se situait entre 60 et 80 milliards d'euros par an. Je reprenais en cela les évaluations claironnées par le principal syndicat des agents des impôts. Mais j'ai commencé à avoir des doutes lorsque je n'ai pas pu avoir accès à leurs travaux de mise à jour. Et surtout quand j'ai découvert leur définition de la « fraude fiscale ». Le syndicat Solidaires Finances Publiques, car c'est bien de lui dont il s'agit, a le mérite d'annoncer la couleur dans le préambule de son rapport : « La frontière entre l'évitement légal et l'évitement illégal n'est donc pas facile à définir. Dans ses travaux sur l'estimation des pertes fiscales, notre organisation a retenu le périmètre le plus évident, celui sur lequel s'exerce le contrôle fiscal : le non-respect du droit fiscal.

Volontaire ou non, celui-ci a le mérite d'être conceptuellement simple et de ne procéder à aucune forme de tri de "moralité" ou de gravité. Ce tri serait nécessairement subjectif. »

Ainsi donc leur évaluation de 60 à 80 milliards, voire maintenant 100 milliards d'euros de fraude fiscale chaque année ne se rapporte-t-elle pas du tout au périmètre circonscrit de la fraude caractérisée, mais en réalité à ce qui peut être sujet à contestation, erreur et rectification non frauduleuses. Si on applique alors le taux de dossiers réellement frauduleux constaté par les contrôles de l'administration fiscale, soit 20 à 25 %, on retomberait sur une évaluation de la fraude fiscale annuelle de l'ordre de 25 milliards d'euros. Ce serait beaucoup plus raccord avec les évaluations menées par la Cour des comptes en 2007 qui chiffrait la fraude aux prélèvements, impôts et cotisations, entre 28 et 40 milliards d'euros. 25 milliards de fraude fiscale et 17 milliards de fraude aux cotisations sociales, on est pile dans le même ordre de grandeur que les travaux de la Cour.

Ce qui signifie donc que, contrairement à ce que l'on vous a toujours dit et que j'ai moi-même cru, la première fraude aux finances publiques serait... la fraude aux prestations sociales ! Et comment, logiquement, pourrait-il en être autrement ? Le montant des sommes encaissées pour les cotisations sociales, c'est 534 milliards. Les impôts collectés au profit de l'État et des collectivités, c'est un peu plus de 637 milliards. Et les prestations sociales servies, on l'a vu, c'est une masse de 787 milliards... Par quelle tournure d'esprit, par quel miracle le fraudeur aux prestations sociales aurait-il moins tendance à frauder que le fraudeur fiscal ou le fraudeur aux cotisations ? Je sais bien qu'il faut voir des miracles et le bon Dieu de temps en temps, sans quoi le doute s'installe mais, sur ce coup-là, désolé, je suis sceptique…

Comme tous les citoyens, j'attends encore beaucoup de la Cour des comptes et je lui fais confiance. Je vous avoue que je n'ai pourtant pas compris comment la Cour a pu certifier les comptes de la Sécurité sociale depuis des années alors que nous avions cette problématique de fraude documentaire connue, alors que vous avez 12,4 millions de personnes nées à l'étranger qui touchent des prestations chaque année alors qu'elles sont censées être 8,2 millions, sans jamais évoquer le problème.

Je ne comprends pas comment la Cour a pu ne pas tenir compte des rapports de l'IGF et de l'IGAS disant déjà en 2013 que 7 millions de personnes à l'assurance maladie obligatoire étaient prises en charge en plus de celles qui existaient et que nous avions à ce moment-là 8 millions de cartes Vitale actives en surnombre. Je comprends encore moins qu'elle n'en ait jamais parlé alors même que la question précise de la fraude documentaire à l'immatriculation avait été posée en juillet 2012 par les députés à Didier Migaud, alors premier président de la Cour des comptes.

Ce simple contrôle de cohérence qu'un enfant de CM1 est capable de comprendre, à savoir comparer le nombre de gens qui existent avec le nombre de gens qui touchent de l'argent, la commission d'enquête sur la fraude aux prestations sociales vient de le faire. Si l'on a plus de gens qui touchent de l'argent que de gens qui existent, c'est que l'on a un problème. Un problème qui se situe aujourd'hui entre 4,9 millions et 6,7 millions de « fantômes » bénéficiaires de prestations sociales.

Un cartel des fraudes qui nous coûterait donc à tous 50 milliards d'euros chaque année. Et, cher lecteur contribuable, la fraude annuelle aux prestations sociales pourrait bien dès lors dépasser le montant cumulé de l'impôt sur les sociétés et des taxes sur l'essence. Ou encore représenter plus de 70 % du montant de l'impôt sur le revenu que payent les Français. C'est aussi cela la réalité du Cartel des Fraudes...

Nous sommes en tout état de cause à de tels niveaux de distorsion – 5 millions de NIR en surnombre parmi les bénéficiaires de prestations sociales – que ce n'est même plus la peine de jouer à faire de l'évaluation. Maintenant, nous savons qu'il y a un problème, il faut le traiter. Vouloir faire des évaluations, c'est aussi toujours la même chose : « On va regarder si les choses ne seraient pas mieux comme ci ou comme cela. » Non, à un moment donné, il faut y aller ! Napoléon avait un principe stratégique fondamental : « On s'engage et on voit. »

CHAPITRE 12
La biométrie, solution empreinte de bon sens

Nous sommes donc face à une situation catastrophique où l'on se rend compte que nous avons potentiellement presque 5 millions de fraudeurs et plus de 50 milliards d'euros qui pourraient partir en fumée tous les ans. Un système qui craque de partout ; des organismes de protection sociale dont on a le sentiment que leur priorité est parfois, pour certains, de cacher l'ampleur du phénomène de fraude ; une administration souvent timide et surtout des décideurs politiques très timorés, craignant d'être mis en accusation alors qu'au contraire les citoyens attendent des réactions fermes.

Dans la mentalité actuelle, nous ne sortirons hélas jamais de l'*évaluation préalable*, celle qui permet de ne pas bouger. On voudra toujours savoir « la fraude c'est combien en tout ? ». Vous pourrez faire une règle de trois en disant : « On est en face de x % de dossiers frauduleux par rapport au nombre de dossiers qui existent. Cela fait à peu près tant. » Face à une dépense de 787 milliards d'euros annuels, cela fait une certaine somme, effectivement. En l'espèce un peu plus de 50 milliards par an...

C'est très bien de dire qu'il y a un problème, mais comment fait-on pour le traiter ? À une époque, sur la question du SANDIA, je me disais que comme nous connaissions les pays d'origine des faux documents prétendus, nous pouvions essayer de cibler les contrôles. Mais quand vous en avez manifestement au moins 2 ou 2,5 millions à aller chercher, voire 5 millions si on passe à l'ensemble de la base, ce n'est même plus la peine de l'envisager !

Pour stopper ces phénomènes de fraude et en même temps moderniser notre système social, il n'y a pas trente-six solutions : il faut passer à la biométrie. Quand vous êtes face à cinq millions de fraudeurs en puissance, en tout cas de dossiers qu'il faut exclure du système pour sécuriser celui-ci, on ne peut plus se permettre de faire de l'échantillonnage ou de travailler au fil de l'eau ; il faut une remise à plat complète et rapide de l'ensemble du dispositif. C'est pour cela qu'il faut « biométriser » le numéro de Sécurité sociale. C'est une opération simple, il suffira que chaque assuré social se présente à un guichet – mairie, assurance maladie ou autre – en justifiant de son identité avec les documents originaux probants et en faisant enregistrer ses empreintes digitales comme cela est déjà le cas pour nos passeports et nos cartes d'identité.

Des travaux sur la biométrie sont actuellement menés au niveau de l'Union européenne. Dans de nombreux pays, on ne se pose pas la question de son utilisation comme le fait la Commission nationale de l'informatique et des libertés (CNIL) chez nous, avec la loi de 1978, le règlement général sur la protection des données (RGPD), voire le Conseil constitutionnel qui limite son utilisation. Beaucoup de nos partenaires européens considèrent que la fraude aux finances publiques relève de l'intérêt supérieur de l'État et rend légitime l'utilisation d'outils biométriques.

Nos amis belges ont depuis longtemps mis en place un système de carte d'identité électronique servant aussi de carte de Sécurité sociale. Leur numéro unique est valable pour toutes les démarches et permet dès lors de croiser des milliers de fichiers, donc de mieux lutter contre les fraudes.

Et depuis quelque temps la carte électronique belge devient biométrique, avec enregistrement de l'empreinte digitale du porteur. Le système belge est régulièrement mis à l'honneur par les investigations parlementaires françaises : la mission Goulet-Grandjean ne tarissait pas d'éloges sur cette « banque carrefour » belge et son représentant a encore eu les honneurs de la commission d'enquête parlementaire en juillet 2020.

Et bien si les Belges savent faire cela depuis des décennies, pourquoi par nous, Français ?

Il s'agirait donc de mettre en place une certification biométrique de l'immatriculation sociale, condition *sine qua non* de la possibilité pour un individu de percevoir une prestation ou de se faire rembourser. Les avantages seraient immédiats : suppression de la possibilité de se créer de multiples identités puisque le système détecterait immédiatement les empreintes digitales réutilisées ; impossibilité d'utiliser la même carte Vitale pour plusieurs personnes et donc sécurisation des paiements par l'obligation de valider l'acte avec son empreinte ; reprise de contact avec l'ensemble des assurés sociaux permettant de s'assurer de leur existence réelle et de leur résidence effective en France...

Le coût d'une telle opération n'est absolument pas prohibitif. Par exemple l'Algérie a mis en place sa carte nationale d'identité biométrique particulièrement moderne pour un coût d'environ 0,50 euro par carte, produit fourni par la société Gemalto. Pour les assurés sociaux résidant à l'étranger, on pense par exemple aux retraités situés dans des pays reculés, il ne faudra pas hésiter à maintenir également cette obligation de biométrie.

Pour traiter spécifiquement le problème de la fraude à l'existence, c'est-à-dire à la non-déclaration de décès pour les retraités par exemple situés en Algérie, qui fait l'objet de polémiques importantes et qui représente un réel enjeu comme l'a démontré l'audition par l'Assemblée nationale des enquêteurs privés que nous avons évoquée, on peut imaginer un dispositif spécifique qui s'appuie justement sur les titres d'identité algériens sécurisés. Le retraité algérien devrait venir enregistrer ses empreintes auprès d'un consulat français ou d'un prestataire de service privé le cas échéant missionné pour ce faire, tout en justifiant de son identité par un contact en face-à-face en produisant sa carte d'identité biométrique sécurisée. On pourrait ainsi enregistrer dans une base de données les empreintes de l'individu en ayant une bonne garantie de son identité en s'appuyant sur le dispositif algérien et en vérifiant la concordance des empreintes déposées avec celles de la carte d'identité sécurisée. Et ensuite il suffirait de pouvoir mettre en place des contrôles d'existence à distance par applications informatiques ou mobiles avec des invitations à scanner ses empreintes à des dates fixées de manière aléatoire.

La modernité du système algérien voulu par son gouvernement permet d'envisager ces procédures d'enrôlement, qui doivent évidemment être étendues à l'ensemble des pays ayant des pièces d'identité sécurisées similaires. Pour les Français, la question de l'obligation de solliciter la délivrance d'une pièce d'identité biométrique, dans le cadre d'une modernisation de l'identité, doit également se poser. Pas seulement une « carte Vitale biométrique ». Mais un « NIR biocertifié », c'est-à-dire le numéro de Sécurité sociale revalidé et sécurisé avec les empreintes. Qui conditionnera tout paiement de prestations sociales, allocations, chômage, retraite, etc.

Outre l'aspect de modernisation du système social français, dont je rappelle qu'il conserve 84 millions de personnes « réputées en vie » pour 67 millions d'habitants, l'intérêt financier est évident : imaginez l'argent économisé si on sort ainsi du système 5 millions de personnes n'ayant rien à y faire ! Les pudeurs n'ont plus à faire la loi. Et on peut aujourd'hui se poser légitimement la question de la motivation de ceux qui s'opposent à une telle sécurisation du système des prestations sociales. Pourquoi refuser de faire des économies évidentes ?

À côté de la biométrisation de l'identité sociale, il faut évidemment mettre en œuvre des processus généralisés de détection de la fraude documentaire. Et surtout changer de paradigme et créer un véritable « FBI de lutte contre la fraude sociale ». C'était notre proposition en 2012 et elle n'a malheureusement pas pris une ride. Il s'agirait de muscler le dispositif. La suppression en juin 2020 de la DNLF pour la remplacer par une MICAF, mission interministérielle réduite et aux compétences amoindries, n'est en cela pas un signal positif... L'idée devrait pourtant être de renforcer le dispositif de détection, d'enquête et de répression de la fraude sociale en transformant le service de coordination qu'était la Délégation nationale à la lutte contre la fraude en un véritable service opérationnel avec une compétence nationale d'enquêtes administratives pour croiser les données, mener des investigations, détecter les fraudes sociales, en sus de son rôle de coordination. Il pourra utilement être composé de magistrats et d'enquêteurs mis à disposition par les différents corps de police, gendarmerie, organismes sociaux.

En sus de la coordination des comités opérationnels départementaux antifraude, ces fameux CODAF créés en 2010 et qui sont le fer de lance de la lutte contre la fraude depuis lors, un tel service aurait vocation à prendre la tête des enquêtes de grande ampleur contre les fraudes sociales. Je pense par exemple au recyclage particulièrement répandu des fonds issus du travail au noir dans les investissements immobiliers, que les enquêteurs connaissent bien et qui fonctionnent en général sur le mode communautaire.

L'une des premières missions de ce « FBI de lutte contre la fraude » serait aussi de mettre en œuvre le plan de biométrisation de l'identité sociale. Une autre des missions de ce « FBI » pourrait être, par exemple, de récupérer l'ensemble des identités dont on sait qu'elles ont été utilisées sur des faux documents et de vérifier dans les fichiers des organismes sociaux si ces faux documents ont servi à s'inscrire à la Sécurité sociale et à percevoir des prestations. Et ensuite, une fois les fraudeurs détectés, de mettre en œuvre les processus de sanction et de neutralisation des paiements.

On a bien compris que les organismes de protection sociale n'ont pas la culture de la lutte contre la fraude. C'est normal, leur rôle est de payer des prestations à bon droit, ce ne sont ni des chasseurs ni des policiers. Souvent les contrôleurs antifraudes des caisses de Sécurité sociale sont mal vus de leurs collègues et beaucoup d'entre eux se plaignaient des ambiances de travail. J'en ai même rencontré qui ont fait des procès à leur employeur. Ce sont pourtant de très bons professionnels et les résultats financiers qu'ils obtiennent au regard de leur tout petit nombre sont là pour le démontrer.

Dès que vous parlez de la fraude aux prestations sociales, les gens évoquent le « non-recours aux droits ».

Vous savez, il s'agit des personnes qui par ignorance, à cause de la complexité du système ou tout simplement parce qu'elle se refusent à vivre des allocations, ne sollicitent pas le versement des diverses prestations sociales auxquelles elles auraient droit. Mais ce n'est pas du tout le sujet ! Le sujet du non-recours aux droits c'est une histoire de protection sociale pour un organisme de protection sociale dont le travail est de payer des prestations. Le sujet de l'antifraude c'est autre chose, c'est de détecter des bandits qui sont en train de voler l'argent public, d'où la nécessité de sortir la mission de lutte contre la fraude des organismes de protection sociale et de la mettre dans un service de l'État. Une solution radicale et efficace consisterait donc à transférer hiérarchiquement les contrôleurs antifraudes des organismes sociaux dans une Délégation nationale à la lutte contre la fraude rénovée, en tout cas dans un service relevant du ministère du Budget, avec des pouvoirs opérationnels d'enquête et de sanction administratifs.

C'était ça l'idée du FBI de lutte contre la fraude sociale : créer ce grand service de coordination, d'analyse et de croisement de fichiers à vocation opérationnelle pour cibler puis diriger les enquêtes administratives antifraude mais aussi mettre en œuvre les sanctions administratives de suspension de paiement des prestations en cas de découverte de fraude. Car les croisements de fichiers, évidemment, sont un levier qui fonctionne. La DNLF, en 2008, avait d'ailleurs été créée pour cela. Le premier croisement de fichiers que nous avions fait était assez simple, il intervenait entre le revenu minimum d'insertion (RMI) et le chômage. Nous avions sorti 100 000 cas d'un coup, à l'issue du premier croisement de fichiers. La CNAF avait dit : « Nous n'allons pas dire que c'est de la fraude. » 100 000 personnes cumulaient le RMI et le chômage, mais nous n'allions pas dire que c'était de la fraude… En bref, sur les croisements de données et de fichiers, nous pouvons faire beaucoup mieux.

À ce jour, la grande politique de lutte contre la fraude repose sur les « conventions d'objectifs et de gestion (COG) ». J'étais enquêteur sur le terrain : j'en ai attrapé des fraudeurs. Et toute la journée, je vois, en tant que juge, des bandits, des terroristes, des voleurs, des violeurs… Ce que je fais depuis vingt-cinq ans. Nous n'avons jamais attrapé un bandit avec une COG… Il faut des gens sur le terrain, des outils, des moyens informatiques, etc. Il faut aussi des enquêteurs. Les contrôleurs des organismes sociaux – moins de 2 000 – sont au maximum de ce qu'ils peuvent faire. Si vous ne mettez pas plus de personnel pour aller attraper les bandits, vous n'en attraperez pas plus.

On peut nettoyer les fichiers, faire de la biométrie, avoir de grands projets. Plus ils seront simples, mieux c'est, parce que l'on sait ce que donnent les grands projets informatiques en France. Regardez le RNCPS : cela fait bientôt quinze ans que sa création a été décidée et il n'est toujours pas pleinement opérationnel. Peut-être faut-il aussi sortir d'un certain angélisme.

Prenons pour exemple ce que mon collègue Geoffroy Fougeray avait initié en 2010 et 2011 : les signalements de la police à la CAF. C'était une initiative de la DNLF, expérimentée par le CODAF du Val-de-Marne, que j'étais allé présenter au ministre de l'Intérieur à Créteil le 29 novembre 2011, en présence de ma collègue Nathalie Bécache qui était alors procureur de la République de Créteil.

La DNLF avait proposé au directeur de la CAF 94 de mener une expérimentation consistant à sensibiliser les policiers du département aux fraudes portant sur les prestations sociales afin de susciter des signalements. Le directeur territorial de la sécurité de proximité, puis le chef du SDPJ 94 avaient donné leur accord pour que les enquêteurs suivent un module de sensibilisation de deux heures dans les services de police. Parmi les objectifs du plan national de lutte contre la fraude 2011 (PNLF), figurait la nécessité de rechercher systématiquement les éventuelles fraudes aux prestations sociales commises par les délinquants d'habitude qui tirent des revenus substantiels de leurs activités illégales tout en bénéficiant de prestations sociales soumises à conditions de ressources (RSA, allocations logement, CMU-C...). C'était une des actions que nous avions conçues, le commissaire Fougeray et moi. Il est en effet choquant et inacceptable que les délinquants bénéficient de prestations sociales, alors même que leurs revenus illicites – par exemple tirés de trafic de stupéfiants – sont très nettement supérieurs aux plafonds prévus pour ces prestations. Les présidents conjoints du CODAF 94, préfet et procureur, avaient validé cette initiative présentée par la DNLF. Nathalie Bécache avait en outre donné des instructions par écrit le 1er juillet 2011 pour que l'ensemble des officiers et agents de police judiciaire recherchent d'éventuelles fraudes aux prestations sociales dans toutes les procédures judiciaires. La sensibilisation des policiers, première étape de ce projet, s'était traduite dans un deuxième temps par la transmission de signalements d'individus pouvant commettre des fraudes aux prestations sociales. En trois mois d'expérimentation, la CAF du Val-de-Marne avait reçu une centaine de demandes de renseignements et de signalements. Un tiers des signalements exploitables – concernant des personnes connues dans les fichiers de la CAF – étaient alors qualifiés de fraude par la CAF. Une dizaine de cas avaient quasi immédiatement donné lieu à un redressement par la CAF. Le montant moyen d'un dossier s'élevait à 7 755 euros de fraude…

Je crains que cette manière de travailler ne soit plus généralisée. C'est d'autant plus dommage que nous avions conçu un dispositif à tiroirs avec la fiscalisation des saisies de stupéfiants et, par voie de conséquence, la prise en compte immédiate de leur valeur en tant que ressources à prendre en compte pour les attributions d'allocations sociales. En effet, le code général des impôts avait été modifié pour tenir compte de ce que nous appelions entre nous la « taxation sur les prises » : la valeur de la drogue saisie sur un dealer était réputée être un revenu imposable l'année de la saisie constatée. En appliquant ensuite les dispositions du code de l'action sociale et des familles, les CAF devaient tenir compte de ce revenu imposable défini par la loi fiscale. Une manière immédiate, au regard de la valeur des drogues sur le marché noir, de supprimer les allocations sociales aux trafiquants et même de supprimer les allocations familiales des parents d'enfants âgés de plus de seize ans qui seraient dans le trafic. Car pour un mineur ou un jeune majeur ayant des revenus supérieurs à une fraction du SMIC (soit 55 % soit un peu plus de 900 euros mensuels selon les cas), les allocations familiales et autres aides sont supprimées. Vous voyez, pas besoin de changer la loi pour obtenir le cas échéant des effets utiles et dissuasifs. Il suffit de le vouloir. Et de donner les instructions pour que les procédures soient menées. Il faut donc d'urgence remettre au goût du jour ces mesures antifraude sociale des trafiquants. C'est très simple. Et cela peut donner des résultats très importants, très vite et très populaires : tout le monde sera satisfait que les prestations sociales des trafiquants identifiés soient supprimées !

De manière plus générale, il ne faut pas perdre de vue que toutes les « réformes » qui aboutissent à une baisse des prestations – parce que l'objectif actuel est quand même par exemple de baisser le montant des retraites des Français – sera scandaleusement injuste si on ne traite pas d'abord tous ces problèmes de fraude aux finances publiques, de fraude aux prestations sociales, de fraude fiscale, etc. Les gens ne peuvent pas comprendre – et ils ont raison – qu'on leur demande plus et qu'on réduise leurs prestations et services publics alors qu'à côté, on sait pertinemment que l'argent s'en va, qu'on le laisse partir et qu'en plus on met le couvercle sur la marmite et la poussière sous le tapis. Ce n'est pas possible.

Face à ceux qui expliquaient et expliqueront encore – ils seront malheureusement encore nombreux – que la fraude aux prestations sociales serait négligeable, il faut inlassablement rappeler que la *fraude d'en bas* coûte plus que la *fraude d'en haut*, contrairement à une idée reçue, surtout quand elle est en fait pilotée d'en haut... Il faut donc lutter contre toutes les fraudes : frauder c'est voler. Les discours qui excusent la fraude sociale des uns au nom de la fraude fiscale des autres, ou la fraude fiscale et le travail au noir des uns par l'existence de la fraude aux prestations des autres, détruisent le consentement républicain à l'impôt et la nécessaire mobilisation de tous pour redresser les finances de notre pays. Quant à la « fraude de survie », elle existe évidemment mais elle est bien résiduelle par rapport à la fraude sociale globale. L'équation « pauvre = nécessité de frauder » est fausse, c'est même une injure envers la scrupuleuse honnêteté que l'on constate pratiquement toujours chez les personnes modestes issues des milieux populaires.

Car il faut maintenant s'attaquer à la fraude aux prestations sociales de manière calme et résolue, comme cela fut le cas au moment de la création de la DNLF en 2008. L'honnêteté intellectuelle oblige à reconnaître que c'est à cette époque que les grandes réorganisations du dispositif de lutte contre les fraudes fiscales et sociales ont été conçues et les actions initiées, sans outrances contre-productives, donc efficacement. Et donc que les résultats en constant progrès observés depuis sont dus à ces réformes et aux impulsions données alors. Les acteurs de terrain le savent bien.

S'attaquer à la fraude c'est aussi ce qui renforcera notre sécurité, notre justice, notre police, avec la réallocation dans le budget général des montants ainsi économisés, au bénéfice de tous nos compatriotes. La lutte contre la fraude est un combat pour la justice sociale. On ne peut pas demander des efforts aux Français si dans le même temps on ne met pas tout en œuvre pour empêcher la triche. C'est celui qui fraude qui doit être sanctionné et non pas les familles et les contribuables. Il est grand temps de « remettre l'église au centre du village », y compris en ce domaine de la gestion des finances publiques.

Mais je ne suis pas le seul à préconiser des mesures d'amélioration. L'année dernière, la Cour des comptes a listé de nombreuses recommandations techniques à destination des organismes sociaux, pour qu'ils améliorent la lutte contre la fraude. Moins globaux que le processus de biométrie ou culturels comme le transfert réel de la compétence de lutte contre la fraude au sein d'un service de l'État, ces propositions sont cependant souvent pertinentes. À charge pour le gouvernement et les organismes sociaux de les mettre en œuvre.

CHAPITRE 13
Le Cartel des Fraudes en pleine expansion

Le cartel des fraudes ne se limite évidemment pas aux fraudes aux prestations sociales. Il a gangrené toute l'économie et la vie sociale. On retrouve petits et grands fraudeurs à tous les niveaux.

Je reviendrai donc vers vous pour vous expliquer comment la véritable grande fraude fiscale prospère, celle qui coûte des milliards chaque année au budget de la France depuis si longtemps. Comment notamment les escrocs profitent du système européen de TVA pour piller les caisses de l'État. Comment des réseaux organisés de fraude en matière de cotisations sociales détournent des sommes astronomiques tout en neutralisant le principe de libre concurrence et donc en poussant à la ruine des entreprises honnêtes. Comment malheureusement les pouvoirs publics, lorsqu'ils prennent des décisions et créent des dispositifs parfois ne réfléchissent absolument pas à la manière dont ces dispositifs vont être détournés et fraudés, laissant la porte ouverte à des organisations criminelles qui n'attendent que cela pour pouvoir s'enrichir à notre détriment.

Pour clore ce premier épisode du *Cartel des fraudes*, laissez-moi vous raconter l'histoire qui aura certainement la palme de la fraude aux finances publiques au détriment de la France en cette année 2020. Avec la crise sanitaire, vous l'avez vu, le gouvernement a pris la décision, afin d'aider les entreprises à passer le cap, de financer les salaires de salariés avec le dispositif du chômage partiel. Vous en avez peut-être vous-même bénéficié.

Regardons comment ce dispositif a été conçu. C'est assez simple, il s'agissait pour l'entreprise de solliciter une autorisation auprès de la direction du travail de mettre un nombre donné de salariés en chômage partiel pour un certain nombre d'heures déclarées. Et ensuite, une fois l'autorisation reçue ou bien si l'administration ne répondait pas sous quinze jours, l'entreprise pouvait solliciter le chômage partiel. Afin de faciliter les choses et de rendre le dispositif très rapide, l'entreprise n'allait pas bénéficier de ce financement du chômage partiel par des réductions de cotisations sociales à payer chaque mois mais par le virement sur son compte bancaire d'une prime directe. Et surtout aucune vérification réelle préalable par l'administration n'était prévue pour s'assurer tant de l'identité de la personne qui sollicitait le chômage partiel que de l'existence et de l'identité des salariés pour lesquels le chômage partiel était sollicité ni même de la concordance des références bancaires.

Alerté par des premiers articles dans la presse j'appelais immédiatement un certain nombre de contacts qui me confirmaient que le système était bien « open bar » : aucun contrôle et surtout aucune vérification préalable des relevés d'identité bancaires fournis pour percevoir les paiements de l'administration. N'importe qui pouvait usurper la raison sociale et le SIREN d'une entreprise, information librement accessible sur Internet, puis envoyer une demande d'indemnisation du chômage partiel en fournissant le RIB d'un autre compte bancaire.

Comment, lorsque l'on connaît nos habituels fraudeurs et escrocs professionnels que l'on voit toujours débarquer depuis des décennies sur les escroqueries à la TVA, dans les textiles, sur les composants électroniques, sur la téléphonie mobile, sur les métaux précieux, sur les quotas carbone il y a à peine plus de dix ans, peut-on encore construire un dispositif aussi facile à gruger ?

Nous avons bien sûr alerté très vite les parlementaires, qui ont enclenché le dépôt de mesures de correction et provoqué le 19 juillet 2020 au Sénat des débats fort... éclairants :

« **M. le président.** L'amendement n° 535 rectifié, présenté par Mme N. Goulet, est ainsi libellé : Les demandes de versement d'indemnisation au titre du placement en position d'activité partielle des salariés mentionnés à l'article 2 du décret n° 2020-325 du 25 mars 2020 relatif à l'activité partielle s'accompagnent de la liste nominative des salariés visés, de leur identité complète, de leur numéro de Sécurité sociale, ainsi que d'une copie de la déclaration sociale nominative prévue par l'article L. 133-5-3 du code de la Sécurité sociale.

L'Agence de service et de paiement peut effectuer tout contrôle par l'intermédiaire de tout agent habilité. Les paiements sont immédiatement suspendus en cas de présomption de fraude. »

La parole est à Mme Nathalie Goulet.

Mme Nathalie Goulet. « Le petit développement que je m'apprête à faire vaudra pour les autres amendements que j'ai déposés à cet article, qui visent à lutter contre la fraude au chômage partiel. Si vous regardez attentivement le formulaire de demande de chômage partiel, vous n'y trouvez ni l'identité ni le nombre de salariés visés par la mesure. Les fraudes sont donc extrêmement nombreuses. Le parquet a d'ailleurs engagé un certain nombre de procédures. Plus de 1 000 fraudes ont d'ores et déjà été repérées ; elles passent notamment par des circuits de fraude bien connus, qui ressemblent par exemple à ceux qu'emprunte la fraude aux quotas carbone. Un client satisfait est un client qui revient ; un fraudeur qui trouve un système à frauder y revient également : c'est exactement ce qui se passe dans le cas du chômage partiel. Je vous propose donc, par cet amendement, que les demandes de versement d'indemnisation au titre du placement de salariés en position d'activité partielle s'accompagnent de la liste nominative des salariés visés, de leur identité, de leur numéro de Sécurité sociale, ainsi que d'une copie de la déclaration sociale nominative prévue à l'article L. 133-5-3 du code de la Sécurité sociale. Cela me semble important.

Je sais que les demandes de mise en chômage partiel doivent être effectuées rapidement, parce qu'il importe de soutenir le pouvoir d'achat des salariés. Mais un tel dispositif ne saurait aller sans contrôle ; c'est la raison pour laquelle j'ai déposé une série d'amendements sur ce sujet, dont celui-ci. »

M. le président – Quel est l'avis de la commission ?

M. Albéric de Montgolfier, rapporteur général de la commission des finances – Mme Goulet soulève une vraie question, celle de la fraude, qui peut aller jusqu'à des usurpations d'identité. Le montant global de l'indemnisation du chômage partiel s'élève à plus de 30 milliards d'euros ; ça mérite donc qu'on s'y arrête un instant. Une petite nuance néanmoins par rapport à ce qui a été dit : il faut distinguer la demande initiale, c'est-à-dire la question de l'éligibilité de l'entreprise au bénéfice du chômage partiel – cela dépend du type d'activité : un motif doit être indiqué, fermeture administrative par exemple, ou réduction d'activité –, de l'indemnisation elle-même, stade auquel il faut en effet indiquer le nom, le numéro de Sécurité sociale, les heures concernées, etc., salarié par salarié. Il ne faut donc pas confondre la demande initiale, c'est-à-dire la question de savoir si l'entreprise bénéficie ou non du dispositif – il s'agit de savoir quel type d'événement justifie le chômage partiel –, et l'indemnisation elle-même, qui suppose évidemment d'indiquer, pour chaque salarié, son numéro de Sécurité sociale, les heures normalement travaillées, les heures chômées, etc.

Je demande donc le retrait de cet amendement ; j'aimerais néanmoins entendre le Gouvernement sur les moyens qu'il souhaite engager dans la lutte contre la fraude. Il y a en effet, sur un montant aussi important – l'enjeu est supérieur à 30 milliards d'euros –, des fraudes manifestes. Je comprends qu'on ait voulu aller vite pour indemniser, mais il faudra sans doute des contrôles a posteriori pour éviter des dérives. »

M. le président – Quel est l'avis du Gouvernement ?

Mme Agnès Pannier-Runacher, ministre déléguée – Je voudrais préciser certaines choses.

Il n'y a pas un euro de payé sans le nom, le prénom, le numéro de Sécurité sociale, les heures à indemniser. Ces renseignements ne sont pas fournis au moment de la demande initiale, puisque celle-ci débouche sur une autorisation de principe qui permet de faire valoir que l'on pourra bénéficier du dispositif de chômage partiel. L'amendement me semble donc satisfait.

(Note de l'auteur : c'est là que les fraudeurs qui ont reçu tranquillement leurs virements depuis des mois se sont écroulés de rire…)

M. le président – La parole est à M. Jérôme Bascher, pour explication de vote.

M. Jérôme Bascher – Je veux juste soulever un petit problème, madame la ministre : pourquoi, au moment où l'on sait que se pose un problème de fraude – il a été massivement évoqué –, votre ministère a-t-il choisi de démanteler la Délégation nationale à la lutte contre la fraude, qui permettait précisément de lutter conjointement contre la fraude sociale et contre la fraude fiscale ? Nous sommes un peu surpris de ce démantèlement, qui revient à diviser au moins par deux les effectifs. Où est la cohérence ? (…)

M. le président – Je suis saisi de deux amendements identiques.

Ces deux amendements sont ainsi libellés : – Le versement de l'indemnisation au titre du placement en position d'activité partielle de salariés mentionnée à l'article 2 du décret n° 2020-325 du 25 mars 2020 relatif à l'activité partielle est subordonné à la consultation du fichier national des comptes bancaires et au contrôle du greffe du tribunal de commerce.

La parole est à Mme Nathalie Goulet, pour présenter l'amendement n° 241 rectifié quater.

Mme Nathalie Goulet – Compte tenu des 1 740 opérations frauduleuses qui ont déjà été identifiées, au nom de 1 069 sociétés différentes demandant des versements de fonds sur plus de cent-soixante-dix comptes bancaires différents, notamment des comptes domiciliés à l'étranger, je vous propose, dans la lignée du précédent amendement, que le versement de l'indemnisation au titre du placement de salariés en position d'activité partielle soit subordonné à la fois à la consultation du Ficoba et au contrôle du greffe du tribunal de commerce.

Qu'un tel versement soit effectué sur un compte bancaire à l'étranger, ça me semble quand même un peu curieux. Par ailleurs, il arrive aussi que la fraude passe par de faux relevés d'identité bancaire.

Vous le savez, le Premier ministre m'avait confié, ainsi qu'à Carole Grandjean, une mission sur la fraude sociale. Nous avions rencontré exactement le même type de dispositifs avec les entreprises éphémères. Ces dispositifs sont connus et largement condamnés, notamment par Tracfin, qui les a décortiqués. En conséquence, je pense que nous pourrions au moins inscrire dans la loi cette obligation de consultation du Ficoba et du greffe, afin que l'on sache si la société existe avant de verser les indemnités. Vu les montants considérés, s'il y a 2 % ou 3 % de fraude, cela fait des sommes extrêmement importantes. (...)

M. le président – Quel est l'avis du Gouvernement ?

Mme Agnès Pannier-Runacher, ministre déléguée – Nous partageons totalement l'objectif ici exposé. Je vais juste corriger un point : ce ne sont pas 30 % des entreprises bénéficiaires qui sont fraudeuses, mais 30 % des entreprises – un peu moins, d'ailleurs – qui ont été contrôlées.

M. Pascal Savoldelli – Qui ont été suspectées !

Mme Agnès Pannier-Runacher, ministre déléguée – En règle générale, quand vous faites un contrôle, vous essayez un tout petit peu de le cibler : vous allez chercher là où vous avez une chance de trouver – ça paraît logique… Forcément, le taux de fraude sera plus élevé que celui que vous trouveriez si vous cherchiez dans l'ensemble de la population. Attention, donc, à ne pas caricaturer : je ne pense pas, ni ne souhaite, d'ailleurs, qu'une entreprise sur trois ait fraudé au chômage partiel.

Il existe déjà, par ailleurs, un arsenal de contrôles à notre disposition. Nous l'utilisons en nous appuyant notamment sur des moyens informatiques qui ne passent pas nécessairement par le Ficoba.

Ce qui m'embête dans la disposition que vous proposez, Mme Goulet, c'est qu'elle consiste en un contrôle ex ante et en une vérification d'éléments qui sont vérifiables par ailleurs, de manière plus souple et plus rapide. L'enjeu est d'éviter un goulet d'étranglement pour les entreprises qui font bien les choses, sachant que l'effet serait à peu près identique par rapport à la situation où on laisse, tout simplement, les contrôles se faire.

Pour des raisons de demande massive de chômage partiel, nous sommes passés, vous le savez, d'un contrôle a priori, préalable à l'autorisation, à un contrôle a posteriori : nous autorisons les entreprises avant de les contrôler. Nous revenons maintenant à un nombre de demandes qui nous permet de remettre en place des contrôles a priori ; mais ne surchargeons pas administrativement ces contrôles.

Ces contrôles seront faits, de manière sérieuse : une lutte contre la fraude est bien en place. Se prémunir collectivement contre la fraude ne veut pas dire créer plein de procédures administratives, dont certaines seront non seulement d'une maigre utilité, mais bloqueront l'accès d'entreprises qui en ont besoin au chômage partiel. »

J'en suis resté sans voix. Les fraudeurs ont donc encore de beaux jours devant eux… Manifestement le fait de se faire voler 1,6 milliard d'euros de TVA en quelques mois en 2009 à cause d'un dispositif mal conçu n'a pas servi de leçon. À croire que certains veulent battre le record. Eh bien, ils sont bien partis : l'État est sur le point d'avoir dépensé 31 milliards d'euros au titre du chômage partiel en quelques mois et prolonge le dispositif. Et les premiers contrôles font apparaître des taux de fraude supérieurs à 20 %… que ce soit des salariés continuant de travailler pendant que l'entreprise touche la prime ou que ce soit de pures escroqueries.

Je sais donc déjà par quoi commencera le *Cartel des fraudes*, épisode II…

Glossaire

AME : Aide médicale de l'État. Couverture maladie à 100 % des étrangers clandestins illégaux. Elle relève du budget de l'État et pas de l'assurance maladie. Elle n'existe que depuis la fin des années 1990. Elle ne concernait au départ que les soins urgents. Son coût pour les finances publiques a explosé avec les années.

Carte Vitale : Carte à puce délivrée à une personne ayant des droits ouverts à l'assurance maladie. La carte Vitale est dite « active » quand des droits sont ouverts. Elle peut alors servir à se faire rembourser, voire à bénéficier de prestations sans débourser d'argent, en « tiers payant ». Un même NIR ne peut avoir qu'une seule carte Vitale active en fonction. Lorsque le système édite une nouvelle carte Vitale pour le même NIR (donc la même personne), la carte précédente est neutralisée informatiquement par le GIE SESAME-Vitale.

CMU : Couverture maladie universelle. Remplacée par la PUMA.

CMU-C : Couverture maladie universelle complémentaire. C'était la « mutuelle » pour les personnes ayant des faibles ressources. Elle est remplacée par la CSS.

CNAF : Caisse nationale des allocations familiales. C'est l'organisme de protection sociale qui chapeaute les CAF et gère l'ensemble des prestations familiales, ainsi que la plupart des minimas sociaux, allocations logement, allocations diverses, y compris pour le compte d'autres acteurs publics. Ainsi le RSA relève des départements mais ce sont les CAF qui instruisent les dossiers, versent les prestations et effectuent les contrôles.

CNAM : Caisse nationale d'assurance maladie (des travailleurs salariés). C'est l'organisme de protection sociale qui chapeaute les CPAM, les caisses primaires d'assurance maladie que connaît tout un chacun.

CNAV : Caisse nationale d'assurance vieillesse. C'est l'organisme de protection sociale qui gère les retraites du régime général. Il assure aussi la gestion des grands fichiers d'identité, du RNCPS, ainsi que, par délégation de l'INSEE, l'immatriculation sociale des personnes nées à l'étranger.

CSS : Couverture solidarité santé. Elle permet d'offrir une « mutuelle » à ceux qui n'en ont pas du fait de leur activité. Elle remplace CMU-C et ACS. Elle permet d'avoir accès à un contrat d'assurance maladie complémentaire pour une cotisation modique fixée selon des plafonds de ressources. Ce dispositif s'inspire clairement du concept de « bouclier-santé » que j'avais formalisé en 2011 et présenté à l'époque à plusieurs parlementaires et dans la presse (*Atlantico*).

DNLF : Délégation nationale à la lutte contre la fraude. Créée au printemps 2008, elle était placée par délégation du Premier ministre auprès du ministre du Budget, à Bercy et était chargée de coordonner la lutte contre les fraudes fiscales, douanières, sociales et le travail illégal. J'y fus le premier magistrat à compter de mai 2008 et y resta jusqu'en juin 2012. Elle a été dissoute par le Président Emmanuel Macron et le Premier ministre Jean Castex en juin 2020. Elle est censée être remplacée par une « MICAF », Mission interministérielle réduite et composée de fonctionnaires de moindre autorité que ne l'était la DNLF, qui avait rang de direction d'administration centrale du ministère de l'Économie et des Finances, au même titre que les impôts ou la douane.

DSS : Direction de la Sécurité sociale. C'est l'administration centrale de tutelle des organismes de protection sociale. Elle est sous la double autorité du ministre de la Santé et du ministre du Budget, notamment parce qu'elle prépare les lois de financement de la Sécurité sociale chaque automne. À Bercy, on appelait ses employés les « sociaux ». Comme on appelait les gens des impôts les « fiscaux » et ceux de la douane les « gabelous ».

EHFCN : *European healthcare fraud and corruption network*. C'est le réseau européen antifraude des Caisses d'assurance maladie. Il produit des rapports d'évaluation de la fraude dans tous les pays d'Europe en collaboration avec l'université de Portsmouth. Son dernier rapport, cité par la Cour des comptes, établit le taux moyen de fraude à l'assurance maladie à plus de 6 %. Ces évaluations sont dirigées par l'ancien chef du service antifraude de l'assurance maladie britannique.

FRAUDE : Contrairement à ce que l'on entend parfois, la définition de la fraude aux prestations sociales est très précise, tant dans la loi, puisqu'il s'agit d'incriminations pénales, que dans les instructions de l'administration, puisqu'une circulaire conjointe du garde des Sceaux, ministre de la Justice et du ministre du Budget a très précisément défini la fraude comme « toute irrégularité, acte ou abstention ayant pour effet de causer un préjudice aux finances publiques, commis de manière intentionnelle ». Cette instruction, toujours en vigueur aujourd'hui, a été adressée pour mise en œuvre aux procureurs généraux des cours d'appel, aux procureurs de la République, au directeur général de la CNAM, au directeur général de la CNAF, au directeur général de la CNAV, au directeur de Pôle emploi, au directeur de la MSA, la mutualité sociale agricole et, à l'époque, au directeur du régime social des indépendants. Je connais bien cette définition de la fraude et pour cause : c'est moi qui l'ai rédigée dans le but très précis et revendiqué de bien englober tous les comportements frauduleux, notamment ceux qui sont laissées de côté ou volontairement cachés sous la dénomination de « faute » ou « abus ».

GIE SESAME-Vitale : Groupement d'intérêt économique Sésame-Vitale. C'est la structure qui édite et gère les cartes Vitale pour l'ensemble des régimes d'assurance maladie. Il semblerait que le GIE Sésame-Vitale ait eu des difficultés à répondre aux questions de contrôle des parlementaires.

INSEE : Institut national de la statistique et des études économiques. Dans cet ouvrage, on parle souvent de l'INSEE, notamment parce qu'il est responsable de l'attribution des NIR et aussi parce qu'il procède aux travaux de recensement de la population, information cruciale vous le verrez, pour détecter les points de fraude massive.

MECCSS : Mission d'évaluation et de contrôle des comptes de la Sécurité sociale. Il s'agit d'une mission parlementaire permanente qui travaille à la surveillance du fonctionnement de la Sécurité sociale et produit des rapports thématiques différents chaque année. En 2010-2011 elle avait travaillé sur la fraude sociale et avait remis un rapport évaluant celle-ci à 20 milliards d'euros par an. Mais de nombreuses informations lui avaient été dissimulées, notamment les évaluations de la fraude à l'assurance maladie par l'EHFCN.

NIR : Numéro d'identification au répertoire. Plus connu sous le terme générique de « numéro de Sécurité sociale ». Le NIR est attribué à chaque personne dès sa naissance si elle naît sur le territoire national ou dès qu'elle va en avoir besoin si elle est née à l'étranger. Le NIR est indépendant de la nationalité de l'individu. Un étranger né en France aura son NIR attribué comme un Français né en France. Un Français né à l'étranger aura son NIR attribué comme un étranger né à l'étranger.

PUMA : Protection maladie universelle. Elle a remplacé la CMU, couverture maladie universelle. C'est la « sécu de base » pour tous les gens qui n'ont pas de régime du fait de leur activité professionnelle ou de celle de leurs proches. À ne pas confondre avec la CMU-C qui est devenue la CSS.

RNCPS : répertoire national commun de la protection sociale. Il s'agit du « grand livre » censé répertorier toutes les personnes bénéficiant d'une prestation sociale, sur la base du NIR. Ne rentrent dans le RNCPS que les gens qui perçoivent effectivement une prestation :

allocataire de CAF (seulement l'allocataire, et pas tous les ayants droit de sa famille), bénéficiaire de prestation vieillesse (seulement lorsqu'il touchera sa pension ; les travailleurs non retraités par exemple ne sont pas repris dans le RNCPS comme bénéficiaires de prestations de retraite), chômeur indemnisé (seulement quand il est indemnisé ; un salarié cotisant mais en situation d'emploi n'y figure donc pas au titre de Pôle emploi)... Seule exception, les personnes avec droits ouverts à l'assurance maladie, quand bien même elles ne « consommeraient » pas des soins, sont reprises au RNCPS à ce titre. Pour faire simple sont inscrits au RNCPS des individus, identifiés grâce à leur NIR. Par construction il ne peut pas y avoir de doublons, sauf à ce qu'une personne ait plusieurs NIR certifiés, ce qui ne peut pas être, sinon il y aurait des fraudes... Et chacun sait qu'il n'y en a pas !

RNIAM : Répertoire inter-régimes de l'assurance maladie, qui recense tous les bénéficiaires des régimes divers existants. Car à côté du régime général géré par la CNAM, il existe un grand nombre de régimes spécifiques, comme celui de la police, celui des militaires, celui des agriculteurs (la fameuse MSA, qui gère toutes les prestations d'ailleurs) ou encore celui des Mines ou celui du Sénat. Le RNIAM ne recense en revanche que les droits ouverts à l'assurance maladie. Il ne concerne *en rien* les prestations retraite, les prestations servies par les CAF ou encore le chômage.

SANDIA : Service dépendant de la CNAV et chargé d'attribuer « manuellement » les NIR aux personnes nées à l'étranger, après examen des pièces justificatives exigées. C'est au SANDIA, service situé à Tours, que se concentre le risque de fraude documentaire pour l'immatriculation sociale des personnes nées à l'étranger. En 2020, le SANDIA a immatriculé dans le système social français un total de 21,1 millions de personnes nées à l'étranger. En 2019, plus de 500 000 personnes nées à l'étranger se sont ainsi vues immatriculer en France par ce service.

Annexe

Documents et références

Menu La Libre.be Abonnez-vous

International Planète Culture Sports Lifestyle

Trois Belges étaient présents lors de la réunion de fondation de l'EI en Syrie en 2013

International

BELGA

Publié le 17-08-16 à 15h05 - Mis à jour le 17-08-16 à 15h23

Menu La Libre.be Abonnez-vous

International Planète Culture Sports Lifestyle

Trois Belges originaires de Vilvorde étaient présents lors de la réunion de fondation de l'Etat islamique en 2013 selon un combattant de l'organisation islamique qui s'exprimait dans le magazine américain Foreign Policy et cité mercredi par des journaux belges. "Tant les services de renseignements belges que la commune de Vilvorde savaient que trois membres de Sharia4Belgium s'étaient radicalisés et avaient rejoints la Syrie fin 2012 ou début 2013", a confirmé le député et bourgmestre sp.a de Vilvorde Hans Bonte à l'Agence Belga.

Ces trois hommes seraient Nabil Azahaf (alias Abu Sayyaf), Zakaria Asbai (alias Abu Zubair) et Magomed Saralapov (alias Abu Shishan al-Belgiki).

THE ROLE OF BELGIAN FIGHTERS IN THE JIHADIFICATION OF THE SYRIAN WAR

FROM PLOTTING EARLY IN 2011 TO THE PARIS AND BRUSSELS ATTACKS

EUROPEAN FOUNDATION FOR DEMOCRACY

COUNTER EXTREMISM PROJECT

nom de guerre Umar as-Shishani. He, too, would become a heavyweight within IS, climbing to the rank of overall military commander[7]. There are indications that al-Shishani also had Belgian fighters under his command in the early days, as Belgian court documents state that several recruits of the Brussels Zerkani Network had travelled in his direction[8]. We have not found solid proof of this, but confusion has possibly arisen because the foreign fighter chapter of MSM was also sometimes called Katibat al-Muhajireen. However, we know that this was the case by May 2013 at the latest, when as-Shishani's militia was just being integrated into the Islamic State in Iraq and Sham (ISIS), as the Zerkani recruit Ismail Iddoub told his mother in an intercepted phone call that he was fighting under Chechen command[9].

Mutual cooperation between the Aleppo-based jihadist groups changed dramatically after the establishment of ISIS[10]. This move that can be considered a hostile takeover of al-Qaeda's Syrian branch Jabhat an-Nusra by Abu Bakr al-Baghdadi, al-Qaeda's then number one in Iraq. Al-Baghdadi wanted to expand his leadership by proclaiming an Islamic state that would represent al-Qaeda in both Iraq and Syria. According to an inside source quoted recently in a Foreign Policy report[11], it was in the presence of several Belgians that al-Baghdadi laid the framework for that aim. In April 2013 he visited the MSM headquarters in Kafr Hamra to discuss his plans with the leaders of local jihadist groups—including al-Absi's MSM and as-Shishani's Katibat al-Muhajireen—but behind the back of Jabhat an-Nusra itself. Some say that the strategy to proclaim a state did not come from al-Baghdadi himself, but from al-Absi[12]. It was reportedly al-Absi who also painstakingly convinced al-Shishani to accept al-Baghdadi's command[13]. After an agreement was reached, al-Baghdadi asked every leader to bring in a few of their men to pledge an oath of allegiance directly to him. Al-Absi did not choose his most pious followers but the ones most trusted by him and most feared by all others. In this way he set the tone for what would soon become the trademark of this new group.

---

7 US Department of State, 'Wanted: Information that Brings to Justice Tarkhan Tayumurazovich Batirashvili: up to $5 Million Reward', Rewardsforjustice.net, accessed at https://www.rewardsforjustice.net/english/tarkhan_batirashvili.html on 4 January 2017.

8 Stated in Belgian court documents in the possession of the authors.

9 Cited in Belgian court documents in the possession of the authors.

10 We only use the name ISIS for IS for describing the organisation during the period when the group itself was using this name.

11 H. Doornbos and J. Moussa, 'Present at the Creation: The Never-Told-Before Story of the Meeting that Led to the Creation of ISIS, as Explained by an Islamic State Insider', Foreign Policy, 16 August 2016, accessed at http://foreignpolicy.com/2016/08/16/present-at-the-creation/ on 4 January 2017.

12 R. Mortada, 'Al-Qaeda Leaks II: Baghdadi Loses His Shadow', al-Akhbar, 14 January 2014, accessed at http://english.al-akhbar.com/node/18219 on 4 January 2017. Al-Absi's brother Firas had been the first to add the word 'state' to the name of a jihadist group, when he initially founded MSM as 'Majlis Shura Dawlat al-Islam'.

13 K. Orton, 'Obituary: The Islamic State's Amr al-Absi (Abu Atheer al-Absi)', The Syrian Intifada, 10 March 2016, accessed at https://kyleorton1991.wordpress.com/2016/03/10/obituary-the-islamic-states-amr-al-absi-abu-al-atheer/ on 4 January 2017.

Image 2: Nabil Azahaf, Magomed Saralapov and Zakaria Asbai

Al-Absi selected Nabil Azahaf, Zakaria Asbai and Magomed Saralapov, all three having been recruited by Shariah4Belgium and originating from Houssien Elouassaki's hometown of Vilvoorde[14]. According to the Belgian fighters apprehended and interrogated on their return, Azahaf and Asbai served as al-Absi's personal servants, driving him around and responding to his every wish. They also belonged to the first squad of abductors and executioners that al-Absi formed. 'In every town that was conquered by MSM, roadblocks were erected just to catch people for whom ransoms could be asked', stated former fighter Elias Taketloune during interrogations after his return to Belgium. 'And when those ransoms weren't paid, the victims were decapitated.' Azahaf, Asbai and Saralapov all participated in these kinds of execution, Taketloune noted, without concealing that his own late brother Tarik was also part of that cell and did the same[15]. According to Taketloune, it is this practice of routinely abducting non-Sunni people, started by Firas al-Absi, which has led to the dreadful fate of Western hostages such as James Foley, the American reporter whose cruel death was one of the first videotaped atrocities of IS. Although it is unlikely that the Belgian squad was responsible for Foley's abduction in November 2012, it has been established that he was in the hands of al-Absi and that Belgian fighters served as warders for him at some point[16].

---

14 In the Foreign Policy article these individuals were not identified by their full names. However, with some knowledge of the backgrounds of Belgian fighters, it is fairly easy to conclude that the 'Abu Sayyaf' mentioned is Azahaf, while 'Abu Zubair' is Asbai, and 'Abu Shishan al-Belgiki' is Saralapov.

15 Quoted in Belgian court documents in the possession of the authors.

16 G. Van Vlierden, 'Jejoen Bontinck's Interrogations About Foley and Cantlie: Some Details That Never Were Told', Emmejihad, 24 September 2014, accessed at https://emmejihad.wordpress.com/2014/09/24/jejoen-bontincks-interrogations-about-foley-and-cantlie-some-details-that-never-were-told/ on 4 January 2017.

Zakaria Asbai — alias Abu Zubair

Zakaria Asbai — alias Abu Zubair

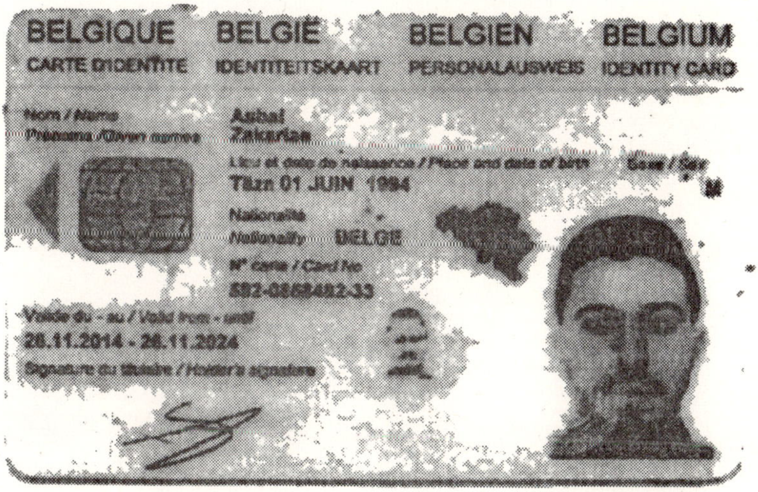

BELGIQUE BELGIË BELGIEN BELGIUM
CARTE D'IDENTITE IDENTITEITSKAART PERSONALAUSWEIS IDENTITY CARD
Asbai
Zakariae
01 JUIN 1994
Nationality BELGE
Valide du - au / Valid from - until
28.11.2014 - 28.11.2024

De : [mailto [gov.be]
Envoyé : lundi 11 janvier 201
À
Cc :
Objet : RE: CNI Belge en anomalie sur Check-doc

Bonjour M.

Après consultation du Registre national et du Registre central des cartes d'identité, le numéro national, le numéro de carte et le nom de l'intéressé sont introuvables. Il s'agit vraisemblablement d'une fausse carte.

Bonne journée.

Cordialement,

gov.be

SPF Intérieur
Direction générale Institutions et Population
Service Population et Cartes d'identité
Parc Atrium - Rue des Colonies 11
1000 Bruxelles

Liberté • Égalité • Fraternité
RÉPUBLIQUE FRANÇAISE

MINISTERE DU BUDGET, DES COMPTES PUBLICS, DE LA FONCTION PUBLIQUE ET DE LA REFORME DE L'ETAT
DELEGATION NATIONALE A LA LUTTE CONTRE LA FRAUDE

Lutte contre la fraude
Bilan 2010

Mai 2011

- **La problématique de l'immatriculation dans le système social**

Le NIR (numéro de sécurité sociale) est délivré par l'INSEE sauf pour les personnes (françaises ou étrangères) nées à l'étranger. Pour ces dernières, la CNAV (SANDIA) a reçu délégation de l'INSEE pour procéder à leur immatriculation. Selon la DCPAF, cette immatriculation s'effectue dans des conditions très favorables à la fraude, puisque SANDIA immatricule à la vue d'un simple extrait d'acte de naissance. Les quelques exemples de documents montrés lors du déplacement du GIELFI au SANDIA étaient tous des faux permettant à des personnes d'être immatriculées sous des identités fictives. A la suite de ce déplacement, 26 agents de SANDIA ont été formés en octobre 2010.

N° 3603

ASSEMBLÉE NATIONALE

CONSTITUTION DU 4 OCTOBRE 1958

TREIZIÈME LÉGISLATURE

Enregistré à la Présidence de l'Assemblée nationale le 29 juin 2011

RAPPORT D'INFORMATION

DÉPOSÉ

en application de l'article 145 du Règlement

PAR LA COMMISSION DES AFFAIRES SOCIALES
en conclusion des travaux de la mission d'évaluation et
de contrôle des lois de financement de la sécurité sociale

sur la lutte contre la fraude sociale

Audition de M. Michel Bergue, directeur de projet sur la lutte contre la fraude documentaire et à l'identité au ministère de l'intérieur, de l'outre-mer, des collectivités territoriales et de l'immigration, de M. le Colonel Daniel Hestault, chef du bureau de la lutte contre le travail illégal et les fraudes à l'identité à la direction de l'immigration, de M. le Commandant Hubert Gattet, chef de bureau par intérim de la fraude documentaire à la direction centrale de la police aux frontières et de M. le Préfet Raphaël Bartolt, directeur de l'Agence nationale des titres sécurisés.

— 354 —

de l'Union européenne. Nous participons d'ailleurs activement à cet effet au programme STORK sur l'interopérabilité des identifiants électroniques.

M. le rapporteur. Peut-être serait-il bon que vous vous joigniez à nous lorsque nous nous rendrons à Tours, avec des magistrats de la Cour des comptes, pour visiter le service national d'identification des assurés (SANDIA). Quelles sont vos relations avec celui-ci ? La liaison entre les préfectures et les services sociaux semble faible : il n'est pas rare que les caisses de sécurité sociale ne soient pas informées du retour de ressortissants étrangers dans leur pays, après expiration de leur titre de séjour.

M. Michel Bergue. Ces relations sont en train de se développer, notamment depuis la création des comités opérationnels départementaux antifraude (CODAF), qui réunissent les organismes sociaux, mais cela prendra du temps en raison de différences de culture entre les services ; en tout cas, le ministère de l'intérieur est tout disposé à fournir toutes les informations souhaitées par ces organismes et à organiser des échanges réguliers sur ces questions.

M. Raphaël Bartolt. Nous nous sommes déjà rendus voici quelques mois dans les locaux du service national d'identification des assurés avec des représentants de tous les organes engagés dans la lutte contre la fraude, y compris le groupe interministériel d'expertise de la lutte contre la fraude à l'identité et la délégation interministérielle. Cette dernière a relayé nos observations, sous forme de propositions au Gouvernement.

M. le rapporteur. Il y avait là-bas de réelles difficultés, n'est-ce pas ?

M. Raphaël Bartolt. Oui, mais ces observations sont internes à l'administration.

M. le rapporteur. Nous en avons néanmoins eu connaissance, et cela n'enlève rien à la nécessité de régler ces problèmes.

APRÈS L'ART. 63
Rect.

N° 235

ASSEMBLÉE NATIONALE

21 octobre 2011

LOI DE FINANCEMENT DE LA SÉCURITÉ SOCIALE POUR 2012 - (n° 3790)

Commission	
Gouvernement	

AMENDEMENT

N° 235 Rect.

présenté par
M. Bur, rapporteur
au nom de la commission des affaires sociales,
pour les recettes et l'équilibre général,
M. Tian, M. Door, M. Morange, M. Aboud et Mme Boyer

ARTICLE ADDITIONNEL

APRÈS L'ARTICLE 63, insérer l'article suivant :

Après l'article L. 114-12-1 du code de la sécurité sociale, il est inséré un article L. 114-12-3 ainsi rédigé :

« *Art. L. 114-12-3.* – L'obtention frauduleuse, notamment à l'aide de faux documents ou de fausses déclarations, d'un numéro d'inscription au répertoire national d'identification des personnes physiques entraîne la déchéance du droit à l'ensemble des prestations qui ont été versées par les organismes de protection sociale, sans préjudice des poursuites pénales.

« Le service gérant le répertoire mentionné à l'article L. 114-12-1 est immédiatement informé par l'autorité, le service ou l'organisme qui a découvert la fraude, qui peut aussi en informer directement les organismes de protection sociale concernés.

« Le service gérant le répertoire mentionné au même article L. 114-12-1 transmet immédiatement cette information aux directeurs des organismes de protection sociale et aux agents comptables auprès desquels la personne concernée est inscrite.

« La même information est transmise au service gérant les numéros d'inscription au répertoire national d'identification des personnes physiques afin que celui-ci procède à l'annulation du numéro frauduleusement obtenu. »

1/2

EXPOSÉ SOMMAIRE

Il s'agit d'une mesure ayant été adoptée par la Mission d'évaluation et de contrôle des lois de financement de la sécurité sociale.

Il est indispensable de sécuriser les identités des personnes présentes sur le territoire national, non seulement concernant les documents d'identité, mais aussi concernant les identités déclarées aux différents services publics et pouvant ouvrir droit à l'obtention de prestations.

Il ressort des travaux de la MECSS sur la fraude sociale que la procédure d'obtention d'un numéro de sécurité sociale pour les personnes nées à l'étranger est inadaptée. Il est en effet apparu que des fraudes importantes sont susceptibles de toucher le système d'attribution et de certification des NIR : les modalités d'attribution ne sont pas sécurisées et les contrôles effectués sont insuffisants.

Lors d'un déplacement dans les locaux du service administratif national d'identification des assurés, la MECSS a pu constater que le service SANDIA en charge de ces attributions de numéros et certifications d'identités ne disposait ni des personnels, ni des moyens nécessaires pour opérer un contrôle approfondi des extraits d'acte de naissance. Un contrôle est opéré sur le contenu de l'acte, la mention de certaines informations, l'existence d'un cachet officiel, mais ces contrôles ne sont pas assez approfondis pour permettre de détecter un faux document.

Plus inquiétant encore, la Direction centrale de la police aux frontières (DCPAF) a indiqué que lors d'un déplacement au SANDIA, le Groupe interministériel d'expertise de la lutte contre la fraude à l'identité (GIELFI) a découvert que tous les dossiers qui lui ont été présentés au hasard reposent sur des faux documents et donc des identités fictives, permettant dès lors toutes les fraudes aux prestations sociales.

Si l'on part sur une base de taux de fraude de seulement 1 % dans le cadre de ce système SANDIA d'immatriculation, cela représente près de 200.000 cas de fraude, soit en enjeu financier moyen de près de 2 milliards d'euros par an au regard du montant des prestations sociales versées dans notre pays, montant évidemment beaucoup plus important si le taux de fraude est plus élevé.

Il est donc indispensable de prendre une mesure législative urgente afin de permettre de sécuriser les identités des personnes lors de leur immatriculation sociale et de tirer immédiatement toutes les conséquences de la découverte d'une utilisation de documents frauduleux et d'identités fictives en matière sociale.

Afin de sécuriser le système et de prévenir les fraudes à l'identité qui utilisent notamment les faux documents, il est proposé de prévoir dans la loi que l'obtention frauduleuse d'un NIR, par exemple avec des faux documents permettant de justifier d'une identité fictive, entraîne ipso facto la perte du droit aux prestations.

Il est également prévu d'informer systématiquement l'ensemble des organismes pouvant être impactés par l'utilisateur du NIR frauduleux via une fausse identité.

La personne en cause bénéficie évidemment d'un droit de recours dans les conditions de droit commun devant le juge administratif.

Par ailleurs cette disposition ne l'empêche pas, si elle a juridiquement droit à des prestations, de refaire une demande avec les éléments véridiques concernant son identité, afin de faire valoir son droit, sans commettre de fraude.

2/2

l'Assurance Retraite

Direction : Direction de la Maîtrise d'Ouvrage
Processus ou Domaine concerné : Identification

Rapport d'étude
Evaluation de la fraude à l'identité dans le processus d'immatriculation des personnes nées hors de France par le SANDIA

V0.5

Référence et/ou nom de la demande : Evaluation Fraude Identité SANDIA – Rapport d'étude

Version(s) :

Version	Date	Rédacteur(s)	Statut	Commentaires
V0.1	25/10/2011		Rédigé	
V0.2	09/11/2011		Rédigé	Modifications et compléments suite à la réunion du 9 novembre 2011 (DAE, DSP, DNPLF)
V0.3	10/11/2011		Rédigé	Intégrations compléments DNPLF + autres mises à jour
V0.4	18/11/2011		Rédigé	Compléments suite à COPIL SANDIA DSS du 15 novembre 2011
V0.5	23/11/2011 28/11/2011		Rédigé	Intégration remarques CNAV (DSI, DMOA, DNPLF) + DSS + DCPAF

Diffusion :

DSS : Dominique LIBAULT,

CNAV : Pierre MAYEUR

DCPAF : Emmanuelle JOUBERT,

DNLF : Benoît PARLOS,

1 Objet du rapport d'étude

Ce document officialise la fin de l'étude visant à évaluer la fraude à l'identité dans le processus d'immatriculation des personnes nées hors de France par le SANDIA.

Il a pour objectifs de présenter :

- les éléments de contexte de l'étude
- l'organisation mise en place et la démarche menée
- l'exploitation des résultats obtenus lors des contrôles effectués
- les actions à engager à court, moyen et long terme

2 Présentation générale de l'étude

2.1 Faits générateurs et descriptif de l'étude

Suite à la visite du service national SANDIA par des experts du Groupe Interministériel d'Expertise de la Lutte contre la Fraude à l'Identité (GIELFI) le 10 juin 2010, une note de propositions pour prévenir les risques de fraudes a été envoyée le 9 juillet 2010 au Ministre par le Délégué National à la Lutte contre la Fraude.

Il est important de rappeler que le SANDIA est, depuis 1988 et sur délégation de l'INSEE, compétent en matière d'immatriculation des personnes nées à l'étranger et dans les Collectivités d'Outre-Mer du Pacifique et Mayotte[1] . Le SANDIA reçoit ainsi 350 000 demandes d'immatriculations par an mais se situe <u>au bout du processus</u> : transmission des demandes par les organismes de sécurité sociale, accompagnées d'extraits ou de copies d'actes de naissance. <u>Ce qui implique que les organismes de la protection sociale sont les premiers acteurs et représentent le premier filtre du processus.</u>

L'une des préconisations de la note de la Délégation Nationale de la Lutte contre la Fraude (DNLF) a pour objectif de réaliser une étude sur le stock du SANDIA afin d'évaluer tous les individus immatriculés sur la base de faux papiers et l'ampleur des prestations indues connexes.

Dans son courrier du 1er avril 2011, la Direction de la Sécurité Sociale (DSS) a sollicité la CNAV, gestionnaire du SANDIA, et la Direction Centrale de la Police aux Frontières (DCPAF) en vue d'apporter un appui technique.

Il est entendu que cette évaluation n'a pu être réalisée que sur la base d'un échantillon représentatif, le Système National de Gestion des Identifiants (SNGI) comprenant 17,6 Millions d'identifiants et 10 millions d'identifiants avec pièce d'état civil.

Par ailleurs, cette évaluation a également pour objet d'éclairer une partie du processus d'immatriculation dans la mesure où d'autres travaux sont en cours sur ce point dans le cadre du RNCPS (chantier JACOSI).

<u>Cette étude sera menée en deux phases distinctes :</u>

1. Un groupe de travail ou Comité de Suivi associant les différentes directions de la CNAV impactées a réalisé un travail de réflexion visant à :

- déterminer les modalités de l'évaluation et notamment la taille et la représentativité de l'échantillon,
- définir le calendrier opérationnel.

L'objectif de ce groupe était d'identifier et de proposer des premiers éléments de cadrage. Ces éléments ont ensuite fait l'objet d'une présentation à la DSS, la DNLF, et la DCPAF le 6 juin 2011.

---

[1] Concernés pour les personnes nées avant le 1er juillet 2011

2.3 Contraintes et risques à prendre en compte

2.3.1 Les contraintes

Contraintes juridiques

L'évaluation du montant des prestations indues connexes s'avère difficile d'un point de vue juridique. En effet, l'immatriculation telle qu'effectuée par le service du SANDIA est une opération administrative à laquelle n'est subordonnée aucun versement de prestation. Les textes législatifs et réglementaires applicables à la procédure « immatriculation » n'en font pas une condition d'ouverture aux droits aux prestations.

Contraintes liées aux délais

L'étude était à engager dès le début du 2ème trimestre 2011 et la méthode d'évaluation stabilisée pour fin juin 2011.

L'échéance pour l'élaboration du rapport d'étude a été fonction de la taille de l'échantillon, des modalités d'évaluation et des effectifs mobilisés.

Contraintes techniques

Il est difficile d'effectuer un contrôle sur un extrait d'acte de naissance numérisé. Si pour les assurés français nés à l'étranger, un contrôle pourra être effectué avec le service d'état civil de Nantes afin de lutter contre les identités fictives, cela ne permettra de lutter contre les contrefaçons d'acte reprenant une identité et une codification existantes.

Pour les assurés non français nés à l'étranger, ce contrôle sera bien plus complexe.

Il est noté également l'impossibilité de cibler l'évaluation sur des motifs de rejet, ceux-ci n'étant actuellement pas stockés dans le SNGI.

Evaluer l'ampleur des prestations indues connexes s'avère également complexe d'un point de vue technique : le seul référentiel qui pourrait permettre d'accéder aux prestations serait le RNCPS, mais l'alimentation des données par les organismes est incomplète à ce jour.

Contraintes liées au contrôle

Le contrôle doit être effectué dans les mêmes conditions pour l'ensemble des intervenants chargés d'effectuer ce contrôle.

A noter que les critères de contrôle ont évolué en fonction des contextes, ce qui implique que les pièces admises pour les immatriculations et les litiges sont différentes actuellement. L'évaluation devra tenir compte de cette contrainte : il est établi que les pièces qui ont été acceptées lorsque les critères le permettaient ne doivent pas être considérées d'une nature frauduleuse si selon les critères d'aujourd'hui, elles sont considérées comme à rejeter.

Il est apparu complexe pour la CNAV au regard de son périmètre d'intervention d'évaluer le montant des prestations indues connexes en menant l'enquête auprès des organismes concernés. La DNLF pourrait se charger de ce complément d'étude dans un second temps sur la base des résultats de cette première étude.

2.3.2 Les risques

Risque sur la taille et le périmètre de l'étude

Il était souhaité que cette évaluation soit effectuée sur 10 000 dossiers.

Une première analyse montre que le temps moyen nécessaire pour réaliser un contrôle sur un dossier est de 15 minutes.

5 Analyse des résultats

5.1 Pré-requis

Lors du Comité de Pilotage SANDIA DSS du 13 septembre, il a été convenu de distinguer les résultats de l'opération du mois d'octobre de celle de juin. En effet, les résultats ne sont pas comparables puisque la méthode d'analyse et la qualité de l'analyse technique ne sont pas identiques. En particulier, la catégorie indéterminée a été découpée en sous-catégories pour la 2ème opération. La méthode d'analyse étant différente, la consolidation des résultats des 2 opérations ne s'avèrerait pas pertinente du point de vue statistique.

Par ailleurs, la 1ère opération faisait office de phase de stabilisation de la méthode d'évaluation et a permis la constitution d'un fonds documentaire ciblé par le Bureau de la Fraude Documentaire, le renforcement des connaissances réglementaires sur des aspects spécifiques et la précision des critères d'exploitation.

5.2 Analyse globale

5.2.1 Résultats

Le tableau suivant synthétise les résultats des contrôles :

	Effectifs	%
Documents authentiques	1258	59,8%
Faux documents	133	6,3%
Indéterminés	712	33,9%
Total des contrôles	**2103**	**100,0%**

Tableau 3 : *résultats des contrôles*

Au terme des 4 jours de contrôle, sur les 2103 pièces étudiées, **le pourcentage de faux documents avérés est de 6,3%.**

5.2.2 Cas des dossiers indéterminés

Le nombre de pièces dont l'authenticité n'a pu être établie avec certitude est de 712 sur les 2103 contrôles effectués. Cette part relativement importante s'explique par la convention posée préalablement : devant l'impossibilité de comparer certaines pièces à une référence, il a été décidé de les classer dans cette catégorie, et de préciser la raison de l'indétermination. Ceci ne présuppose aucunement d'un risque plus ou moins élevé que celui constaté sur le reste de l'échantillon.

En cas d'indétermination, il a été convenu que les contrôleurs en renseignent le motif :

	Effectifs	%
absence de référence	81	11%
absence de traduction	24	3%
acte de naissance étranger sans cachet	39	5%
acte invérifiable par nature	447	63%
autres	93	13%
motif non renseigné	28	4%
Total Indéterminés	**712**	**100%**

Tableau 1 : *répartition des résultats indéterminés*

Une imputation d'un nombre de faux documents parmi les documents dont l'authenticité n'a pu être déterminée peut être réalisée à l'aide de ces deux éléments :

- 1ère étape : Pour chaque type de pièce, imputer un nombre de faux documents parmi les « pièces indéterminées » en leur appliquant le pourcentage constaté sur les dossiers qui ont été classés avec certitude pour ce type de pièce.
- 2ème étape : Recalculer une part pour l'ensemble des pièces contrôlées en additionnant les cas de fraudes réellement constatés et ceux imputés à chaque type de pièce.

Selon cette méthode le taux de faux documents sur l'ensemble de l'échantillon, avec prise en compte des cas indéterminés, serait de 10,4% L'intervalle de confiance au seuil 5% associé serait [9,1%-11,7%]2.

Il serait intéressant d'évaluer le taux de fraude pour l'ensemble des Branches concernées. A titre d'information, on constate qu'environ 22% des assurés de l'échantillon sont prestataires Retraite au 30 juin 2011 et que le taux de faux documents pour ces retraités est semblable à celui constaté pour l'ensemble de l'échantillon (10,2%).

[2] Cela signifie que la valeur théorique (i.e. la « vraie » valeur, celle que nous cherchons à estimer) a 95 % de chances de se situer dans cet intervalle. Cet intervalle reste bien sur dépendant de la gestion des cas indéterminés.

Liberté • Égalité • Fraternité
RÉPUBLIQUE FRANÇAISE

Ministère du Budget, des Comptes Publics et de la Réforme de l'Etat

Relevé de conclusions de la réunion SANDIA du 12/12/2011

Participants :

MM.	BERGUE	MIOMCTI/DMAT
	CHEMLA	Ministère du Budget
	DELLACHERIE	DSS
	HESTAULT	MIOMCTI/DIMM
Mme	JOUBERT	MIOMCTI/DCPAF
MM.	LOUVIAU	DNLF
	PARLOS	DNLF
	REGNAULT de la MOTHE	MIOMCTI
	RUBLER	Ministère du Budget

****

1) Evaluation du taux de fraude documentaire SANDIA (rapport d'étude):

Une évaluation du taux de fraude documentaire sur le stock SANDIA a été réalisée conjointement par la CNAV et par la DCPAF pendant la semaine du 10 au 14 octobre 2011. Le taux global de fraude documentaire est estimé à 10,4 %. Tous les participants s'accordent sur la sensibilité élevée du sujet.

2) Mesures (en cours) concernant le contrôle des immatriculations :

Formations à la lutte contre la fraude documentaire : formations réalisées par la DCPAF, sous l'égide de la DNLF ; 3.000 agents des OPS ont été formés.

Lampes à UV : des lampes ont été livrées dans les caisses locales ; une visite dans une CPAM et dans une CAF (principaux canaux d'immatriculation) montre qu'elles ne sont pas toujours utilisées aux guichets. Rappel à faire.

Accès à AGDREF (Application de Gestion des Dossiers des Ressortissants Etrangers en France) :

- les tests techniques sont en cours ; l'accès sera opérationnel le 01/01/2012 ;
- la DSS avait programmé une phase pilote avec 4 caisses locales en janvier – février 2012, avant généralisation à l'ensemble des caisses locales ;
- il est demandé à la DSS de réduire cette phase pilote au mois de janvier 2012 (toujours sur des caisses à forts enjeux) et de démarrer dès maintenant l'habilitation des agents des OPS ;
- une réunion DSS avec les OPS est prévue le 04/01/2012 ;
- une convention CNAV – MIOMCTI devra être établie.

Liberté • Égalité • Fraternité
RÉPUBLIQUE FRANÇAISE

5) <u>Circulaire NIA (Numéro Identifiant d'Attente)</u> :

- à l'heure actuelle, chaque régime de sécurité sociale gère ses propres numéros provisoires (dans l'attente de l'immatriculation = attribution d'un NIR) ;
- la mise en œuvre du RNCPS impose un numéro de sécurité sociale provisoire commun à tous les OPS (le NIA).

La circulaire NIA – en cours de préparation par la DSS – vise à préciser les règles d'attribution et de gestion des NIA, ainsi que les conditions de transformation d'un NIA en NIR au regard de la lutte contre la fraude.

Ce groupe de travail devra établir les procédures en précisant les rôles :
- des caisses locales en charge de la vérification du document d'identité produit ;
- du SANDIA en charge de la vérification de la pièce d'état civil produite ;
ainsi que la doctrine d'emploi des différents outils mis à disposition.

6) <u>Mise en œuvre de l'article 118 de la LFSS 2012</u> :

Texte : « La constatation de l'obtention frauduleuse, notamment à l'aide de faux documents ou de fausses déclarations, d'un numéro d'inscription au RNIPP... entraîne la <u>suspension</u> du versement des prestations... et le <u>réexamen du droit</u> à l'ensemble des prestations versées... Le cas échéant, le service chargé du RNIPP procède à <u>l'annulation du numéro</u> d'inscription obtenu frauduleusement. »

Il est rappelé que :

- l'alerte des autres OPS se fera via le RNCPS ;
- l'annulation (ou désactivation d'un NIR) se fera via le SNGI (évolution à faire).

Par ailleurs, les 133 cas frauduleux détectés en octobre dans le cadre de l'évaluation « statistique » ne peuvent rester en l'état. La DSS communiquera les instructions données aux OPS pour sanctionner ces cas.

7) <u>Mesures à prendre relatives au stock des personnes immatriculées (17.600.000 dossiers)</u> :

Sur la base du taux de fraude constaté en octobre 2011, on pourrait estimer que 1.800.000 NIR ont été attribués sur la base de faux documents. Il est rappelé que certains NIR sont attribués parfois pour des courtes périodes et/ou pour des personnes qui ont peut être déjà quitté le territoire depuis longtemps.

Concernant les personnes immatriculées, deux pistes – non exclusives – doivent être examinées : la recherche d'éléments de ciblage et des contrôles « au fil de l'eau ».

Pour le ciblage, une analyse statistique approfondie doit être menée, en liaison avec la CNAV, à partir des 2.100 dossiers examinés de façon à mettre en évidence des critères qui permettront de privilégier les dossiers les plus sensibles.

Lutte contre la fraude

BILAN 2011

MAI 2012

DÉLÉGATION NATIONALE
À LA LUTTE CONTRE LA FRAUDE

Liberté • Égalité • Fraternité
RÉPUBLIQUE FRANÇAISE

MINISTÈRE DE L'ÉCONOMIE
ET DES FINANCES

des services régionaux de police judiciaire de la DCPJ et concourent à la lutte contre la fraude sociale au travers de leur expertise documentaire.

5.2.2.2 La direction centrale de la police aux frontières (DCPAF)

- L'action du bureau de la fraude documentaire

Le nombre de personnes formées en 2011 par les analystes en fraude documentaire et à l'identité de la Police aux Frontières s'élève à 12 093 et a progressé de 17,4% par rapport à 2010, maintenant ainsi un niveau élevé dans la sensibilisation à la détection des faux. La progression entre 2006 et 2010 était de 237%. La palette des publics formés est très large. Les efforts portent en premier lieu sur la formation des policiers aux frontières et des douaniers en poste sur les points de passage frontière, mais aussi, à l'intérieur du territoire, sur l'ensemble des forces de l'ordre (en charge des contrôles), des agents des préfectures et des mairies (en charge de la délivrance des titres) et des personnels des organismes de protection sociale et des finances publiques. La formation des agents consulaires est devenue une priorité.

De nouvelles formations, mises en place début 2011, ont été adaptées et sont ciblées compte-tenu des modes opératoires identifiés et des besoins en interne :

- en matière de fraude à l'identité : sensibilisation accrue à la fraude à l'identité dans les formations, et élaboration d'une mallette dédiée au profit des personnes-relais, leur permettant ainsi de former le personnel de leur organisme ou administration ;
- instauration d'un contrôle de cohérence : module interministériel, créé par le bureau de la fraude documentaire (BFD) à partir d'une mutualisation des bonnes pratiques, visant à donner à des personnes affectées à des postes clés une méthode de contrôle des documents non sécurisés (bulletins de salaire, factures, RIB, ordonnances médicales,...).

Le soutien opérationnel des analystes en fraude documentaire et à l'identité de la DCPAF s'est concrétisé en 2011 par l'analyse de 16 614 documents dont 2.645 passeports, 1 605 cartes d'identité, 3 082 titres de séjour, 403 visas, 427 documents d'état-civil et surtout 8 766 permis de conduire dont la plupart sont présentés à l'échange en préfecture par des étrangers en vue d'obtenir un permis français. L'analyse de ces 16 614 documents sur l'ensemble du territoire national a permis de détecter 1 395 faux documents.

Au niveau des organismes sociaux, le soutien opérationnel s'est concrétisé en 2011 par une **opération d'évaluation de la fraude au service administratif national d'immatriculation des assurés (SANDIA)** lequel, depuis 1988, sur délégation de l'INSEE, est compétent pour l'immatriculation des personnes nées à l'étranger et dans les communautés d'outre-mer. Le SANDIA reçoit ainsi 400 000 demandes d'immatriculation par an en provenance des organismes de protection sociale. L'opération a permis sur cinq jours d'analyser 2 056 dossiers. Ce travail effectué par des analystes en fraude documentaire et à l'identité de la DCPAF, associés aux agents du SANDIA, a permis de révéler un taux de fraude de 10,4% portant majoritairement sur des actes d'état-civil.

- Evolutions de la fraude documentaire

2011 s'est inscrit dans un mouvement de hausse des faux documents détectés (14 126 faux documents ont été interceptés par les services de la DCPAF soit une progression de 16,7% par rapport à l'année précédente). Des personnels mieux formés utilisant des outils plus perfectionnés et un soutien opérationnel permanent sont autant de facteurs permettant d'expliquer cette tendance. Si les contrefaçons et falsifications de documents restent d'actualité, elles se heurtent à des systèmes et des documents de plus en plus sécurisés, et donc plus difficiles à frauder. Ainsi depuis plusieurs années, la fraude documentaire a évolué et s'est déplacée sur le terrain de la fraude à l'identité dans le cadre d'obtentions frauduleuses et d'usurpations tant à l'intérieur du territoire qu'à l'entrée au niveau des consulats. On

l'Assurance Retraite
Caisse Nationale

Direction Juridique & Réglementation Nationale
Département National Prévention et Lutte contre les Fraudes

Le 17 janvier 2012

Analyse des 133 cas de fraude détectés dans le cadre du groupe de travail (SANDIA – DCPAF) sur le taux de fraude documentaire au SANDIA

Observation n°1

Sur les 133 cas, 124 sont des faux documents détectés comme tel par la DCPAF et le SANDIA, le résidu étant de « l'indéterminé ».

Sur les 124 cas de faux documents :
(L'indication de la nature de l'acte n'est pas toujours mentionnée dans les fichiers)

- **50 % sont des actes étrangers** (actes de naissance établis par des autorités civiles étrangères),
- 11 % ont été établis par le SCEC,
- 10% sont des actes de naissance français dont plus de la moitié provient de Mayotte
- 5 % concernent des titres de séjour

Sur la répartition des faux actes étrangers par pays d'origine :
- **47 % proviennent d'Algérie,**
- **27 % du Maroc,**
- 6% du Congo et 3% du Mali

➢ Un nombre important de faux documents provient du Maghreb ou l'état civil est connu pour ne pas être très rigoureux : une faute d'orthographe ne signifie pas pour autant que l'acte est faux. D'ou, la nécessité de prendre attache avec les APC pour vérifier les informations contenues dans l'acte avant tout signalement aux partenaires (sinon risque de signalement de fraude à tort) pour actions sur le paiement des prestations et sanctions.

Observations n°2

Sur les 124 consultations sur le RNCPS :
- 30% n'ont pu aboutir car les prestations n'étaient pas consultables.
- 17 % des cas n'avait aucun "rattachement"

➢ 47 % des cas de l'échantillon ne peuvent faire l'objet d'un signalement aux partenaires faute d'informations sur l'organisme de rattachement et/ou nature des prestations versées.

Observation n°3

En cas d'obtention du NIR ou d'un avantage sur la base d'un faux document, il n'existe aucune instructions déclinant les modalités de prise en compte de cette fraude sur la carrière et/ou le droit versé ou à verser (modalités déclinaison des articles L114-12-3 du PLFSS 2012 + et article 115-6 css)

REPUBLIQUE FRANÇAISE

Ministère du budget, des comptes publics et de la réforme de l'Etat

DECRET

modifiant le décret n° 2000-1277 du 26 décembre 2000 portant simplification de formalités administratives et suppression de la fiche d'état civil

RAPPORT AU PREMIER MINISTRE

Le SANDIA (Service Administratif National D'Immatriculation des Assurés à la sécurité sociale, de la CNAV – Caisse Nationale d'Assurance Vieillesse – situé à Tours) réalise chaque année près de 350.000 immatriculations des personnes nées à l'étranger, quelle que soit leur nationalité. Le SANDIA leur attribue un NIR – plus communément appelé numéro de sécurité sociale – qui leur permet d'être reconnus par tout le système de protection sociale français. Pour mémoire, les autres personnes sont immatriculées par l'INSEE – via les services d'état civil.

Une évaluation du taux de fraude documentaire sur le stock SANDIA a été réalisée conjointement par la CNAV et par la DCPAF (Direction Centrale de la Police Aux Frontières) en octobre 2011. Portant sur un échantillon de 2.100 dossiers, elle fait ressortir un taux de fraude documentaire estimé à 10,4 %.

Afin de lutter efficacement contre ce type de fraude, il y aura désormais obligation – pour toute demande d'immatriculation – de produire deux pièces d'identification (une pièce d'état civil et un titre d'identité). Concernant le titre d'identité :
- soit il a été délivré par les autorités françaises (CNI, passeport français, différents types de titre de séjour) auquel cas sa validité peut être vérifiée par l'accès à un fichier tenu par les autorités françaises ;
- soit il a été délivré par une autorité étrangère, auquel cas la personne demandant l'immatriculation devra présenter un original du titre d'identité, ce qui nécessite de modifier le décret cité en objet.

L'article 1 du projet de décret modificatif vise à ce qu'une personne née à l'étranger, demandant l'immatriculation à la sécurité sociale, présente un original de son titre d'identité, sauf si ce titre d'identité a été délivré par les autorités françaises.

Tel est l'objet du présent décret que nous avons l'honneur de soumettre à votre approbation avant saisine pour avis des caisses nationales concernées puis examen par le Conseil d'Etat.

DNLF

DÉLÉGATION NATIONALE À LA LUTTE CONTRE LA FRAUDE

lutte contre
la fraude
Bilan
2013

SÉCURISATION DE L'IMMATRICULATION À LA SÉCURITÉ SOCIALE

Concernant l'immatriculation à la sécurité sociale, le service administratif national d'immatriculation des assurés à la sécurité sociale (SANDIA), rattaché à la CNAV, immatricule chaque année près de 400.000 personnes nées à l'étranger, quelle que soit leur nationalité. Le SANDIA leur attribue un NIR – plus communément appelé numéro de sécurité sociale – qui leur permet d'être reconnues par tout le système de protection sociale français.

Deux opérations d'évaluation – menées par le bureau de la fraude documentaire de la DCPAF – ont été réalisées en 2011 et 2013. Elles ont révélé des taux de fraude pratiquement identiques, supérieurs à 10 % (se décomposant pour l'évaluation de 2013, d'un taux de faux documents de 5,44 % et d'un taux de documents défavorables de 5,01 %). Par ailleurs, 6,98 % des documents sont inexploitables (principalement des scans illisibles de titres d'identité) ; ce dernier constat doit conduire à rendre obligatoire la transmission par les caisses de sécurité sociale au SANDIA d'images numérisées en couleur des titres d'identité présentés, ce qui permettra de s'assurer de l'authenticité du document par une vérification plus approfondie que sur des documents photocopiés en noir et blanc.

Année 2019. – n° 44 S (Q) ISSN 0755-5458 Jeudi 7 novembre 2019

SÉNAT

DÉBATS PARLEMENTAIRES

JOURNAL OFFICIEL DE LA RÉPUBLIQUE FRANÇAISE

QUESTIONS
remises à la présidence du Sénat

*

RÉPONSES
des ministres aux questions écrites

Direction de l'information légale et administrative

des frais de santé à titre personnel. Cette protection assure par là-même à chacun le bénéfice d'une couverture santé tout au long de sa vie, tout en simplifiant les démarches administratives. Dans cette optique, une cotisation subsidiaire, s'ajoutant à la contribution sociale généralisée (CSG), est désormais recouvrée par les agences de l'union de recouvrement des cotisations de sécurité sociale et d'allocations familiales (URSSAF). L'URSSAF prélève ainsi individuellement cette cotisation auprès de ceux qui ne perçoivent pas de revenus de leur activité ou des revenus tirés d'activités professionnelles exercées, en France, inférieurs à 10 % du plafond de la sécurité sociale. Or, dans les faits seuls certains bénéficiaires de la protection universelle maladie sont redevables de cette cotisation annuelle, c'est notamment le cas des agriculteurs. Cette cotisation subsidiaire s'applique ainsi à de nombreux agriculteurs en difficulté. Fixée à 8 % du revenu du capital après un abattement de 25 % du montant du plafond de la sécurité sociale, la somme demandée au titre de cotisation subsidiaire maladie représente dans certains cas plusieurs centaines voire des milliers d'euros. Alors que le Gouvernement a fait du soutien des agriculteurs en difficulté l'une de ses priorités, il lui demande si ce dernier entend réexaminer le mode de calcul ou le montant actuellement invraisemblable de la cotisation subsidiaire maladie pour les agriculteurs en difficulté. – **Question transmise à Mme la ministre des solidarités et de la santé.**

– La cotisation subsidiaire maladie, qui a succédé à la cotisation à la couverture maladie universelle de base (CMU-b), a été instaurée en 2016 dans le cadre de la protection universelle maladie (PUMa). Elle vise à garantir une juste contribution de l'ensemble des assurés au financement de l'assurance maladie. Elle est assise sur les revenus du capital des personnes bénéficiant de la prise en charge de leurs frais de santé via la PUMa et qui sont soit inactives soit ont des revenus d'activité trop faibles pour que leur contribution au régime d'assurance maladie soit considérée comme suffisante au regard de leur capacité contributive mais qui disposent de revenus du capital suffisamment élevés. La cotisation en vigueur jusqu'en 2018 a été validée dans son principe et ses règles par le Conseil constitutionnel dans sa décision QPC du 27 septembre 2018. L'article 12 de la loi de financement de la sécurité sociale (LFSS) pour 2019 a ajusté ses modalités d'assujettissement et de calcul afin de les rendre plus équitables du fait des inconvénients relevés lors des premières mesures d'application. Cet article prévoit notamment que les personnes bénéficiant d'une pension d'invalidité sont exclues du périmètre de la cotisation subsidiaire. Par ailleurs, un mécanisme de plancher a été mis en place pour éviter que certains travailleurs indépendants ou exploitants agricoles, alors même qu'ils exercent une activité professionnelle, soient susceptibles 5644
d'être redevables de la cotisation sans décote en raison d'une absence ou de faibles bénéfices. Les revenus pris en compte au titre de l'activité de ces travailleurs ne peuvent ainsi être inférieurs à l'assiette minimale de leur cotisation d'assurance vieillesse (ce mécanisme garantit ainsi une forte décote sur le taux de la cotisation). Par ailleurs, la loi modifie l'abattement d'assiette de la cotisation, celui-ci est rehaussé à hauteur de 50 % du plafond annuel de la sécurité sociale (PASS), soit environ 20 000 € de revenus du capital en 2019, de manière à recentrer le champ des redevables sur les personnes percevant des revenus du capital les plus élevés. Un plafonnement de l'assiette de la cotisation est également prévu et fixé à huit fois le PASS (soit environ 318 000 € en 2019). Ce mécanisme permet notamment de prendre en compte les situations liées à la perception de revenus exceptionnels. Le seuil de non assujettissement à la cotisation subsidiaire maladie a été doublé et porté à 20 % du PASS (soit environ 8 000 € de revenus d'activité en 2019) afin de pallier les effets de seuil résultant de l'application de la cotisation pour des personnes percevant des revenus d'activité proches de ce seuil. Le taux de la cotisation a été réduit à hauteur de 6,5 % (contre 8 % précédemment) soit le même niveau que pour les travailleurs indépendants. La mesure prévue par l'article 12 de la LFSS pour 2019 a ainsi eu pour effet de réduire le nombre de redevables en excluant les personnes dont les revenus du capital sont plus faibles ou pour lesquelles l'absence de revenu d'activité est ponctuelle. Cette mesure vise également à mieux proportionner le montant de la cotisation acquittée par les assurés qui demeurent assujettis.

Attributions de numéros de sécurité sociale aux Français nés hors de France et aux étrangers qui séjournent en France

– 6 juin 2019. – **Mme Nathalie Goulet** attire l'attention de **Mme la ministre des solidarités et de la santé** sur la délivrance et le suivi des attributions de numéros d'inscription au répertoire des personnes physiques (NIR) aux personnes étrangères qui séjournent en France ou aux Français nés à l'étranger. Il n'a pas été répondu à la question orale n° 666, discutée en séance plénière au Sénat le 19 mars 2019. Elle repose donc clairement la question. Elle lui demande donc quel est le nombre exact de NIR attribués en France au 1er juin 2019 par le service administratif national d'immatriculation des assurés (SANDIA), c'est-à-dire combien de numéros ont été attribués à des étrangers séjournant en France et à des Français nés à l'étranger. Et elle lui demande aussi, compte tenu des chiffres contradictoires publiés, combien parmi ces NIR sont actifs.

– Au 1er juin 2019 et depuis sa création en 1988, un total de 21 200 975 numéros d'inscription au répertoire des personnes physiques (NIR) a été attribué par le service administratif national d'immatriculation des assurés (SANDIA). Ce chiffre correspond à l'ensemble des personnes nées à l'étranger c'est-à-dire à des personnes étrangères séjournant en France et à des Français nés à l'étranger qui ont été amenées à percevoir ou à solliciter à un moment donné le bénéfice d'une prestation de sécurité sociale. Il est rappelé que depuis 1988, le SANDIA gère, par délégation de l'institut national de la statistique et des études économiques (INSEE), les NIR des personnes nées à l'étranger ou dans les territoires d'outre-mer tandis que l'INSEE gère les NIR des personnes nées en France métropolitaine et dans les départements et régions d'outre-mer. Comme son nom l'indique, le répertoire national d'identification des personnes physiques vise à la bonne identification de personnes ayant eu à un moment donné un lien avec la France et il n'est pas construit pour assurer un suivi des personnes immatriculées en fonction de leur nationalité ou de leurs lieux de résidence étant précisé que les règles de protection des données personnelles imposent que les informations enregistrées soient pertinentes, adéquates et non excessives au regard de l'utilisation qui doit en être faite. Au 1er juin 2019, le système national de gestion des identifiants dénombre 17 268 782 personnes encore en vie et 3 932 193 personnes décédées. Au sein des personnes encore en vie ayant reçu l'attribution d'un NIR par le SANDIA, le répertoire national commun de protection sociale (RNCPS) recense 12 392 865 personnes disposant d'un droit « ouvert » à recevoir au moins une prestation sociale. En analysant les données du RNCPS, il a pu être observé qu'en moyenne, une personne dispose d'un droit « ouvert » pour deux types de prestations : 86 % des personnes ont un droit « ouvert » pour des prestations maladie, 43 % personnes ont un droit « ouvert » pour des prestations familiales, 33% personnes ont un droit « ouvert » pour des prestations de retraite. Ce droit ouvert ne signifie pas nécessairement qu'un paiement de prestations ait d'ores et déjà été versé à l'ensemble de ces personnes. Par exemple, une personne peut disposer de droits ouverts à la CMU mais n'avoir bénéficié d'aucun remboursement de soins de santé. Dans les cas où des prestations ont été versées, celles-ci ont été conditionnées par la production de pièces justificatives qui ont fait l'objet de contrôles au titre de la validation des droits des assurés.

Lutte contre la propagation du virus de l'immunodéficience humaine en France

– 11 juillet 2019. – **M. Roger Karoutchi** attire l'attention de **Mme la ministre des solidarités et de la santé** sur la lutte contre le virus de l'immunodéficience humaine (VIH). En France, on estime à 30 000 le nombre de personne séropositives et qui l'ignorent. Ces 30 000 cas de virus non détecté présentent un double problème sanitaire. D'un côté, cela empêche que ces personnes puissent être traitées à temps, sachant que 30 % des cas de VIH détectés en 2017 étaient survenus au stade avancé de l'infection. D'un autre côté, cela augmente les risques de propagation du virus. Si les dispositifs de prévention ont considérablement évolué ces dernières années et si la crise sanitaire que l'on a pu connaître il y a quelques décennies paraît bien loin, la lutte contre le virus n'est toujours pas terminée. En cette matière, l'information et la prévention sont primordiales. Les moyens techniques nécessaires sont aujourd'hui disponibles pour mettre fin à la propagation du virus et pour permettre aux personnes séropositives de vivre en bonne santé. Le 1er juillet 2019, Paris et le département des Alpes-Maritimes ont lancé un nouveau dispositif dont la phase test doit durer un an. Il y est désormais possible de se faire dépister par prise de sang, sans rendez-vous et gratuitement, dans tous les laboratoires d'analyses médicales. Lors de la fête de la musique à l'Élysée, le 21 juin 2019, Le Président de la République a tenu un discours fort pour la lutte contre le sida. Il lui demande donc si le Gouvernement envisage de mettre en place le dispositif, initié par Paris et les Alpes-Maritimes, de prises de sang gratuites et sans rendez-vous à l'échelle nationale, et à défaut, quelles mesures il compte mettre en place pour enrayer la propagation du virus. 5645

– La lutte contre le VIH/Sida demeure au cœur des préoccupations du ministère des solidarités et de la santé notamment au niveau national, tout en contribuant à la mobilisation internationale depuis plusieurs années. La promotion de la santé et la prévention constituent le premier axe de la Stratégie nationale de santé 2018-2022. Le plan national de santé publique (PNSP), qui traduit les priorités de cette politique de prévention et ses actions, représentent un investissement pour cinq ans de 400 millions d'euros environ pour les vingt-cinq mesures phares adoptées en conseil interministériel de la santé le 26 mars 2018. La France propose une large offre de dépistage et de prévention du VIH, des hépatites virales et des autres infections sexuellement transmissibles (IST) : les systèmes de soins publics et privés, la médecine libérale, les laboratoires d'analyses médicales, les CeGIDD « Centre gratuit d'information, de dépistage et de diagnostic des infections sexuellement transmissibles », les associations habilitées à réaliser des tests rapides d'orientation diagnostique pour le VIH et l'hépatite C, les autotests VIH... Dans ce cadre, la Stratégie nationale de santé sexuelle 2017-2030 (SNSS) préconise de diversifier davantage les axes de prévention et de dépistage des IST dont le VIH, pour permettre, entre autres, d'éliminer les épidémies d'IST et de

Inspection générale
des finances

N° 2013-M-014-02

Inspection générales
des affaires sociales

N° RM2013-146P

RAPPORT

LES COÛTS DE GESTION DE L'ASSURANCE MALADIE

Établi par

Boris RAVIGNON
Inspecteur des Finances

Arnaud LAURENTY
Inspecteur des Finances

Sous la supervision de
François AUVIGNE
Inspecteur général des Finances

Virginie CAYRE
Inspectrice des Affaires Sociales

Caroline GARDETTE
Inspectrice des Affaires Sociales

Xavier CHASTEL
Conseiller général
des Établissements de Santé

- SEPTEMBRE 2013 -

1.1.3.2. Les déclarations de bénéficiaires des caisses de l'AMO surestiment de 7 millions le nombre de résidents en France et près de 8 millions de cartes Vitale surnuméraires apparaissent être toujours actives

Au 1er janvier 2013, 65,58 millions de personnes résident en France (hors Mayotte) d'après les statistiques de l'Insee. A la même date, le **RNIAM recense 68,74 millions** de bénéficiaires vivants de l'assurance maladie obligatoire (soit au moins trois millions d'effectifs surnuméraires) et les **caisses déclarent prendre en charge 72,31 millions de bénéficiaires** (près de sept millions de personnes au-delà de la population résidente selon l'INSEE).

Le même constat d'effectifs surnuméraires a été dressé par la DSS (bureau 6A), responsable de la compilation des données utilisées pour établir les comptes de la Sécurité sociale (CSS).

De même, l'Insee estime à 52,60 millions de personnes en 2013 la population résidente âgée de plus de 16 ans, un majorant de la population censée être équipée d'une carte Vitale[21]. Or le GIE SESAM Vitale dénombre 60,36 millions de cartes Vitale actives, ce qui porte à **7,76 millions le nombre de cartes en doublon ou de cartes qui auraient dû être désactivées**.

TEXTE DE LA NOTE BLANCHE ADRESSÉE AU PRÉSIDENT SARKOZY EN OCTOBRE 2011

« Objet : Lutte contre les fraudes sociales – amendements PLFSS

Suite au rapport parlementaire évaluant la fraude sociale à 20 milliards d'euros par an, un certain nombre d'amendements ont été déposés, qui ont des implications financières majeures, de nature à sécuriser la note AAA de la France en démontrant sa volonté de resserrer son dispositif de lutte contre la fraude aux finances publiques.

Par ailleurs, pour le premier d'entre eux, il s'agit également de sécuriser la campagne présidentielle de Nicolas Sarkozy, afin d'éviter de prêter le flanc à une éventuelle manœuvre médiatique dévastatrice qui pourrait profiter à Marine Le Pen.

1. Sécurisation des identités des personnes nées à l'étranger pour les prestations sociales (amendement NIR-SANDIA)

Il s'agit d'une mesure MECCSS. Suite aux travaux de la MECCSS, il est apparu que l'attribution des NIR (numéro de Sécurité sociale) qui permet ensuite d'entrer dans le système de Sécurité sociale (assurance maladie, allocations familiales, chômage, etc.) n'était absolument pas sécurisée. Une visite des services spécialisés de la police de l'air et des frontières (DCPAF) dans le cadre d'un groupe de lutte contre la fraude à l'identité, avait découvert que l'ensemble des dossiers qu'ils avaient examiné au hasard étaient basés sur des faux documents...

La MECCSS s'est donc rendue sur place et a constaté les dégâts. Il semble qu'une mission du ministère de l'Intérieur ait procédé à des tests postérieurs pour voir l'étendue de la fraude potentielle. Au regard du volume des NIR attribués dans ce système (près de 20 millions), il semblerait que plusieurs centaines de milliers d'identités fictives profitent actuellement des prestations sociales, avec des NIR attribués sur la base de faux documents. Cela signifie potentiellement plusieurs milliards d'euros par an de prestations sociales fraudées.

Pour information, la Caisse nationale d'assurance vieillesse, qui gère ce service SANDIA d'attribution des NIR, a refusé que les députés effectuent leur visite accompagnés des spécialistes en fraude documentaire de la police... Les députés s'y sont donc rendus sans lesdits spécialistes. Cette obstruction laisse penser qu'il y a effectivement un grave problème.

Par ailleurs, les députés se sont rendu compte que, si d'aventure un dossier NIR constitué sur la base de faux était découvert, aucune conséquence ne pouvait en être tirée, puisque le NIR ne peut pas aujourd'hui être « annulé » et que les prestations continuent d'être servies, aucune conséquence juridique ne pouvant découler de la découverte de la fraude sur le paiement des prestations sociales...

Les députés ont donc proposé une mesure simple et de bon sens : dire que lorsqu'un NIR est obtenu sur la base de faux, la personne perd le droit aux prestations sociales servies sur cette identité frauduleuse et, par ailleurs, le NIR est annulé.

Ne pas prendre cette mesure pourrait avoir des effets ravageurs dans l'opinion publique si l'ampleur du problème, qui semble être connu depuis au moins un an et demi des administrations concernées, venait à être instrumentalisée par Marine Le Pen durant la campagne électorale, sur le modèle du problème des cartes VITALE. L'opinion ne comprendrait pas, en effet, que notre majorité ne fasse rien devant plusieurs centaines de milliers de cas identifiables de fraude avérée.

Pour mémoire, il y a environ 65 millions de NIR pour 600 milliards de prestations sociales versées par an. Un taux de fraude NIR-SANDIA de 1 %, ce serait environ 200 000 cas de fraude, soit un enjeu potentiel de 2 milliards d'euros par an par rapport au coût moyen. Si le taux de fraude est de 10 %, c'est près de 2 millions de cas de fraude et un enjeu potentiel de 20 milliards d'euros de dépenses sociales indues.

Cette base juridique, si elle est adoptée par la majorité dans le PLFSS, pourrait permettre au ministre de l'Intérieur, Claude Guéant, d'annoncer une vaste opération d'identification des dossiers frauduleux et de traque de cette fraude, dans les stocks de dossiers SANDIA, en annonçant par exemple la mise en place d'une mission d'examen général au long cours des dossiers par ses services spécialisés en fraude documentaire de la DCPAF pour en extraire les faux et sanctionner les fraudes.

2. La condition d'isolement. Passer de l'isolement « couple » à l'isolement économique.

Il s'agit d'une mesure MECCSS, également préconisée par l'IGF et l'IGAS.

En changeant la définition de l'isolement, on simplifie les contrôles, qui deviennent moins intrusifs pour les personnes (plus de nécessité de visite à domicile) et il devient plus aisé de démontrer une fraude.

C'est un enjeu évaluable entre 150 et 300 millions d'euros, les fraudes à l'isolement représentant un tiers des fraudes à la CNAF.

Par ailleurs, cela permet de régler les cas de fraudes à la polygamie, puisque l'isolement économique permettra de contrer les perceptions multiples par les « épouses » des prestations sociales liées à la situation de parent isolé. (...)

3. La flagrance sociale.

Il s'agit d'une mesure MECCSS, réclamée par les URSSAF

4. L'intégration des montants dans le RNCPS.

Il s'agit d'une mesure MECCSS.

Elle est indispensable pour rendre vraiment opérationnel le RNCPS, voté en 2006 par l'Assemblée nationale et toujours pas mis en place...

C'est le fameux fichier récemment réclamé à nouveau par Xavier BERTRAND et Thierry MARIANI.

5. La suspension des paiements des prestations en cas d'éléments importants de soupçon de fraude.

Il s'agit d'une mesure préconisée par le comité de suivi RGPP, donc déjà validée au niveau des ministères et de Matignon.

L'objectif est de permettre d'arrêter les dépenses indues, lorsque les éléments probants sont réunis, sans devoir attendre l'intervention d'un jugement définitif, qui peut intervenir plusieurs années après la découverte de la fraude.

Au regard de la situation de nos finances publiques, ces mesures apparaissent adaptées et de bon sens, notamment celle concernant les NIR et SANDIA, qui est susceptible de générer des économies massives et qui répond totalement aux préoccupations de l'opinion publique (cf. la place de la thématique des fraudes sociales dans les études d'opinion, ainsi que la perception de l'action de notre majorité sur ce thème). »

Audition n°20 : Geoffroy FOUGERAY, Commissaire divisionnaire à Bruxelles, conseiller pour les affaires intérieures à la représentation permanente de la France auprès de l'Union européenne, 23 juillet 2019

L'audition débute à 18h14

Mme GRANDJEAN.- Monsieur FOUGERAY, nous vous remercions d'avoir accepté notre invitation. Nous sommes en charge d'une mission gouvernementale confiée par le Premier ministre sur la lutte contre la fraude sociale, particulièrement celle aux prestations sociales avec une ouverture que nous prévoyons néanmoins sur les questions des cotisations sociales car il y a évidemment beaucoup de liens entre ces fraudes. Nous avons pour but d'objectiver ce phénomène, par essence dissimulé, dans une démarche que nous souhaitons la plus étayée possible grâce aux évaluations des différents acteurs, avec l'intégration de notions, comme celle du droit à l'erreur qui est pour nous hors champ de ce que nous étudions, dans la mesure où nous caractérisons la fraude par l'intentionnalité notamment.

Nous intégrons aussi la dimension socio-économique de notre société et des enjeux tels que l'accès aux droits ou des mécanismes de fraude que nous pourrions qualifier de fraudes de survie qui n'entrent pas dans notre champ prioritaire des travaux qui sont les nôtres, bien que nous condamnions tous types de fraudes.

Nous essayons effectivement de cibler les mécanismes de fraudes organisées, basés sur les disfonctionnements des failles de nos systèmes qui peuvent évoluer par de la meilleure organisation, coopération entre services etc.

Nous aurons des travaux qui seront rendus pour fin septembre qui feront état de propositions qui seront de différents ordres, organisationnels, réglementaires, voire législatifs. Il nous apparaît effectivement que des véhicules telles que la loi de finances, loi de financement de la Sécurité sociale peuvent être des outils intéressants. Néanmoins d'autres propositions pourront passer par d'autres vecteurs et nous en sommes tout à fait conscientes.

Mme GOULET.- Dans notre binôme Carole GRANDJEAN était à la commission des Affaires Sociales de l'Assemblée et moi à la commission des Finances au Sénat. Nous avons une complémentarité. Nos pôles de focalisation sont aussi différents, bien qu'ils convergent et plus nous avançons, plus nos convergences sont grandes. Ce qui est bon signe pour la qualité du rapport. Ce dernier marque une volonté évidente du ce service. Le GIELFI a décidé d'aller sur place, à Tours. La délégation comprenait notamment des experts de la fraude documentaire policiers et gendarmes.

Nous sommes arrivés à Tours. Le SANDIA nous a été présenté. Puis, pour faire court, on nous a montré un dossier en nous disant que c'était un faux. Les experts ont examiné le document et ont confirmé. Puis le SANDIA a présenté d'autres dossiers sans anomalie, cette fois, sauf que les experts du GIELFI ont démontré qu'il s'agissait de faux dossiers. Nos hôtes étaient un peu gênés. De retour à la DNLF, nous avons fait un rapport de cette visite et proposé des mesures à prendre. Certaines étaient plus importantes et urgentes que d'autres.

La première préconisation que l'on avait demandée était de faire, d'une manière un peu plus scientifique, une évaluation du SANDIA avec l'INSEE, la CNAV et la PAF. Cela n'a pas été accepté facilement. Après, nous avions envisagé des pistes d'amélioration comme la formation et la sensibilisation des agents à la fraude documentaire mais nous avions conscience que ces mesures ne règleraient pas le problème.

Je ne vais pas revenir sur les contrôles de 2011, 2013, 2018...

Mme GOULET.- Si, si. Un petit peu sur 2011.

M. FOUGERAY.- Je peux y revenir mais je voudrais m'attarder sur le récent rapport du Sénat de M.Vanlerenberghe qui m'a intéressé.

Je vais vous en parler avec mon regard, si vous me le permettez. Je ne sais pas si c'est mon rôle mais je suis là pour vous dire la vérité et je suis un peu critique concernant ce rapport que j'ai lu avec attention.

Mme GRANDJEAN.- Vous êtes même tenu de dire la vérité.

M. FOUGERAY.- Je suis étonné par ce rapport. Je vais dire le fond de ma pensée comme technicien.

J'ai appris des choses très intéressantes mais des points me chiffonnent dans ce rapport.

Le procédé me rappelle la manière dont cela s'est fait à l'époque des premiers contrôles. Il y avait sans cesse cette volonté, je ne vais pas citer de nom, mais de certaines personnes pour cacher la vérité. On nous a dit que nous avions mis le doigt sur une bombe et qu'il ne fallait pas que cela sorte.

Il ne fallait pas dire des choses dans l'opinion publique qui soient mal interprétées, qui soient récupérées. Le simple fait que les résultats du premier contrôle du SANDIA soient publiés dans le rapport annuel de la DNLF était déjà un combat. Le ministère de l'Intérieur, qui nous adressait comme les autres partenaires, des éléments de son bilan pour l'intégrer au bilan annuel de la lutte contre la fraude aux finances publiques de la DNLF, évoquait le contrôle SANDIA auquel avait participé la DCPAF. On m'a fait comprendre, dans ma structure, comme représentant du ministère de l'Intérieur au sein de la DNLF, qu'il ne fallait pas faire état du contrôle SANDIA dans le rapport annuel. Mais le ministère de l'Intérieur a insisté et a obtenu gain de cause. Ont donc été publiés les résultats du contrôle du SANDIA. Le taux était de 5% de fraude avérée plus 5 % de cas qui tendaient vers la fraude soit un taux de fraude de 10,4% de mémoire.

Après cette première évaluation, le but de la DSS était de faire dégringoler le taux. La DSS avait toujours peur. Elle craignait, me semble-t-il, les syndicats de la CNAV. C'est une perception que j'avais. Elle veillait à ne pas « mettre le feu » à la CNAV, en faisant ce qui pourrait apparaître comme de la « chasse à l'étranger ». Alors que, d'une manière très technique, un fraudeur de nationalité française pourrait très bien avoir cinquante numéros NIR « nés à l'étranger ». Ce n'est donc pas nécessairement une fraude commise par des personnes de nationalité étrangère.

La question n'est pas que les personnes soient étrangères ou non, mais qu'il y a une faille béante dans laquelle un voyou un peu intelligent peut s'engouffrer. Une personne peut donc obtenir X NIR de personnes « nées à l'étranger », même si elle est née à Paris, en produisant de faux documents. Avec les NIR qu'elle va obtenir, elle va entrer dans le mécanisme. C'est la porte d'entrée pour demander des droits et prestations. Quand on dit que c'est la chasse à l'étranger, on se trompe. Je fais remarquer, en outre qu'il y a des Français qui sont nés à l'étranger. Non ce n'est pas de la chasse à l'étranger.

Quand j'étais à la DNLF, la DSS nous a dit, à chaque fois que le problème SANDIA était évoqué, de ne pas nous inquiéter. Était-ce de la naïveté, du déni ? Je ne sais pas. « Le problème est sous contrôle, dormez tranquille ! », « nous avons réglé le problème ». Mes contacts dans les caisses me disaient que nous n'avions pourtant rien réglé.

Je ne dis pas que rien n'a été fait. Nous avons augmenté le professionnalisme des agents, nous avons fait des choses qui vont dans le bon sens, je ne le nie pas. Mais le problème fondamental n'est pas réglé.

Je reprendrai 4 ou 5 points du rapport de M. VANLERENBERGHE. Certaines affirmations, quoique vraies au départ, méritent des précisions qui ont une incidence sur les chiffres mentionnés. Ces précisions sont nécessaires. J'ai l'impression qu'à chaque point évoqué, le rapport donne un coup de rabot sur le taux de fraude.

Je voudrais « déraboter », si vous me permettez cette expression, vous dire pourquoi, à mon sens, le taux présenté est un taux qui techniquement n'est pas le taux proche de la réalité.

Le premier point concerne la définition de la fraude. Le rapport le dit pourtant mais n'en tire pas les conséquences. Il dit, d'une manière très belle, que le SANDIA et la PAF, ont des « différences culturelles ». C'est une manière polie de dire qu'on ne voit pas la même chose et que définition de la fraude n'est pas identique. L'article 47 du code civil dit bien que tout acte de l'état-civil des Français, des étrangers, faits en pays étrangers, rédigé dans les formes usitées dans ce pays fait foi. L'article évoque ensuite une exception au principe mais le SANDIA l'ignore et met un point final avant l'exception. La PAF, elle, s'arrête au bout de l'article.

Concrètement SANDIA a pour postulat que l'acte d'état civil d'un pays tiers fait foi. Si le pays tiers estime que l'acte n'est pas un vrai pour des raisons X ou Y, c'est un faux mais SANDIA va continuer de le considérer comme un vrai document.

Quand le pays tiers dit que ce titre est un faux titre, pourquoi l'accepterions-nous ? Nous n'avons pas la même définition entre la police (les experts de la PAF) et SANDIA et malheureusement le taux est basé sur la première partie de la phrase et la définition limitative retenue par SANDIA.

Or, en France, les spécialistes savent que nos titres sont susceptibles d'être détournés par des faussaires qui emploient telle méthode. En France, lorsqu'un faux est détecté, nous en tirons les conséquences. Pourquoi ne le faisons-nous pas quand ce sont les autres pays qui nous le disent alors qu'ils sont bien placer pour connaître l'authenticité de leurs titres ? C'est mon premier étonnement.

Mon deuxième étonnement concerne le support qui est examiné lors des contrôles. Le rapport le dit aussi. Le SANDIA travaille sur des documents scannés, généralement en noir et blanc et sur des scans qui sont souvent des scans de photocopies. Si on fait 25 fois des photocopies de photocopies, j'exagère, mais je force le trait, la qualité est altérée. Il n'est donc pas étonnant qu'à la fin nous ayons beaucoup de dossiers « indéterminés ». Je veux dire par là que si vous présentez un extrait d'acte de naissance ou un titre, quel qu'il soit, même avec une sécurité, sur une photocopie, un expert peut très bien vous dire que cela a l'apparence d'un vrai, alors que c'est un faux. Pourquoi ? Parce qu'il n'a pas le document original sous les yeux, il ne peut pas le toucher, le juger, il ne peut pas vérifier certaines mesures de sécurité (filigranes, etc.). L'agent base son analyse sur une photocopie.

Certaines mesures de sécurité apparaissent sur une photocopie mais elles n'apparaissent pas toutes. Je suis intimement persuadé, parce que techniquement c'est le cas, que dans la rubrique « favorables », il y a des dossiers défavorables.

De bonne foi, les personnes qui ont évalué un document ont pu penser qu'en apparence il était valable, favorable. Cela ne veut pas dire qu'il est favorable. Cela veut dire qu'il a l'apparence d'un favorable, ce qui est quand même différent.

La troisième chose qui m'a fait réagir sur ce rapport concerne le montant de la fraude. On a l'habitude de dire qu'il n'y a pas trop de répercussions financières sur l'assurance Maladie, parce que les gens qui ne seraient pas à la PUMa seraient à l'AME. C'est un peu vite dit. Et c'est oublier que l'AME est soumise à trois conditions. Quand vous êtes à la PUMa, vous devez remplir les conditions de la PUMa, si vous n'êtes pas à la PUMa, vous n'avez pas forcément le droit à l'AME. Une personne à l'AME doit remplir des conditions : la condition de résidence en France (plus de trois mois), la condition de l'"identité et la condition des ressources qui est celle, avec l'identité, qui est la plus fraudée. Le législateur prévoit l'AME, très bien. Je ne suis pas là pour en juger, mais en revanche que l'on mette des conditions qui soient invérifiables pose des problèmes en pratique. Les conditions de l'AME sont invérifiables.

Pour l'identité, il y a une liste de pièces qu'il est possible de présenter mais à défaut, tout autre document peut être présenté. Idem pour les ressources ou la résidence.

J'avais fait un rapport à l'époque, à la demande du délégué national, sur l'AME. Mais ce rapport n'avait pas été transmis au cabinet. Je pense que c'était un peu un effet SANDIA. J'avais fait une enquête de terrain et tout le monde me disait qu'il y a avait des conditions mais qu'on ne pouvait pas les vérifier.

Il y avait, par exemple, des filières égyptiennes, avec des médecins égyptiens, qui rédigeaient contre rémunération, des ordonnances antidatées de plus de trois mois. Une personne se présentait ensuite à la CPAM avec son ordonnance en main datant de quatre mois et affirmait qu'elle remplissait les conditions de résidence puisque l'ordonnance prouvait qu'elle était allée voir tel médecin, à telle rue à Paris il y a quatre mois alors, qu'en fait, elle sortait de l'avion.

La condition légale de la résidence était remplie alors qu'elle se basait sur une ordonnance dont l'antidatage n'était pas détectable puisque fait par le médecin lui-même.

Les ressources, si je puis me permettre, c'est le festival !

Il faut bien se dire que les personnes en situation irrégulière, bien souvent travaillent, sans pouvoir d'ailleurs être déclarées. Elles travaillent donc « au noir », mais elles ont des ressources. Le plafond de ressources pour l'AME est de mémoire 7 000 euros par an pour l'AME. Ces personnes, en général, ont plus de 7 000 euros pour vivre. Elles sont employées à la tâche sur les chantiers ou autre part. Quand on dit : « Si ce n'est pas à la PUMa, c'est à l'AME », non ce n'est pas vrai. Il faut respecter les conditions légales. Il y a donc un vrai préjudice à mon sens, qui n'est pas évalué par l'Assurance maladie et que le rapport ne prend pas en compte.

Je voulais faire ces critiques par rapport à ce qui est écrit dans le rapport. Il faut aussi prendre en compte deux moyens de fraude à l'identité qui sont des méthodes « hors champs » de la méthode de détection du SANDIA. L'usurpation d'identité et translittération.

L'usurpation d'identité : si demain quelqu'un d'un pays X, obtient un NIR, de manière valable mais qu'un cousin, un compatriote ou n'importe qui, utilise ce NIR pour demander une aide, il n'y pas de fraude dans l'attribution du numéro de Sécurité sociale mais un préjudice lié à l'usage frauduleux du NIR. La personne qui l'utilise n'est pas la bonne personne. Elle utilise un nom et un numéro de Sécurité sociale qui ne sont pas les siens. Aujourd'hui, Europol constate qu'il y a une sécurisation de plus en plus forte des titres dans les pays occidentaux. Les fraudeurs ont changé de méthode.

La technique utilisée n'est plus la falsification ou de la contrefaçon d'un titre mais l'usurpation d'identité.

Plus les titres sont sécurisés plus les fraudeurs utilisent la méthode de l'usurpation d'identité. Si vous reprenez tous les documents favorables ou indéterminés, fraudes mineures ou fraudes majeures qui sont mentionnés dans le rapport, aucune évaluation de la fraude liée à l'usurpation d'identité n'est faite et pourtant le rapport pointe cette évolution dans les techniques de fraude. Peut-on imaginer que, dans ces chiffres impressionnants annoncés dans le rapport du Sénat, soit 11 millions de NIR actifs au SANDIA, personne n'ait pensé à utiliser la technique de l'usurpation d'identité pour utiliser frauduleusement ces numéros ? Il ne faut pas être complètement naïf. Je sais que vous ne l'êtes pas.

La deuxième méthode est la translittération. C'est le fait de se faire traduire son identité dans un autre pays. Prenons le cas d'une personne venant d'Ethiopie. Dans les langues officielles de l'Union européenne vous avez quatre manières de traduire son nom. On ne traduit pas obligatoirement un nom en Allemagne comme en France et je ne parle ni de la Bulgarie ni de la Grèce qui ont des alphabets différents. Mais dans les 26 autres pays de l'Union européenne vous allez en Angleterre ou en République Tchèque vous ne traduisez pas forcément de la même manière un nom. Il y a quatre manières de traduire le nom d'un ressortissant et quatre manières de traduire aussi son prénom et quand il y a deux calendriers (le calendrier copte a 13 mois contrairement au calendrier grégorien), il existe trente-deux combinaisons de traduction de l'identité d'une seule personne. C'est de la théorie. Evidemment la personne ne va pas faire traduire son nom de manière différente 32 fois. En revanche, et ce n'est pas de la théorie, une personne donnée peut avoir trois ou quatre traductions différentes de son identité. Le fait que la personne puisse faire une démarche avec plusieurs identités différentes officielles des pays de l'Union européenne et qu'elle puisse les transmettre ensuite au SANDIA est tout à fait possible. C'est important de le prendre en compte.

Enfin, j'ai évoqué la sous-évaluation des coûts pour l'Assurance maladie mais je pourrais en dire autant de l'évaluation faite dans le rapport de la fraude au RSA. Le rapporteur annonce le chiffre, avant l'extrapolation, de 2 447 euros. Le RSA c'est 550 euros par mois... Cela veut dire que la personne n'aurait touché le RSA que pendant 4 mois ½ ?

Mme GOULET.- C'est impossible puisque c'est six mois.

M. FOUGERAY.- Cela me parait bizarre.

Le montant de l'AAH est de 860 euros par mois, nous sommes à un peu moins de 5 000 euros. Cela veut dire que la prestation n'a été servie que six mois ? Nous ferions de grandes économies si les personnes ne demandaient le RSA ou l'AAH que pour cinq ou six mois. Ces chiffres m'étonnent. Je ne sais pas exactement comment ils sont sortis mais ils me laissent très songeur.

Mme GOULET.- C'est important parce qu'il était supposé faire une évaluation financière.

M. FOUGERAY.- Depuis 2011 on l'a toujours réclamée, cela a toujours été refusé.

Mme GOULET.- C'est à cause de ce qu'il s'est passé, de la polémique en décembre sur un 1 800 000 faux numéros.

En 2016 quand j'ai posé une question d'"actu" là-dessus, on m'a répondu qu'on avait supprimé cinq-cents numéros, etc... Personne n'a jamais critiqué le montant à ce moment-là. A partir du moment où le Premier ministre, le ministre de la Santé, de l'Economie et des Comptes Publics ont décidé de me rendre responsable d'un rapport, il faut que maintenant nous puissions précisément expliquer la différence que nous allons peut-être voir par rapport à ce qu'a écrit le rapporteur général. C'est très important ce que vous nous dites.

M. FOUGERAY.- Surtout que si vous prenez la situation six mois après, théoriquement, le montant double. Sauf si pour une raison qu'il faudra m'expliquer la fraude s'arrête au bout de quatre ou cinq mois.

Mme GOULET.- Nous avons déjà l'article 47 du code civil que nous avons identifié et nous avons aussi dans ce rapport des durées de prestations qui ne correspondent ni de près ni de loin à la moyenne.

M. FOUGERAY.- C'est l'impression que cela m'a fait en lisant le chiffre. Comme technicien, quand on lit ce rapport, cela saute aux yeux.

Ensuite, je ne sais pas si la situation s'est arrangée, je suis un peu pessimiste quant au SANDIA, mais ce qui m'a intéressé est que le rapport indique, pour la première fois, le chiffre des NIR actifs et NIR non-actifs. C'est la première fois que je vois ça. C'est le grand mérite de ce rapport.

Mme GOULET.- 56,4 c'est ça ? C'est la note en bas de page, c'est la seule chose qu'a retenu la Cour des comptes du rapport.

M. FOUGERAY.- C'est la première fois que j'en entends parler. Cela a le mérite au moins de donner un chiffre. Parce qu'à chaque fois, nous avions pour réponse que tout était sous contrôle. Ce chiffre pose des questions. A l'époque, ce qui interrogeait les gens à la CNAV, en off, c'était le nombre de centenaires.

Ils étaient étonnés par le nombre de centenaires qu'ils avaient chez eux.

Déjà nous savions qu'il y avait 40% des algériens de plus de 80 ans qui étaient localisés à Tizi Ouzou, comme s'il y avait un microclimat favorable pour ces personnes. Pourquoi là ? C'est peut-être une réalité. Mais le nombre de personnes centenaires dépassaient l'entendement. Sont-ils enterrés ? Désactive-t-on leur NIR ? A l'époque, ce n'est pas l'impression que ça me donnait. Je ne sais pas où cela en est aujourd'hui mais j'attire votre attention sur ce point-là qui m'a toujours interpellé.

Mme GOULET.- Les 56,4% des NIR actifs qui figurent en bas de page sont des NIR qui donnent lieu à des prestations. C'est ça que vous appelez des NIR actifs ?

M. FOUGERAY.- Oui. Je crois que cela fait 11,85 millions de personnes nées à l'étranger qui ont touché des prestations. Avec un montant donné dans le rapport, quand on prend l'assurance Maladie, de 290 millions à 1,17 milliard tout de même.

Après cela fait depuis 2011, lors de la première salve SANDIA, mais c'était si vous voulez...

Mme GOULET.- Je peux vous interrompre ?

Il y a donc 11,85 millions de NIR du SANDIA actifs ? C'est-à-dire des personnes nées à l'étranger...

M. FOUGERAY.- Selon le rapport.

Mme GOULET.- Selon le rapport, alors que selon l'INSEE il y a seulement 9 millions d'étrangers en France ou un peu moins.

M. FOUGERAY.- Je n'ai pas vu.

520

quelqu'un qui arrivera à la frontière apposera ses empreintes digitales sur un boitier et en moins d'une minute, il y aura une comparaison avec les millions de données d'identité qui existent dans l'ensemble des fichiers. Il y aura des « liens » en fonction des résultats, je vous passe les détails. Ce qui vous intéresse c'est le lien rouge qui indique une suspicion de fraude à l'identité. Il y aura alors une vérification approfondie de la situation. On déterminera ainsi le cas des personnes qui ont demandé un visa et l'asile en même temps par exemple.

L'Union Européenne se dote aujourd'hui, d'un système de biométrie pour des millions de ressortissants de pays tiers qui viennent et sortent de France et des pays Schengen. J'ai l'impression que nous avons un monde de retard en France, dans certaines sphères, sur l'intérêt de la biométrie. En Europe nous allons nous servir de la biométrie de manière accrue, en respectant la protection des données, le RGPD.

Je pose la question de savoir ce que l'on veut ? Si on veut régler le problème des fraudes à l'identité en matière sociale, il faut prendre l'outil le plus adapté qui est indéniablement la biométrie. Après la manière de voir comment cela se met en place est accessoire. Techniquement, nous savons faire, et c'est un coût mineur par rapport au coût de la fraude SANDIA lu dans le rapport du parlementaire (290 millions et 1,2 milliard par an).

Mme GOULET.- Vous reconnaissez que les évaluations sont erronées.

M. FOUGERAY.- Avec tout ce que je vous ai dit, il y a beaucoup de coup de rabots qui ont été faits. C'est ce que j'ai essayé de vous dire.

Si je puis me permettre, au-delà de SANDIA, j'aimerais évoquer un problème, que je ne comprends toujours pas, concernant le non-accès, par les forces de l'ordre, à la base TES des passeports et des cartes d'identité.

Demain, si vous arrivez au commissariat parce que vous vous êtes fait voler vos papiers, Madame, vous serez reçue par un policier d'un commissariat qui ne peut pas avoir accès à la base TES. Si vous avez pris l'identité de votre voisine, on ne le saura pas. On va vous donner le certificat de perte ou vol avec le nom que vous aurez donné. Ce n'est pas compliqué d'usurper les nom, prénom, date de naissance, le lieu de naissance d'une tierce personne.

Aujourd'hui la moindre des choses serait de permettre aux forces de police d'avoir un accès au fichier TES. Les fraudeurs utilisent cette technique d'usurpation

pca cmb
édition pré-presse
livres numériques

44400 Rezé

Achevé d'imprimer sur rotative par
BUSSIÈRE CPI FRANCE en
Octobre 2020

-

Dépôt légal : septembre 2020
Numéro d'édition : 005
Numéro d'impression : 2054022
Imprimé en France

-

ISBN : 978-2-37934-009-3